Schildhammer

Gut Mensch

GEORG SCHILDHAMMER

GUT
MENSCH

Ein Streifzug
durch
Moral und **Ethik**

ISBN: 978-3-901880-15-5
© 2009 Goldegg Verlag GmbH, Wien
Mommsengasse 4/2 • A-1040 Wien
Telefon: +43 (0) 1 5054376-0
E-Mail: office@goldegg-verlag.com
http://www.goldegg-verlag.com
Lektorat und Herstellung: Goldegg Verlag GmbH
Druck: CPI Moravia Books

Geleitwort von Konrad Paul Liessmann

Von dem dänischen Philosophen Sören Kierkegaard stammt die böse Bemerkung, dass dort, wo sich das Ethische bemerkbar macht, sei es in der Wissenschaft oder im Leben, alles sofort hart, eckig und vor allem „unendlich langweilig" wird. Und man wird auf den ersten Blick Kierkegaard wohl recht geben. Die Moral und das Gute haben bis heute den Geruch des Biederen, und der „Moralist" ist wie der „moralische Zeigefinger" nicht gerade ein Garant für eine aufregende Nacht oder eine anregende Debatte. Wirklich spannend sind doch die Grenzüberschreitungen, die Abkehr von der Norm, ja – zumindest in den Medien und der Kunst – das Verbrechen. Nur schlechte Nachrichten sind gute Nachrichten, lautet ein zynischer Slogan der Medienindustrie. Was sich verkauft, sind Sex & Crime. Das Gute, die Solidarität, die Hilfsbereitschaft von Menschen, die ganz normale und alltägliche Anständigkeit und Integrität bringen es selten in die Schlagzeilen.

Aber, um Grenzen zu überschreiten, muss man diese Grenzen kennen, um sich – wenigstens im Film – am Bösen zu delektieren, muss man wissen, was das Böse ist. Ob es dieses Böse und damit auch das Gute überhaupt gibt, oder ob wir uns schon längst jenseits von Gut und Böse bewegen, ist aber schon alles andere als eine langweilige Frage. Und sowohl theoretisch als auch in unserem ganz banalen Alltag ist die moralische Frage schlechthin nicht nur allgegenwärtig, sondern manchmal zumindest auch ziemlich brisant und für unser Leben entscheidend: Was sollen wir tun?

Es gibt keine Gesellschaft, in der jeder machen kann, was er will. Da Menschen gezwungen sind, in Gemeinschaften zu leben, um zu überleben, müssen sie sich Regeln geben, nach denen sie sich verhalten können. Das können ungeschriebene Gesetze, Tabus, göttliche Gebote, autoritär erlassene Vorschriften, manchmal auch nur Konventionen, Sitten und Gebräuche sein: Immer aber geht es darum, Orientierung für die Handlungsweise des Einzelnen in Hinblick auf eine größere Gemeinschaft, manchmal sogar in Hinblick auf die Menschheit schlechthin zu gewinnen. Die philosophische Ethik versucht seit der Antike, „vernünftige" Begründungen für solche Richtlinien, also für die Moral, zu finden, die weder beliebig sein sollen, noch auf eine religiöse Autorität verpflichtet sind. Von geradezu politischer Brisanz werden diese Versuche, wenn man sie als den europäischen Weg beschreibt, die Fragen der Moral zu beantworten, ein Weg, der immer wieder mit anderen – z. B. religiös motivierten Moralkonzepten anderer Kulturen – konkurrieren muss.

In die Geschichte des Denkens und Nachdenkens über Fragen der Moral und Ethik einzuführen und dabei deren ungebrochene Aktualität zu demonstrieren, ist nicht einfach. Das vorliegende Buch löst dieses Problem mit Bravour. In einer Tour de Force werden nicht nur die wichtigen philosophischen Überlegungen, Denkfiguren, Argumente und Kontroversen vorgeführt und auf ihre Alltagstauglichkeit hin überprüft, sondern auch die gegenwärtig besonders heiß diskutierten Fragen der so genannten „angewandten Ethik" anschaulich entfaltet. Probleme, die mit dem Beginn und dem Ende des Lebens zu tun haben (Abtreibung und Sterbehilfe) gehören ebenso dazu wie Fragen der Gentechnik, der ökonomischen Gerechtigkeit, der globalen Verantwortung und der Grenze zwischen Mensch und Tier.

Kierkegaards Vermutung, dass das Ethische langweilig sein müsse, wird durch diese Einführung in die Moralphilosophie glänzend widerlegt. Natürlich kann auch die Philosophie auf die perennierenden Fragen nach dem

6

Guten und dem richtigen Handeln gerade auch in Zeiten des Umbruchs und der Krise keine einfachen Antworten geben, denen man sofort zustimmen kann. Vieles wird offen bleiben, nicht zuletzt, weil das „Gute" in letzter Instanz Ausdruck der freien Entscheidung eines Individuums sein wird. Oder, wie es am Ende dieses anregenden und spannenden Buches heißt: „So lange es offene Fragen für uns gibt, so lange sind wir noch im Spiel."

Wien, am 1. Juli 2009   Konrad Paul Liessmann

Vorwort

Als der englische Astrophysiker Stephen W. Hawking sich gegen Ende der Achtziger Jahre des 20. Jahrhunderts daran machte, seinen späteren Bestseller „Eine kurze Geschichte der Zeit" zu schreiben, warnte sein Verleger ihn vorab: Jede mathematische Formel, so der geschäftstüchtige Mann, würde die Zahl der Leser halbieren. Er würde Stephen daher bitten, nach Möglichkeit in seinem Buch am besten ganz auf Formeln zu verzichten. Wenn ich mich recht erinnere, hielt sich Hawking – mit einer Ausnahme – an diese Bitte: Die einzige Formel, die es ins Buch schaffte, war die wohl berühmteste der Welt: $E = mc^2$, Einsteins mathematischer Ausdruck der Erkenntnis, dass Materie sich in Energie „übersetzen" lässt und umgekehrt.

Ich weiß nicht, ob „Eine kurze Geschichte der Zeit" doppelt so viele Leser gehabt hätte, wenn Hawking Einsteins Formel weggelassen hätte. Eines weiß ich jedoch: Ein Buch über ein bestimmtes Fachgebiet zu schreiben, ohne zumindest die wichtigsten Begriffe, die in diesem Gebiet Verwendung finden, zu erwähnen und zu erläutern, ist so gut wie unmöglich. Das gilt natürlich auch oder gerade für die Ethik. Über dieses Thema in der Absicht zu schreiben, weder den Tugendbegriff des Aristoteles, noch Kants kategorischen Imperativ, noch das Nutzenkalkül des Utilitarismus anzuführen und zu erklären, scheint mir absurd. Dennoch habe ich versucht, mein Buch so allgemein verständlich wie möglich zu halten und die Fachbegriffe so einfach zu erklären, wie das Thema es eben zulässt.

Das Werk, das Sie, liebe Leserin, lieber Leser, in Händen halten, ist kein Fachbuch für Absolventen eines Philosophiestudiums. Es richtet sich an jeden interessierten Menschen, der sich selbst die Frage stellt „Was soll ich tun?" und sich nicht kritiklos mit den unbegründeten Antworten vermeintlicher Autoritäten abfinden möchte.

Ich bin weit davon entfernt, damit zu rechnen, mit meinem Buch auch nur in die Nähe des Erfolges von Stephen W. Hawkings „Eine kurze Geschichte der Zeit" zu kommen. Aber natürlich hoffe ich doch auf eine erkleckliche Zahl an Lesern und darauf, dass die unvermeidlichen Fachbegriffe, die ich verwendet habe, nicht zu einem massiven Schwund in ihren Reihen führen werden.

Moralphilosophie ist eines der spannendsten, wenn nicht das spannendste Gebiet der Philosophie überhaupt – jedenfalls für mich. Sich die Frage nach dem richtigen Handeln zu stellen, ungeachtet der Möglichkeit einer plausiblen Antwort und dessen, wie sie aussehen könnte, ist mindestens ebenso fesselnd, wie das Lesen eines guten Krimis, wo man auch bis kurz vor dem Schluss nicht weiß, wer der Mörder ist. Die Suche selbst, ganz egal, zu welchem und ob sie überhaupt zu einem positiven Ergebnis führen mag, lohnt sich nämlich allemal. Sie ist eine herausfordernde und, wie ich meine, bereichernde Reise durch das Abenteuer des Denkens und durch die faszinierenden Versuche großer Philosophen, unser Leben möglichst vernünftig zu gestalten.

Ich hoffe, dass ich die Begeisterung, die ich selbst für die Philosophie, für das Geschäft des systematisch-kritischen und nicht zuletzt auch selbstkritischen Fragens und Hinterfragens, insbesondere im Bereich der menschlichen Praxis, empfinde, ein wenig auf Sie übertragen kann. Wenn es mir gelingt, Sie mit meinem Buch für das Thema „Ethik" zu interessieren, so habe ich bereits ein wesentliches meiner Ziele erreicht. Wie wir Menschen morgen und in der weiteren Zukunft miteinander, mit den anderen Bewohnern dieses Planeten und mit der Erde insgesamt umgehen werden, zum Nutzen oder zum Nachteil Einzelner, Vieler oder von uns allen, wird wesentlich davon abhängen, wie ehrlich und selbstkritisch wir uns mit unserem Denken und Handeln auseinander-zusetzen bereit sind.

Mag sein, dass wir nach konsequentem Abwägen aller Argumente pro und contra zu dem Ergebnis kommen, dass ein Leben, das nicht auf die permanente moralische Bewertung unserer Gedanken, Worte und Taten abzielt, dennoch ein sinnvolles und glückliches Leben sein kann und sein darf – und uns danach richten. Bevor wir uns aber für ein solches, dem Genuss gewidmetes Leben entscheiden, sollten wir uns zumindest einmal und sei es nur ein einziges Mal, der Herausforderung stellen und uns dem Prozess gründlichen Nachdenkens unterziehen.

Für einen Verleger stellt jedes neue Buchprojekt ein gewisses Risiko dar. Das gilt noch viel mehr in Bezug auf einen völlig unbekannten Autor, der mit dem Anspruch auftritt, ein Werk über ein so komplexes und anspruchsvolles Thema wie das der „philosophischen Ethik" schreiben zu wollen. Ich möchte mich daher an dieser Stelle bei Elmar Weixlbaumer und Verena Minoggio vom Wiener Goldegg Verlag für ihr Vertrauen bedanken, sich auf dieses Projekt mit mir eingelassen zu haben. Mein Dank gilt weiters meiner Lektorin, Valentina Bruns, die sich der mühsamen Aufgabe unterzogen hat, meinen nicht immer einfachen Gedanken über so viele Seiten zu folgen und schonungslos die Spreu meiner Formulierungen vom Weizen zu trennen.

Bei meinem Doktorvater Konrad Paul Liessmann möchte ich mich bei dieser Gelegenheit herzlich dafür bedanken, dass er sich auf meine Bitte hin spontan dazu bereit erklärt hat, ein Geleitwort für dieses Buch zu verfassen.

Unerwähnt bleiben dürfen natürlich auch all jene aus Familie, Freundes- und Bekanntenkreis nicht, mit denen ich nicht erst in den letzten Monaten, sondern schon in den Jahren davor immer und immer wieder tage- und nächtelang über „Gott und die Welt" gestritten habe.

Bewusstsein, Wissensstand und Denken eines Menschen sind niemals das Ergebnis einer einsamen Wanderung. Sie sind vielmehr das Resultat eines komplexen Prozesses aus Lesen, Denken, mit anderen Diskutieren, Verwerfen und neu Denken. All meinen Begleiterinnen und Begleitern auf der spannenden Tour meines bisherigen Lebens gilt daher mein ganz besonderer Dank.

Schon während und nach dem Abschluss meines Philosophiestudiums im Jahr 1998 habe ich mich bis zum heutigen Tag primär mit Fragen der „philosophischen Ethik" beschäftigt. Mein hauptberuflicher Weg führte mich unterdessen durch verschiedene Bereiche des Journalismus und der Öffentlichkeitsarbeit. Als Ghostwriter habe ich mittlerweile sechs Bücher verfasst, von denen bisher vier erschienen sind. Ich darf also, neben meiner fachlichen Qualifikation als „studierter Philosoph", auf eine gewisse Erfahrung beim Schreiben von Sachbüchern verweisen.

Dennoch: Es ist noch kein Meister vom Himmel gefallen! Alles, was in diesem Buch unpräzise und missverständlich sein sollte (natürlich hoffe ich, dass sich die Mängel in überschaubaren Grenzen halten), ist einzig und allein mir, dem Autor, anzulasten. Mögen Aristoteles, Kant, Mill und all die anderen „Großen" der Philosophie mir verzeihen, wenn ich ihrem Denken nicht in jedem Detail gerecht geworden sein sollte.

Bei Ihnen, liebe Leserin, lieber Leser, entschuldige mich schon jetzt für eventuelle Fehler und möchte Sie darüber in Kenntnis setzen, dass Sie mich gerne jederzeit über meine Verlagsadresse (georg.schildhammer@goldegg-verlag.at) kontaktieren und mir Kritik, Anregungen und Verbesserungsvorschläge mitteilen können. Über Lob, wo es aus Ihrer Sicht gerechtfertigt ist, freue ich mich natürlich ganz besonders. Ich werde versuchen, alle Mails, vor allem die kritischen, zu beantworten.

Apropos „kritisch": Gemäß meinem Selbstverständnis als Philosoph möchte ich Sie auf Folgendes hinweisen: All das, was Sie auf den kommenden Seiten lesen werden, sollten Sie genau durchdenken und kritisch hinterfragen. Wenn Sie dabei auf Widersprüche oder sogar Unsinnigkeiten stoßen, dürfen Sie diese keinesfalls aus Ehrfurcht vor den berühmten Philosophen, die sie von sich gegeben haben und schon gar nicht aus Ehrfurcht vor dem Autor unhinterfragt hinnehmen. Ein Argument ist entweder schlüssig oder es ist es nicht. Nur weil es ein Ihnen sympathischer (oder unsympathischer) Mensch vertritt, wird es nicht richtiger (oder falscher). Über den antiken griechischen Philosophen Aristoteles, einen Schüler und Freund Platons, wird folgende Geschichte erzählt:

Auf die Frage, warum er, Aristoteles, einer der Lieblingsschüler des großen Platon, viele Ansichten seines Lehrers kritisiert und zurückgewiesen habe, antwortete Aristoteles: „Platon ist mein Freund. Eine größere Freundin aber ist mir die Wahrheit." An dieser Haltung des Aristoteles sollten auch Sie sich orientieren!

Zum Schluss dieses Vorwortes möchte ich Ihnen für Ihr Vertrauen danken, aus der stetig wachsenden Zahl an Büchern zum Thema „philosophische Ethik" gerade dieses aus dem Regal gefischt zu haben. Sollten Sie am Ende Ihrer Lektüre nicht Feuer gefangen haben für dieses Thema, so bitte ich Sie, der Ethik im Besonderen und der Philosophie im Allgemeinen nicht für immer den Rücken zu kehren. Es gibt eine Menge anderer, sehr guter Bücher, die ich guten Gewissens empfehlen kann und Ihnen unbedingt ans Herz legen möchte. Sie finden diese aufgelistet am Ende des Buches.

Nun aber wünsche ich Ihnen viel Spaß und eine spannende Reise!

Für meine Eltern.

Wir sind zwar nicht immer einer Meinung,
aber es ist immer interessant, mit euch zu streiten.

Inhaltsübersicht

Zurück zur Natur?
Lässt sich aus der Beobachtung der Natur ableiten, wie wir handeln sollen?

Feel good
Gibt es Gefühle, die untrüglich Auskunft darüber geben, was wir tun sollen?

Mit gutem Gewissen?
Reicht es aus, sich bei seinen Handlungen auf das eigene Gewissen zu berufen?

Wie du mir, so ich dir!
Die „Goldene Regel" („Was du nicht willst, das man dir tu …") soll dazu dienen, anderen nicht mehr zuzumuten als sich selbst. Genügt diese Formel, um zu wissen, was wir tun sollen?

Tugendhaft
Die Tugendethik des Aristoteles versucht, das moralisch richtige Handeln durch Einüben von Tugenden zu erreichen. Was sind Tugenden und was können sie für die Beantwortung unserer Frage leisten?

Die richtige Einstellung
Immanuel Kant will mit seinem „kategorischen Imperativ" eine Formel gefunden haben, aus der sich fehlerfrei das moralisch Richtige ableiten lässt. Geht die Rechnung auf?

Reden wir übers Reden
Die Vertreter der Diskursethik glauben daran, dass sich in einem strukturierten Gespräch aller Betroffenen, dem Diskurs, allgemein verbindliche Normen finden lassen. Können wir uns über das moralisch Richtige verständigen?

Aufs Ergebnis kommt's an
Der Utilitarismus nimmt die wahrscheinlich zu erwartenden Konsequenzen unseres Handelns in den Blick. Sie allein sollen bestimmen, was wir zu tun haben. Ende gut, alles gut?

Gleiches Recht für alle!

In allen Ethik-Konzepten begegnet immer wieder der Anspruch der Allgemeingültigkeit. Führt Verallgemeinerung aber in jedem Fall zu sinnvollen Ergebnissen?

Gute Gründe & hoch motiviert

Um moralisch korrekt zu handeln, das „Gute" zu tun, müssen wir einen Grund haben – der ausreicht, uns zu motivieren. Wie aber werden wir ausreichend motiviert?

Versprochen ist versprochen

Die Vertreter des Kontraktualismus legen der Gesellschaft einen (fiktiven) Vertragsabschluss zugrunde. Alle, die diesen (fiktiven) Vertrag unterzeichnen, sollten sie sich auch daran halten. Aber tun sie das tatsächlich?

Verspielte Theorien von Gefangenen und Bauern

Die Spieltheorie versucht, die richtige Handlungsvorgabe für mindestens zwei Personen zu finden, die nicht oder nur zeitversetzt mit einander kommunizieren können, deren Handlungen aber jeden von Beiden betreffen. Gibt es eine „spielerische" Lösung für die Frage nach dem richtigen Handeln?

Sei ein Egoist!

Die Ethik des aufgeklärten Interesses versucht, die für ein Individuum gültigen Moralnormen aus den Interessen dieses Individuums abzuleiten. Ist es möglich, Eigeninteressen zu folgen und dabei dennoch das für alle Richtige zu tun?

Um Leben und Tod

Die Bioethik stellt sich den Fragen, die sich mit dem Anfang und Ende des menschlichen Lebens befassen. Gibt es Tabus im Umgang des Menschen mit Seinesgleichen?

Das liebe Vieh

Wie sollen bzw. dürfen wir Tiere behandeln? Dürfen wir sie züchten, quälen, töten, essen? Gibt es vernünftige Gründe, Tiere ähnlich oder genauso zu behandeln wie Menschen?

Von außen betrachtet
Haben wir – außer jener für Menschen und für Tiere – auch
noch eine moralische Verantwortung für die Welt insgesamt?
Falls ja, worin könnte sie bestehen?

Faire Welt?
Gibt es so etwas wie Gerechtigkeit? Wie können wir sie
gewährleisten? Sollen wir unser Wirtschaftsleben nach
moralischen Maßstäben organisieren?

Ist das Medium die Moral?
Medien besitzen eine gewisse Macht. Wie können sie diese
moralisch korrekt einsetzen, um ihre Verantwortung als
Informations- und Kontrollinstanz innerhalb einer Demokratie
wahrzunehmen?

Clash of Civilizations?
Ist das moralisch Richtige etwas, das verhandelbar ist und sich
von Kultur zu Kultur unterscheidet? Oder sollte das Gute für
alle Menschen gleichermaßen gelten?

Der Rest ist ... Leben!
Nicht alle Fragen lassen sich abschließend beantworten.
Trotzdem: Den einen oder anderen brauchbaren Hinweis
haben wir gefunden. Wie aber lautet das Resümee?

Inhaltsverzeichnis

Einleitung

Im Film „Léon – der Profi", dem spannenden Thriller von Luc Besson, spielt Jean Reno die titelgebende Hauptrolle eines Profikillers in New York, der im Auftrag der Italo-Mafia Menschen tötet. Die 12-jährige Nachbarstochter Mathilda, deren gesamte Familie dem Anschlag einer korrupten Polizeitruppe zum Opfer fällt, wirft sich ihm an den Hals und verlangt von ihm, sie zur Killerin auszubilden. Léon zeigt ihr, nach anfänglichem Widerstand, wie die verschiedenen Waffen funktionieren und zu handhaben sind. Zur Killerin bildet er sie aber nicht aus. Im gesamten Film (zumindest in jener Version, die in die Kinos gelangt ist) tötet Mathilda niemanden. Stattdessen übernimmt Léon selbst diesen schmutzigen Job, beschützt Mathilda und bringt sämtliche Ganoven um, wobei er, um den letzten, den Ober-Bösewicht zu erwischen, sogar sein eigenes Leben opfert.

Wenn Léon sich die Frage stellen würde: „Was soll ich tun?" (er stellt sie sich natürlich nicht), so würde die Antwort darauf nicht lauten: „Töte nicht!", denn er hat seine Wahl bereits getroffen. Er ist nun einmal Profikiller, das ist sein Beruf. Die Frage „Was soll ich tun?" würde bei ihm wohl eher darauf abzielen, ob er zu Messer, Pistole oder doch lieber zur Handgranate greifen sollte. Als moralisch würden wir diesen Mann wohl nicht bezeichnen.

Halt. Ich will Léon nicht Unrecht tun. Er hat durchaus Regeln – oder zumindest eine –, an die er sich hält und die uns irgendwie als Ausdruck von Moral erscheinen könnte: „Keine Frauen, keine Kinder." Aber macht ihn das bereits zu einem guten Menschen? Seinen Beruf beherrscht er perfekt, darin ist er gut. Aber „gut" bedeutet in diesem Zusammenhang offensichtlich etwas ganz anderes als das, worum es der Moral geht. Sie sagt uns nicht, was gut ist, um einen bestimmten Zweck zu erreichen – ganz egal, worin dieser Zweck besteht. Sie möchte vielmehr herausfinden, was an sich und absolut gut ist – sofern es das überhaupt gibt. Der Anspruch der Moral ist kein praktisch-technischer, der auf individuelle Überlegungen des besten Mittels zum Zweck in konkreten Situationen abzielt. Bevor wir im

Detail zu klären versuchen, worin Moral besteht und überhaupt bestehen kann, dürfen wir gemäß unserem Alltagsverständnis vorab schon so viel sagen: Moral verlangt von uns, das zu tun, was unabhängig von persönlichem Geschmack und der Tradition eines bestimmten Kulturkreises sowie ohne bevorzugenden Blick auf eine individuelle Person, ihr Geschlecht, ihre Hautfarbe oder ihre individuellen Neigungen, für alle Menschen gleichermaßen richtig und gut ist. Im Anspruch der Moral, wie er uns vor jeder philosophischen Beschäftigung mit diesem Thema begegnet, drückt sich etwas Allgemeines aus: Wenn wir eine moralische Forderung erheben, dann in der Überzeugung, dass sie für jeden Menschen gilt, nicht bloß für einen bestimmten. Damit muss sie selbstverständlich auch für denjenigen gelten, der sie aufstellt.

Aber: Gibt es so etwas überhaupt? Kann eine Sache, eine Tat, ja sogar ein Mensch gänzlich gut sein, ohne in einen konkreten Zusammenhang von Bedürfnissen und Zwecken und der Frage nach den besten Mitteln zu ihrer Erreichung eingebunden zu sein? Gibt es das ausnahmslos „Gute", das jeder von uns tun sollte und, falls ja: Worin besteht es, wie können wir es erkennen, und falls wir es erkennen könnten: Warum sollten wir es tun? Ein wichtiges Problem der Moralphilosophie begegnet uns bereits an dieser Stelle: Menschen vertreten ganz verschiedene, einander teilweise widersprechende Normen und behaupten, diese wären Ausdruck „der" Moral, hätten also Geltung für jedermann. Daran muss etwas falsch sein, denn die Logik besagt: Wenn zwei Tatsachenbehauptungen einander widersprechen, können nicht beide gleichzeitig wahr sein. Daher können auch zwei Menschen, die einander widersprechende Behauptungen über „die" Moral aufstellen, nicht beide recht haben.

Halten wir also zunächst fest: Die Moral ist dadurch gekennzeichnet, allgemeine Gültigkeit für ihre Forderungen zu beanspruchen. Lokale Traditionen, etwa die bei uns geltende, mit Anzug und Krawatte zu einem Mittagessen zu gehen, während ein Massai stattdessen besonders schönen Hals- und Ohrschmuck anlegt, verlangen nicht nach allgemeiner Geltung. Dennoch gibt es unterschiedliche moralische Forderungen, etwa in Bezug auf Fragen der Sexualmoral, die von Kultur zu Kultur verschieden sind, aber dennoch mit dem Anspruch auf Allgemeingültigkeit vertreten werden. Ob auch wir irgendeine dieser Normen und wenn ja, welche, als der Moral zugehörig ansehen, wird letztendlich davon abhängen, wie wir Moral definieren. Alles, was dann nicht unter diese Bestimmung fällt, muss als Tradition oder als persönlicher Geschmack einzelner Menschen oder Gruppen angesehen werden, selbst wenn diejenigen, die sie vertreten, den Anspruch auf Allgemeingültigkeit erheben.

Diejenige Teildisziplin der Philosophie, die sich der systematischen Untersuchung der Moral als einem System der für alle geltenden, verbindlichen Normen widmet, ist die Moralphilosophie oder Ethik. Als allgemeine Ethik lässt sie sich in drei Bereiche gliedern: Die deskriptive oder beschreibende Ethik, die präskriptive (normative) oder vorschreibende Ethik und die Metaethik, das ist die Philosophie über die Philosophie der Moral.

Die deskriptive oder beschreibende Ethik wird uns auf den folgenden Seiten nur am Rande beschäftigen. Sie hat rein empirischen Charakter und sammelt, vereinfacht dargestellt, Moralsysteme verschiedener Kulturkreise oder verschiedener Epochen, um sie unter diversen Gesichtspunkten (etwa psychologischen, soziologischen, historiographischen usw.) möglichst wertfrei zu beschreiben und miteinander zu vergleichen. Eine Frage der deskriptiven Ethik könnte lauten: „Welche Moralvorstellungen hatten die antiken Griechen zur Zeit Platons?"

Die Metaethik wiederum nimmt die Moralphilosophie selbst unter die Lupe, betrachtet und analysiert ihre Begriffe und Argumentationen und fragt, von einer Metaebene, also von einer höheren, distanzierten Position aus, was die Begrifflichkeiten und Argumentationsgänge der präskriptiven (normativen), das heißt vorschreibenden Ethik bedeuten und ob sie überhaupt Sinn machen. So ist z. B. die Frage: „Was meinen wir, wenn wir den Begriff ‚gut' verwenden?" eine metaethische Frage.

Im vorliegenden Buch möchte ich mich hauptsächlich dem dritten Bereich der allgemeinen Ethik, der so genannten präskriptiven (normativen) oder vorschreibenden Ethik widmen, obwohl ich nicht umhin komme, auch auf gewisse Aspekte der Metaethik einzugehen.

Die präskriptive (normative) oder vorschreibende Ethik zielt direkt auf die Frage „Was soll ich tun?" ab und versucht, sie mit Hilfe rationaler Argumente zu beantworten. Der Anspruch der Philosophie insgesamt besteht ja gerade darin, Überzeugungen nicht unbegründet zu vertreten. Ein Philosoph begnügt sich nicht damit, an einer Sache ohne rationale Begründung festzuhalten, bloß weil sie ihm gefällt oder weil seine Eltern, der Herr Pfarrer, der Chef seiner Lieblingspartei, sein Lieblingsschauspieler, seine Lehrer, Freunde, wer auch immer ihm gesagt haben, dass diese Sache die richtige wäre. Er sucht nach vernünftigen Argumenten und ist bereit (oder zumindest sollte er das als Philosoph sein), seine bisherigen Überzeugungen fallen zu lassen, sobald Gründe auftauchen, die genau das von ihm verlangen. Da die Zukunft offen und für uns bis zu ihrem Eintreten unbekannt ist, besteht immer die Möglichkeit, dass bereits im nächsten Moment ein Argument auftaucht, das unsere bisherigen Ansichten widerlegt. Dies betrifft unsere theoretischen Erkenntnisse ebenso wie diejenigen mit Bezug auf unser Handeln, also die menschliche Praxis. Ein Philosoph weiß über die Erschütterbarkeit seiner eigenen Überzeugungen bescheid. In Bezug auf die Frage „Was soll ich tun?" muss er sogar mit der schlimmsten aller denkbaren Antworten rechnen, nämlich mit der, dass es letztlich keine überzeugende, absolut und ausnahmslos gültige Antwort auf sie gibt.

Der Wissensstand der Menschheit verändert und vergrößert sich permanent und die Gebiete, auf die das ethische Fragen angewandt werden kann, werden immer mehr. Durch die moderne Wissenschaft und Technik entstehen zugleich immer neue Anwendungsbereiche der Ethik. Im Unterschied zur allgemeinen Ethik, die sich mit den Fragen der Moral auf grundsätzliche, eben allgemeine Weise befasst, konzentriert sich die angewandte Ethik auf diese verschiedenen Themenbereiche. So stellt sich, um nur drei zu nennen, die Bioethik im weitesten Sinne Problemen wie „Euthanasie", „Abtreibung", „Gentechnik" usw., die Wirtschaftsethik Fragen der moralisch richtigen Anwendung, der Produktion und Verteilung von Mitteln und Gütern und die Medienethik der Frage nach dem richtigen Umgang mit den Mitteln der Kommunikation, sei es aus Perspektive der Medienmacher, sei es aus Perspektive der Konsumenten von Medien. Zu Beginn möchte ich Ihnen im Schnelldurchlauf einen kurzen Überblick über die Geschichte der philosophischen Ethik verschaffen, anschließend geht es ins Detail: Ich werde die wichtigsten Elemente und Fragestellungen dieser Disziplin erläutern. Bei der Vorstellung der „Klassiker" möchte ich ein paar ausgewählte, bis in die Gegenwart hinein diskutierte, Konzepte genauer betrachten.

Ein allgemein verständliches und auch vom Umfang her lesbares Buch über Ethik muss sich zwangsläufig bei der Auswahl der Inhalte beschränken. Die philosophische Ethik ist ein weites Feld, klassische und neuere Ansätze zur Beantwortung der Frage „Was soll ich tun?" gibt es zuhauf. Nicht alle neueren Ansätze können in diesem Buch berücksichtigt werden. Dennoch möchte ich eine, wie ich schon an dieser Stelle verraten kann, mir persönlich praktikabel und argumentierbar erscheinende Form einer zeitgenössischen Ethikkonzeption vorstellen und diskutieren: Die „interessenfundierte Ethik" des deutschen Ethikers und Rechtsphilosophen Norbert Hoerster.

Da die Ethik als philosophische Disziplin auf die Praxis, also auf das Leben der Menschen abzielt, kann und will ich natürlich nicht darauf verzichten, zumindest ein paar für die Gegenwart wichtige Fragestellungen der angewandten Ethik zu diskutieren. Neben den drei oben genannten Beispielen der Bioethik, Wirtschaftsethik und Medienethik möchte ich auch der Tierethik, Umweltethik und der interkulturellen Ethik ein paar Seiten widmen.

Zurück zur Ausgangsfrage: Existiert nun **die eine** Antwort, die, gleichsam objektiv gültig, Absolutheitsanspruch erheben und uns alle zu einem ganz bestimmen Handeln als dem einzig richtigen auffordern darf?

Es gab und gibt Ethiker, die genau das glauben. Immanuel Kant (1724 bis 1804) war zum Beispiel einer von ihnen. „Was soll ich tun?" war die zweite seiner drei berühmten Fragen (aus der „Kritik der reinen Vernunft"). Sie möge als roter Faden durch dieses Buch dienen. Kants Ansicht nach führt sie mitten hinein ins Herz der Moral. Generationen von Philosophen haben auf die Frage, was denn der Gegenstand der Moral sei, geantwortet: „Das, was diese Frage wissen will." Aber ganz so einfach ist es nicht.

Einen anderen Menschen zu töten, scheint für die meisten von uns etwas moralisch Falsches zu sein. Wir können uns wohl darauf einigen, dass Mord böse ist, ohne noch genauer zu bestimmen, worin dieses „böse Sein" überhaupt besteht und wie es begründet ist. Aber können wir das wirklich? Gibt es nicht Ausnahmesituationen, in denen selbst ein Mord moralisch gerechtfertigt sein könnte? Denken wir an Claus Schenk, Graf von Stauffenberg, und seinen Versuch, Adolf Hitler am 20. Juli 1944 mittels einer Bombe zu töten, um die Welt von diesem Verbrecher zu befreien. Wäre diese Tat, wenn sie geglückt wäre, eine böse oder eine gute Tat gewesen?

Wenn der Profi Léon eine große Zahl böser Menschen tötet, um Mathilda zu beschützen, handelt es sich dabei um etwas Unmoralisches oder um etwas Moralisches? Für die Familienangehörigen der korrupten Polizisten, die der Profikiller ermordet, ist es bestimmt nichts Gutes, dass sie ihre Väter, Ehemänner, Brüder, Söhne verlieren. Dass es für Mathilda gut ist, weil sie dadurch überlebt, trifft sicher zu. Aber dürfte man es bloß deshalb, weil es ihr nützt, auch schon als moralisch richtig ansehen?

Die Frage nach dem moralisch Guten, nach dem, was ich tun soll, taucht spätestens dann auf, wenn ich etwas tun will, von dem ich annehmen muss, dass es mir selbst, anderen Menschen, Tieren oder der Welt insgesamt Schaden zufügen könnte. Natürlich stellt sich nicht jeder Mensch in solchen Situationen die moralische Frage. Aber dennoch: In dem Moment, wo ich vermuten kann, dass mein Handeln nicht ohne negative Konsequenzen – zumindest für mich selbst – bleiben wird, könnte (Moralphilosophen würden sagen: muss) ich mir diese Frage stellen. Das heißt aber auch noch nicht zwingend, dass ich mich tatsächlich an der Antwort orientieren werde. Es könnte nämlich sein, dass ich etwas als moralisch richtig erkenne, es aber trotzdem nicht tue, die gute Tat unterlasse oder sogar ihr Gegenteil ausführe. Eine wichtige Frage, die uns später noch beschäftigen wird, lautet daher: „Wie kann ich selbst (wie können die Menschen) dazu gebracht werden, das als ‚gut' bzw. ‚richtig' Erkannte auch zu tun?"

Ob und wie wir die Frage „Was soll ich tun?" beantworten, hängt wesentlich davon ab, wie wir die Welt und uns selbst als Menschen denken. Wie ist der Planet, auf dem wir leben, beschaffen, wie das Sein insgesamt? Wer oder was ist der Mensch? Was können wir überhaupt tun und was müssen wir tun, weil unsere biologische Natur uns keine andere Wahl lässt? Die Frage nach dem moralisch richtigen Handeln kann also nicht beantwortet werden, ohne einen Blick auf den Menschen und die Welt zu werfen. Die Geschichte der Ethik ist nicht zuletzt auch eine Geschichte der Weltmodelle und desjenigen Bildes, das Menschen zu verschiedenen Zeiten von sich selbst entworfen haben.

Geschichte der Ethik, fast forward

Die systematische Beschäftigung mit den Fragen der Moral beginnt für das Abendland im vierten vorchristlichen Jahrhundert mit Aristoteles (384 bis 322 v. Chr.). Obwohl sich schon Sokrates (469 bis 399 v. Chr.) als erster der antiken griechischen Philosophen mit der Frage nach dem „Guten" auseinandersetzte (bis dahin waren die Denkanstrengungen der so genannten Vorsokratiker hauptsächlich dem Verstehen der physischen Welt, ihres Ursprungs und Aufbaus, gewidmet) und Platon (427 bis 347 v. Chr.) in seinen Dialogen „seinen" Sokrates über „das Gute", „das Gerechte" usw. diskutieren ließ, war es erst sein Schüler, der die Ethik zu einer eigenen Disziplin innerhalb der praktischen Philosophie erhob. Vorbereitet wurde die Entwicklung zur Befassung mit der Moral schon durch die Sophisten, das waren Rhetoriklehrer der Zeit um Sokrates. Ihr Selbstverständnis bestand darin, jene Bürger, die es sich leisten konnten, auf die demokratischen Erfordernisse im jeweiligen griechischen Stadtstaat (z.B. Athen) vorzubereiten. Wer sich in der Volksversammlung behaupten und seinen Ansprüchen Gehör verschaffen wollte, musste diese auch in verständlicher und überzeugender Form zum Ausdruck bringen können. Wir sollten uns die Sophisten wohl so ähnlich vorstellen wie Medientrainer, die in der heutigen Zeit Manager und Politiker darin schulen, bei Interviews eine gute Figur zu machen. Das zunehmende Wissen über fremde Länder und Kulturen und die dort herrschenden Wertesysteme, brachten die binnengriechischen Überzeugungen langsam unter Druck. Der Bedarf zur Argumentation der eigenen Ansicht gegen andere entstand, die Welt wurde komplizierter. Die Sophisten, die diesen kulturellen Pluralismus erstmals thematisierten und als Chance für das bessere (oder zumindest besser präsentierte) Argument erkannten, waren damit zugleich auch die Initiatoren einer Debatte gesellschaftlicher Normen im eigenen Land.

Die (mit hoher Wahrscheinlichkeit etwas verzerrte) Darstellung dieser Rhetoriklehrer in den platonischen Dialogen lässt sie als unmoralische, zumindest aber der Moral gegenüber gleichgültig eingestellte Menschen erscheinen. Gut ist nicht das, was an sich und somit für alle gut ist und sich als solches erkennen und rechtfertigen ließe – ungefähr so könnte man ihre Haltung (laut Platon) vereinfacht darstellen. Nach Ansicht der Sophisten sei „gut" vielmehr das, was mir nützt, meine Interessen zu verwirklichen, meine Macht zu erhalten oder nach Möglichkeit zu erweitern. Dementsprechend standen solche rhetorischen Fähigkeiten und Sozialtechniken auf dem Lehrplan der Sophisten, die dabei halfen, diesen Effekt zu erzielen. Den Mittelpunkt der praktischen Frage nahm bei ihnen also das Individuum ein, das sich in der Gemeinschaft des demokratischen Stadtstaates zu behaupten hatte. Wie weit Platon ein korrektes Bild der Sophisten gezeichnet hat, ist – wie bereits angedeutet – umstritten. Ziemlich sicher waren die echten Träger dieses Namens aber Gegner oder zumindest Kritiker der alten, sich auf Traditionen und religiöse Begründungen berufenden Moral. Sie vertraten wohl eher eine Art Rechtspositivismus, das heißt: Ihnen zufolge sind moralische Normen Setzungen innerhalb einer Gesellschaft. Sie unterliegen einem historischen Wandel, sind also nicht objektiv und können daher auch keine durch allen Wandel der Zeit hindurch immerwährende Gültigkeit beanspruchen.

Ganz anders sehen Sokrates und Platon dies, ihnen geht es viel mehr um das Finden von Kriterien für ein nützliches Zusammenleben in der Polis-Gemeinschaft, das für den Einzelnen und das Kollektiv Verbindlichkeit beanspruchen kann. Sokrates fordert seine Gesprächspartner heraus, indem er sie bittet, die Begriffe, die sie verwenden, zu erläutern. Er will dem, was wir meinen, wenn wir von „dem Guten", „dem Gerechten" usw. sprechen, auf den Grund gehen. Der frühe Platon ringt hauptsächlich mit Problemen, welche die Alltagssprache für die Beschreibung von Moral mit sich bringen. In Auseinandersetzung mit den Sophisten lässt er „seinen" Sokrates zeigen, dass unsere Begriffe „des Guten", „des Gerechten" usw. unklar sind. Aber um sie als Basis für moralisches Handeln heran ziehen zu können, müssten sie erst einmal präzise bestimmt werden. Später versucht Platon, theoretische und praktische Vernunft miteinander in Einklang zu bringen und die Erkenntnis der wahren Struktur der Welt als Grundlage für das richtige Handeln in ihr heranzuziehen.

Im Unterschied zur eher pragmatischen Herangehensweise der Sophisten zeichnet sich hier also ein fundamentaler Wandel der Perspektive ab: Erstmals in der Geschichte des Abendlandes wird die Frage thematisiert, ob es so etwas wie objektive und dennoch rational erkennbare (also nicht „von oben", durch den Willen der Götter gestiftete) Gründe für moralisch richtiges Handeln gibt. Platon glaubte erkannt zu haben, dass Wahrheit, also der Gegenstand korrekter Erkenntnis, und moralisch richtiges Handeln ein und derselben Grundstruktur der Welt zu verdanken sind. Theorie und Praxis verschmelzen, die unveränderlich in einer jenseitigen Dimension existierende „Idee des Guten" ist Ursache und Ziel von Beidem. Wer also richtig erkennt, handelt auch richtig. Moralisch falsches Tun entspringt daher nicht Böswilligkeit, sondern Unwissenheit.

In der Metaethik wird die Annahme, dass es Aussagen zur Moral gibt, deren Wahrheit oder Falschheit entscheidbar wären, mit dem Titel des „Kognitivismus" versehen. Ihre Gegner, die Nonkognitivisten behaupten hingegen, dass moralische Sätze keinen Wahrheitswert besitzen, über den sich mit rationalen Argumenten diskutieren ließe. Sie seien weder wahr, noch falsch, sondern eigentlich nichts weiter als der Ausdruck von Emotionen und Wünschen und würden dazu dienen, den anderen per Überredung oder Befehl zu einer bestimmten Handlung zu veranlassen.

Für Aristoteles scheint sich die Frage, ob sich rationale Gründe richtigen Handelns erkennen lassen, eindeutig mit „ja" beantworten zu lassen. Immerhin etablierte er eine eigene philosophische Disziplin, die sich systematisch mit der Frage „Was soll ich tun?" befasst hat und bis heute existiert. Eine der Wesenseigenschaften des Menschen, neben seiner Gemeinschaftlichkeit, ist nach Aristoteles die Vernunft. Zusätzlich zur Erkennbarkeit der Gründe für das richtige Handeln und seiner konkreten Ausgestaltung hebt er hervor, dass sich die praktische Rationalität von der theoretischen unterscheidet. Diese Unterscheidung stärkt noch mehr den Status der Ethik als einer eigenständigen philosophischen Disziplin und ist zugleich der Ursprung der Spaltung zwischen „theoretischer" und „praktischer" Philosophie. Für Aristoteles ist das moralisch gute Leben ein tugendhaftes Leben. Die dem Menschen, gemäß seinem Wesen, entsprechenden Tugenden werden durch Praxis innerhalb der Gemeinschaft erlernt und eingeübt. Zwei weitere wichtige Ethik-Schulen der ausgehenden Antike seien kurz erwähnt: Der Epikureismus und die Stoa. Die Stoiker sehen (so wie auch schon Aristoteles) die Welt als eine durch zielende, göttliche Vernunft, den „logos", strukturierte. Die Aufgabe des Menschen ist es, diese Vernunft zu erkennen und sich ihren Vorgaben in der eigenen Lebenspraxis anzunähern, also in Übereinstimmung mit ihr zu leben. Hier gibt es durchaus eine gewisse Nähe zur späteren Sicht Platons. Ein interessanter Aspekt an der stoischen Ethik ist, dass diese Denkschule eine kosmopolitische Position aus ihrer Annahme über die Weltvernunft ableiten konnte. Die Anhänger Epikurs (341 bis 270 v. Chr.) hingegen orientierten ihre Ethik an einer nüchternen, sehr modern anmutenden Betrachtung der Welt mit unromantischer Selbsterkenntnis der menschlichen Bedürfnisse. Epikur war ein Anhänger und Erneuerer des Atomismus von Leukipp und Demokrit. Nach ihm soll das theoretische Wissen dem praktischen Bedarf untergeordnet werden; somit hat der Epkureismus weniger den Charakter einer Ethik, als einer Lebensklugheit. Er ist, wenn ihm auch von seinen Gegnern platter Hedonismus unterstellt wurde (was nicht zutrifft), weniger asketisch ausgerichtet als die Ethik der Stoa.

Das Mittelalter erhielt seinen moralischen Grundton durch die christliche Religion – die Schwerpunkte wandeln sich allerdings im Lauf der Jahrhunderte. Das Christentum erhält immer wieder Impulse durch die antike griechische Philosophie, verarbeitet diese teilweise positiv, setzt sich aber auch von ihnen ab und entwickelt sich eigenständig weiter. Der Kirchenvater Augustinus (354 bis 430), der bestimmend für die Anfänge der christlichen Ethik des Mittelalters war, bestritt die Existenz eines eigenständigen „Bösen", das für ihn bloß Ausdruck von Mangel war. In die ethische Debatte führte er den Begriff des bis dahin in dieser Radikalität unbekannten „freien Willens" ein. Aufgrund der Erbsünde wird diese „Freiheit" jedoch wieder, wenn schon nicht abgeschafft, so doch zumindest in ihrer Wirkung stark eingeschränkt. Augustinus vertrat in weiterer Folge sogar die Position, dass es keinen effektiven Willen zum Guten gäbe. Bereits die Fähigkeit der Erkenntnis des wahren Zieles menschlichen Strebens wäre abhängig von der Gnade Gottes. Mit dieser Überzeugung klinkt sich Augustinus aus dem Streben nach rationaler Begründung moralischen Verhaltens wieder aus. Seine Position wirkt sich auf die weitere Entwicklung des Ethik-Diskurses in den folgenden Jahrhunderten negativ aus. Denn eine nüchterne Suche rationaler, vom Menschen zu entdeckender und anwendbarer Argumente für Moral ist durch den Irrationalismus des Augustinus eine Zeit lang blockiert.

Von ein paar wenigen Ausnahmen abgesehen, wagt sich erst Thomas von Aquin (1225 bis 1274) im 13. Jahrhundert wieder an die Ausarbeitung einer eigenständigen Ethik. Seiner Ansicht nach ist die menschliche Vernunft nicht zur Gänze durch die Erbsünde verblendet, wie es sein Vorgänger Augustinus glaubte. Wendet man sie erkenntnistheoretisch an, kann mit ihrer Hilfe (im Unterschied zur Annahme des Augustinus, dass wahre Erkenntnis ebenfalls von Gottes Gnaden kommt) Wahrheit erkannt werden. Benützt man sie, um die moralische Frage zu untersuchen, findet man eigenständig das „Gute". Thomas von Aquin unterscheidet zwischen natürlichen und übernatürlichen Wahrheiten, wobei für die Erkenntnis letzterer die Offenbarung vonnöten ist. Einen höchsten praktischen Grundsatz stellt er auf: Das Gute zu tun, das Böse zu unterlassen und er ergänzt seine Überlegungen mit durchaus modern anmutenden Erkenntnissen über die physische Natur des Menschen und die daraus abzuleitenden Bedürfnisse, die bei der Frage nach dem moralisch richtigen Verhalten nicht unberücksichtigt bleiben dürfen. So führt er etwa den Selbsterhaltungs- und den Arterhaltungstrieb an, aber auch das Bedürfnis des Menschen, in Gemeinschaft leben zu wollen. Speziell in Bezug auf diese Grundverfasstheit des Menschen als „Gemeinschaftstier" zeigt sich die Nähe zu „seinem" oder wie das christliche Mittelalter allgemein zu sagen pflegte: „dem Philosophen", Aristoteles. Getreu seiner Nähe zu dem antiken Philosophen erneuert Thomas von Aquin auch die Tugendlehre seines Vorbildes. Die Einsicht in die Nützlichkeit seiner Ethik ist der menschlichen Vernunft zugänglich, also prinzipiell auch Atheisten möglich. Für die Glückseligkeit im Jenseits und die Erkenntnis der göttlichen Wahrheiten gilt dies allerdings nicht. All jenen, denen es genügte, im Diesseits das richtige Leben zu führen, bot Thomas von Aquin somit einen ausreichenden Handlungsleitfaden an. Wer darüber hinaus nach der Vollendung im Jenseits zu streben beabsichtigte, musste sich aber über die natürlichen Wahrheiten und die begrenzte irdische Erkenntnisfähigkeit hinaus wagen und – glaubend, nicht mehr erkennend – den offenbarten, göttlichen Wahrheiten zuwenden.

Die mittelalterliche theologisch-philosophische Richtung des Nominalismus vertrat eine Position, die zu einer Revolution im Denken führte und damit philosophisch die Neuzeit initialisierte. Waren die Denker im unmittelbaren Gefolge des Thomas von Aquin noch von der durchgängigen Vernünftigkeit (bzw. vernünftigen Struktur) der von Gott geschaffenen Welt und ihrer für den menschlichen Geist erkennbaren Gestalt ausgegangen, so warfen Theologen wie Johannes Duns Scotus (1266 bis 1308) oder Wilhelm von Ockham (1285 bis 1347) diese Betrachtung wieder über Bord und näherten sich in gewisser Weise überholten Ideen des Augustinus an. Der Allmächtige sei in seiner Unendlichkeit durch das endliche Denken des Menschen nicht begreifbar. Der freie Wille des Menschen, über den auch Gott, allerdings in unendlicher Form, verfügt, wird nun hervorgehoben. Die Schöpfung unterliegt der reinen Willkür ihres Schöpfers, die Absichten Gottes verbergen sich vor der Menschenvernunft, die mit ihren begrenzten Mitteln keinen Einblick mehr in den Plan des uneingeschränkt herrschenden göttlichen Souveräns gewinnen kann.

Dadurch dass Gottes Absichten aus der Reichweite der Erkenntnisfähigkeit des Menschen entschwinden, findet dieser sich plötzlich auf sich selbst und seine diesseitige Eigenverantwortung zurückgeworfen. Die praktischen Normen und die darauf basierende Sozialordnung können und müssen ab nun vom Menschen selbst gefunden, begründet und aufrechterhalten werden.

Anstatt aus Angst vor diesem neuen Zustand des allein gelassen Seins in Unfähigkeit zu erstarren, nutzt der an der Kippe zur Neuzeit stehende Mensch dieses Vakuum jedoch und richtet den Blick immer autonomer auf die eigenen Bedürfnisse und Möglichkeiten in dieser Welt.

Dies ist der Beginn einer breiten Emanzipationsbewegung, die sowohl den entstehenden Naturwissenschaften, als auch der Philosophie Auftrieb verschafft. Damit entwickelt sich auch langsam wieder eine Ethik, die sich von der Religion frei macht. Wenn der Mensch nicht mehr erkennen kann, was Gott von ihm will, muss er sich im wahrsten Sinne des Wortes selbst bestimmen. Dass es dabei auch zu einander widersprechenden Ansätzen kommen kann, liegt auf der Hand. Auch dass diese Widersprüche im moralphilosophischen Denken wieder auf die theologische Betrachtung der Welt und des menschlichen Seins zurück wirken, ist verständlich. Die Religionskriege im 17. Jahrhundert können als ein Effekt dieser Entwicklung gesehen werden. Als Impulsgeber für frühneuzeitliche Lösungsversuche der Moralphilosophie und der politischen Philosophie inspirieren diese Auseinandersetzungen unter anderem das Werk des Philosophen Thomas Hobbes (1588 bis 1679). Er diagnostiziert den „Kampf aller gegen alle", dem nur durch eine übergeordnete, von den Menschen freiwillig etablierte, absolute Macht Einhalt geboten werden kann. Das ist zum Nutzen aller Beteiligten an diesem „Projekt", da nur auf diese Weise das Überleben des Einzelnen gesichert werden kann.

Immanuel Kant wird später, angeregt durch diese Entwicklung, versuchen, die Begründung von Moral zur Gänze von inhaltlichen Vorgaben zu befreien. Er will die Moral auf einen überindividuellen Formalismus zurückführen, der sich weder an subjektiven Gefühlen und Zielen orientiert, noch an Dogmen und konkreten Vorgaben von Religionen, die für ihre Überzeugungen den Absolutheitsanspruch stellen. Kant findet sein moralphilosophisches Ziel darin, einander widersprechende und bekämpfende Moralsysteme auf einer höheren, rein formalen, Ebene, welche die reine Vernunft selbst zum Ausdruck bringt, zu überbieten. Das besagt nichts anderes als das, dass für Kant Vernunft zum einzigen Maßstab für die Beurteilung moralischer Normen herangezogen werden darf. Alles, was dieser Vernunft widerspricht, ist – aus rein logischen Gründen – unmoralisch, wie ich später noch genauer ausführen werde.

Zunächst stehen aber noch die beiden neuzeitlichen Denksysteme des Rationalismus und des Empirismus vor der Herausforderung, eine Antwort auf die Frage: „Was soll ich tun?" zu geben. Die Denker des Empirismus orientieren sich dabei an durch Erfahrung zugängliche Erkenntnisse über die Natur des Menschen sowie seine Bedürfnisse. Sie fragen danach, wie diese in der Gemeinschaft am besten miteinander in Einklang zu bringen wären. Die so genannte „moral sense"-Philosophie eines Earl Shaftesbury (1671 bis 1713) oder Francis Hutcheson (1694 bis 1746) bringt ein „moralisches Gefühl" ins Spiel, mit dessen Hilfe der Mensch „erspüren" können soll, was das moralisch Gute sei. Gemäß dieser Überzeugung würden die richtigen Handlungen bei ihrem Anblick ein Gefühl des Wohlgefallens auslösen. Bei Hutcheson, dessen Variante der „moral sense"-Philosophie besonders stark auf das Gute im Sinne der Allgemeinheit ausgerichtet ist, findet sich bereits die später für den Utilitarismus wichtige Formel des „größten Glücks der größten Zahl", die bei moralischen Handlungen als Leitmotiv in den Blick genommen werden sollte. Hutcheson meint, dass das Moralgefühl allen gleichermaßen innewohne (also universale Geltung beanspruchen kann), die Konflikte unter den Menschen erklärt er hingegen mit ihren unterschiedlichen individuellen Interessen.

Für den schottischen Philosophen David Hume (1711 bis 1776) ist es nicht ein einziger Moralsinn (und schon gar nicht die Vernunft), der uns zu moralisch richtigem Verhalten anleitet. Hume identifiziert viel mehr eine ganze Reihe von Gefühlen, die moralische Wirkungen haben, z.B. das „Wohlwollen" oder das „Gerechtigkeitsgefühl". Die Vernunft ist (und sollte sein) bloß Sklavin der Affekte. Wobei „Affekte" hier nicht im modernen negativen Wortsinn (man denke etwa an die Formulierung „Mord im Affekt") verstanden werden darf. Die von Hume angeführten moralischen Gefühle sind für ihn vielmehr eine empirisch feststellbare anthropologische Tatsache und dürfen daher, wie der Moralsinn Hutchesons, Allgemeingültigkeit beanspruchen.

Im Unterschied zu dieser anthropologischen, also dem Wesen des Menschen innewohnenden Fähigkeit, das moralisch Richtige gefühlsmäßig zu erkennen und sich daran zum Nutzen aller zu orientieren, wird der Utilitarismus den Allgemeinnutzen später als Formel zur moralischen Forderung erheben. Er wird sich zumindest in der Urversion von Jeremy Bentham (1748 bis 1832) an der menschlichen Natur und ihrem Bedürfnis, Leid zu vermeiden und Lust anzustreben, orientieren.

Der Rationalismus steht in der Entwicklungslinie des Denkens seit Thomas von Aquin und in seiner Annahme der rationalen Erkennbarkeit der Strukturen der Welt sowie des für das menschliche Zusammenleben Guten. Von seiner teleologischen Grundannahme, also der Idee, die Welt würde von Gott auf eine bestimmte Richtung hin ausgelegt sein, verabschiedet der neuzeitliche Rationalismus sich aber zusehends. Die Bedeutung von Wissenschaft und Technik für die Gestaltung des menschlichen Zusammenlebens und der Verbesserung der Situation des Einzelnen nimmt rapide zu. Richtiges Handeln wird immer mehr angeleitet durch Gründe, die von der Vernunft einsehbar sind. Sie sollen, gegen die Irrationalität der Affekte, die, selbst wenn sie prinzipiell gut wären, von subjektiven Interessen verunreinigt werden könnten, primär zur Orientierung verwendet werden.

Mit Immanuel Kants Herangehensweise an die Frage „Was soll ich tun?" ereignet sich ein fundamentaler Bruch innerhalb der ethischen Debatte. Der Philosoph, der Zeit seines Lebens seine Heimatstadt Königsberg so gut wie nie verlassen hat, ist mit Sicherheit einer der tiefstgehenden Denker überhaupt. Sein Entwurf ist so komplex und von solcher Bedeutung für die gesamte Debatte, dass ich ihm ein eigenes Kapitel gewidmet habe („Die richtige Einstellung"). Seine Grundüberlegung geht davon aus, dass der Mensch, nebst seiner Zugehörigkeit zur materiellen und damit kausal beschreibbaren natürlichen Welt, auch ein Bewohner einer zweiten, vernünftigen (Kant sagt: „intelligiblen") Welt ist. Als physisches Wesen in einer physischen Welt ist er ihren Zwängen unterworfen. Kraft seiner Vernunft, mit der er auch Einwohner der intelligiblen Welt ist, kann der Mensch sich aber selbst frei Zwecke (oder besser: Ziele) setzen und bei konsequenter Anwendung eben dieser Vernunft sich selbst als Zweck (an sich) definieren. Das Postulat der Freiheit, die weder beweis- noch widerlegbar ist, ermöglicht es ihm, sich und jedes andere vernünftige Wesen als Selbstzweck, als Wert an sich, anzuerkennen und die Handlungen danach auszurichten. Zur Erklärung: Ein extrinsischer Wert im Unterschied zu einem intrinsischen, in sich selbst liegenden, ist ein solcher, der auf etwas außer ihm Befindliches verweist, zu dessen Verwirklichung er dient. Sportlichkeit bzw. sportliches Verhalten etwa wäre ein solcher extrinsischer Wert, der dabei hilft, den Zweck bzw. intrinsischen Wert der „Gesundheit des Menschen" zu fördern.

Die weitere Entwicklung knüpft an verschiedenen vorkantischen Konzepten an. Selbst der Utilitarismus findet, wie bereits erwähnt, seine Vorläufer in den neuzeitlichen Empiristen. Viele Denker nehmen den Ausgang für ihre eigenen Überlegungen aber auch direkt bei Kant, sei es, indem sie versuchen ihn zu verbessern, sei es, um sich gegen seinen Entwurf zu stellen. So kritisiert beispielsweise Max Scheler (1874 bis 1928) den vermeintlichen „Formalismus" der kantischen Ethik und stellt ihm seine „materiale Wertethik" entgegen. Sie behauptet die Objektivität von moralischen Werten und deren Erkennbarkeit durch ein so genanntes „Wertfühlen". Damit ähnelt sein Ansatz entfernt der platonischen Ideenlehre, die ja auch die objektive Gültigkeit des „Guten" unterstellt hat.

Deontologische (vom griechischen Wort „to deon", „die Pflicht") Entwürfe, die mehr oder weniger direkt an Kant anschließen, zählen neben solchen von kontraktualistischem (also auf realem oder hypothetischen Vertragsabschluss unter Menschen beruhenden) Charakter, etwa in der Nachfolge von Thomas Hobbes, John Locke (1632 bis 1704) oder Jean-Jacques Rousseau (1712 bis 1778) und solchen des Utilitarismus und seiner Ausrichtung auf die Konsequenzen menschlichen Handelns, zu den wichtigsten Gestalten des gegenwärtigen moralphilosophischen Diskurses. Das soll aber nicht darüber hinwegtäuschen, dass auch nach Kant und dem klassischen Utilitarismus gänzlich neue Formen entstanden sind. Zu nennen wären hier etwa die Mitleidsethik Arthur Schopenhauers (1788 bis 1860), diverse theistische und atheistische existenzphilosophische Ansätze und die so genannte „evolutionäre Ethik". Sowohl Neopositivismus als auch der auf sprachanalytische Überlegungen setzende Nonkognitivismus in der ersten Hälfte des 20. Jahrhunderts bestreiten die grundsätzliche Möglichkeit der Wahrheitsfähigkeit moralischer Aussagen. Mit dieser Annahme stellt der Nonkognitivismus eine fundamentale Herausforderung für das Projekt der Ethik insgesamt dar.

Lügen, pfui!

Wenn Eltern ihren Kindern Sätze wie „Du sollst nicht lügen!"
oder „Du sollst nicht stehlen!" zurufen, sieht es auf den ersten
Blick so aus, als würden sie damit moralische Forderungen mit
dem Anspruch auf Wahrheit erheben. Das mag aus Sicht der Eltern auch so sein, selbst wenn sie annehmen, dass ihre Kleinen
in jungen Jahren noch nicht begreifen, warum sie sich so oder
so verhalten sollen. Da Kinder ihren Eltern zwar nicht immer,
aber doch im Wesentlichen folgen, weil sie lange Zeit am sprich-
wörtlich kürzeren Ast sitzen, beherzigen sie diese Mahnungen
meistens. Bis zu einem gewissen Alter ist Erziehung zum moralisch richtigen Verhalten wohl nichts weiter, als ein bloßer Dres-
surakt. Erst später, wenn die Kinder ein bestimmtes Alter und
eine gewisse Reflektiertheit erreicht haben, werden bzw. können
die Eltern versuchen, ihre Gebote vernünftig zu begründen. Bis
dahin vertrauen Kinder einfach darauf, dass das, was Papa und
Mama von ihnen verlangen, gut ist. Das heißt: Gut für sie ist,
was irgendwie nützlich ist, weil die Eltern bei Nichtbefolgung
der „Anordnungen" böse sein könnten und böse Eltern eher un-
angenehm sind.

Wie ist das bei Erwachsenen? Wenn sie mit Formulierungen
wie „Du sollst nicht lügen!" oder „Du sollst nicht stehlen!"
konfrontiert werden, stehen weder Mutter noch Vater daneben
und blicken ernst drein, um ihrer Forderung Nachdruck zu verleihen. Das heißt aber nicht, dass nicht auch für Erwachsene
ein gewisses Nützlichkeitsdenken der Grund dafür sein könnte,
warum sie sich an Normen halten. Mögliche strafrechtliche
Konsequenzen motivieren die meisten von uns, die in unserer
Gesellschaft geltenden Verbote zu respektieren. Die wenigsten
wollen schließlich Strafe zahlen oder gar ins Gefängnis gehen.
Vieles von dem, was wir als moralische Forderungen aneinander stellen, findet seinen Niederschlag ohnedies in geschriebenen
Gesetzen. Aber: Was wäre, wenn uns niemand dabei erwischen
würde, wenn wir ein Verbot übertreten? Gäbe es dann einen
plausiblen Grund, der uns dazu verpflichten könnte, eine bestimmte Handlung zu unterlassen?

41

Damit das funktionieren kann, müssten moralische Forderungen sich vor allem einmal als gültig, das heißt, in irgendeiner Form als wahr beweisen lassen. Ist die Wahrheit von moralischen Sätzen wie „Du sollst nicht lügen!" oder „Du sollst nicht stehlen!" überprüfbar, so wie bei Behauptungen, die uns etwas über ein „Sein" (also wie etwas ist) erzählen? Eine Gruppe von Philosophen zu Beginn des 20. Jahrhunderts, die so genannten Neopositivisten, versuchte zu klären, welche unserer Aussagen wahr oder falsch sein können. Zwei Arten von Sätzen fanden sie bei ihrer Suche: Einerseits solche, die wahr (oder falsch) aufgrund von Logik sind, z.b. die Aussage: „Ein Quadrat hat vier rechte Winkel und vier gleich lange Seiten." Was hier behauptet wird, ist deshalb wahr, weil es der Definition des Quadrats entspricht, das eben vier rechte Winkel und vier gleich lange Seiten hat. Andererseits können Sätze wahr (oder falsch) sein, wenn sie sich durch Empirie, also durch Erfahrung, überprüfen lassen, z.b.: „Wohnt Peter Müller in diesem Haus?".

Ob Peter Müller in dem besagten Haus wohnt oder nicht, kann jeder von uns feststellen. Wir könnten den Klingelknopf drücken und wenn ein Mann öffnet, werden wir ihn fragen: „Sind Sie Peter Müller?" „Selbstverständlich." würden wir dann vielleicht zur Antwort bekommen oder aber: „Nein, tut mir leid, da sind Sie bei der falschen Adresse. Ich bin Andreas Maier. Peter Müller wohnt gleich gegenüber." Wenn wir allerdings Polizisten und Peter Müller ein gesuchter Verbrecher wäre, würde er vielleicht in Bezug auf seine wahre Identität lügen. In diesem Fall hätten wir aber entweder ein Fahndungsfoto dabei und würden ihn erkennen. Oder wir würden, wenn wir dem Mann nicht glauben, seinen Personalausweis von ihm verlangen. Wenn er jedoch wirklich Peter Müller, der von uns gesuchte Verbrecher wäre, hätte er wahrscheinlich gar nicht erst die Türe geöffnet, sondern wäre durchs Fenster auf der Rückseite des Hauses geflohen.

Haben wir Peter Müller dann schließlich gefunden, könnten wir, um auf Nummer sicher zu gehen, nebst dem Personalausweis auch noch einen Meldezettel von ihm einfordern. Erst dann dürften wir mit großer Sicherheit davon ausgehen, dass hier Peter Müller wohnt. Mit großer, aber nicht mit absoluter Sicherheit deshalb, weil es mehrere Menschen geben könnte, die „Peter Müller" heißen und wir daher nicht gleich annehmen dürfen, den richtigen gefunden zu haben, bloß weil der Name korrekt ist.

Wie verhält es sich nun aber mit dem Satz: „Du sollst nicht stehlen!" Bringen wir mit ihm eine Aussage über die Wirklichkeit ins Spiel, die sich in irgendeiner Weise überprüfen lässt? Logisch beweisen lässt sie sich auf den ersten Blick nicht (obgleich Immanuel Kant, wie wir später noch sehen werden, das Gegenteil behauptet hat). Denn im Unterschied zur Beschreibung eines Quadrates, die immer schon wahr ist, weil wir sie so festgelegt haben, wollen wir ja erst herausfinden, ob „Du sollst nicht lügen!" wahr oder falsch ist. Die Wahrheit dieses Satzes ist nicht vorab von uns definiert. Wir behaupten zwar, dass sie zutrifft, können das aber nicht dadurch begründen, dass wir es so definiert haben, wie eben beispielsweise die Eigenschaften eines Quadrates. Könnte es vielleicht eine Möglichkeit geben, auf empirische Weise herauszufinden, ob der Satz wahr oder falsch ist? Nein, denn im Unterschied zu empirischen Aussagen, die in der Wirklichkeit erkennbare Fakten beschreiben (z.b. unser Peter Müller, der tatsächlich in dem Haus lebt), lässt sich das „Richtig" oder „Falsch" einer moralischen Forderung nicht empirisch erkennen. Zwar können wir Menschen beobachten, die lügen und solche, die es nicht tun. Ob lügen aber nun für sich genommen „richtig" oder „falsch" und der Satz „Du sollst nicht lügen!" somit wahr wäre oder nicht, können wir nicht als empirische Fakten an der Wirklichkeit um uns herum ablesen.

Alle Philosophen, die davon überzeugt sind, dass moralische Sätze tatsächlich „wahr" oder „falsch" sein können (wobei sie sich darin unterscheiden, wie sie diese Wahrheit zu beweisen versuchen), werden Kognitivisten genannt. Diejenigen, die diese Möglichkeit bestreiten, heißen Nonkognitivisten. Die radikalste Ausprägung des Nonkognitivismus, der so genannte Emotivismus (hier klingt der Begriff „Emotion" an) besagt, dass unsere moralischen Sätze nur dazu dienen, unsere subjektiven Gefühle und Überzeugungen zum Ausdruck zu bringen. Wir sprechen sie so aus, wie wenn wir unserem Ekel über ein verschimmeltes Stück Brot Ausdruck verleihen würden: „Pfui, ist das grauslich!" Ebenso könnten wir sagen: „Lügen, pfui, ist das grauslich!", weil uns davor graut, wenn gelogen wird oder, noch schlimmer, wenn wir angelogen werden. Indem wir unsere negative Einstellung gegenüber dem Lügen kundtun, bringen wir einerseits unsere Gefühle zum Ausdruck und wollen damit andererseits die übrigen Menschen in unserem Sinne beeinflussen, in dem wir an sie appellieren. Auch sie sollen ähnlich empfinden und daher das Lügen tunlichst unterlassen. Ob die Aussage „Du sollst nicht lügen!" oder allgemeiner formuliert „Man soll nicht lügen!" oder „Lügen ist unmoralisch!" wahr oder falsch ist, ist dabei völlig irrelevant. Bekannte Vertreter des Emotivismus waren der Brite Alfred Jules Ayer (1910 bis 1989) und der US-Amerikaner Charles Leslie Stevenson (1908 bis 1979), die ihre Extrempositionen allerdings später etwas relativierten.

Stevenson, der im Unterschied zu Ayer die appellative (auffordernde) Bedeutung moralischer Sätze betonte, leitete damit zu einer zweiten Spielart des Nonkognitivismus, dem Präskriptivismus, über. Diesem Ansatz zufolge würden moralische Aussagen einen präskriptiven (= vorschreibenden) oder imperativischen (= befehlenden) Charakter besitzen. Wer etwa sagt: „Lügen ist unmoralisch!" fordert den Adressaten dieser Botschaft dazu auf, nicht zu lügen. Ein wichtiger Vertreter des Präskriptivismus war der britische Philosoph Richard Mervyn Hare (1919 bis 2002). Ihm zufolge könnten sich präskriptive Aussagen allerdings universalisieren, sprich: verallgemeinern lassen. Denn jeder, der eine solche Aussage vertritt, müsse sie als allgemeingültig ansehen, anders wäre sie gar nicht denkbar. Wenn ich sage: „Stehlen ist unmoralisch!", so gilt das für jeden Menschen, auch für mich selbst. Als Aussage, die sich nur an einen bestimmten Menschen richtet, ist sie unsinnig. „Andreas soll nicht stehlen!" hat keinen Wert, denn wenn ich Stehlen für verwerflich halte, sollte ich entsprechende Moralforderungen nicht nur auf Andreas beziehen (den ich, als Einzelperson, ja leicht davon abhalten könnte). Denn sonst müsste ich ja jedem anderen Dieb (Peter, Fritz, Karl, …) erneut die auf ihn bezogene Forderung vorhalten: „Peter soll nicht stehlen! Paul soll nicht ..." usw. Ab da, wo ich aber den moralischen Satz verallgemeinere „Es soll nicht gestohlen werden!", muss er – aus logischen Gründen – auch für mich selbst gelten, da ja auch ich als Adressat dieses Satzes gelten könnte. Damit hat Hare (zumindest nach eigenem Verständnis) die Position des Emotivismus überwunden, der ja die völlige Verschiedenheit subjektiver Gefühle und der sie zum Ausdruck bringenden Sätzen annimmt. Die vermeintliche Möglichkeit der Universalisierung moralischer Forderungen wirft aber sofort die Frage auf, wie diese Verallgemeinerung zustande kommen kann. Also: Mittels welcher Kriterien lassen sich universalisierbare moralische Forderungen finden?

Der Dezisionismus ist eine weitere Richtung innerhalb des Nonkognitivismus. Er geht davon aus, dass meine Entscheidung zugunsten einer bestimmten Norm, von der ich möchte, dass sie Allgemeingültigkeit beansprucht und behaupte, dass sie das auch tut, mehr oder weniger beliebig ist. Sie beruht also auf meiner persönlichen, rein subjektiven Entscheidung (daher „Dezisionismus") zugunsten eines bestimmten Prinzips, das ich irgendwann einmal festgelegt habe. So könnte mich beispielsweise meine Erziehung zu der grundsätzlichen Haltung gebracht haben, lügen oder stehlen als moralisch verwerflich anzusehen. Auch der Dezisionismus leugnet konsequenterweise die allgemeine Begründbarkeit von Entscheidungen und die universale Geltung moralischer Aussagen.

Sind die schweren Einwände, die der Nonkognivismus in seinen drei Spielarten des Emotivismus, des Präskriptivismus und des Dezisionismus gegen die Begründbarkeit der Wahrheit moralischer Sätze vorbringt, widerlegt? Das kommt darauf an! Denn all jene Aspekte unserer moralischen Aussagen, die der Nonkognitivismus präsentiert, treffen ja zumindest auch zu. Wir wollen selbstverständlich das, was wir für richtig halten, wofür wir uns entschieden haben (Dezisionismus) und was wir als richtig empfinden (Emotivismus), möglichst allen anderen Menschen ans Herz legen bzw. sogar vorschreiben (Präskriptivismus). Ist damit schon alles gesagt, was sich über moralische Sätze sagen lässt? Wann immer wir andere Menschen von der allgemeinen

Gültigkeit unserer eigenen moralischen Einstellungen mittels Argumenten überzeugen wollen, also behaupten, ihnen Gründe nennen zu können, erheben wir einen rationalen Anspruch. Es scheint, als wären wir selbst davon überzeugt, dass die Anderen unsere Positionen verstehen und gut heißen könnten – das würde die Annahme des Nonkognitivismus ins Trudeln bringen. Aber reicht das schon zu seiner Widerlegung? Viele Kognitivisten haben große Anstrengungen unternommen, zu zeigen, dass die Wahrheit moralischer Sätze sich doch irgendwie beweisen lässt. Andere wiederum haben auf diesen Anspruch verzichtet und einen anderen, pragmatischeren Weg eingeschlagen. Vielleicht lassen sich ja Kriterien finden, die, ohne auf objektive Wahrheit zu bauen, zur Begründung der Richtigkeit moralischen Handelns ausreichen. Dann wäre die Frage nach der Wahrheit (oder Falschheit) moralischer Sätze zwar nicht geklärt, aber sie wäre zugunsten eines praktischen Ansatzes aufgehoben, wenn nicht sogar überwunden. Ist das „richtige" Leben aber dann nicht eines, das sich weniger an rational begründbarer Moral, also an „dem Guten", als daran orientiert, wie es sich „gut leben" lässt? Worin besteht überhaupt der Unterschied zwischen „gut leben" und dem „guten Leben" und müssen die beiden einander ausschließen?

„Das gute Leben" oder „das Gute leben"?

Ein Urlaub auf Hawaii ist bestimmt ein unvergessliches Erlebnis: Palmen, weiße Sandstrände so weit das Auge reicht, türkisblaues Meer, Sonnenschein, exotisches Essen, lauter entspannte Menschen und kein Chef weit und breit. Um dorthin zu gelangen, muss unsereins jedoch ins Flugzeug steigen und mehrere Stunden um den halben Globus jetten. Bevor wir überhaupt in die Luft gehen, haben wir wahrscheinlich viel Geld für die Reise bezahlt. Ein Urlaub in Griechenland oder an einem Kärntner See wäre auch schön (wenn auch nicht ganz so spektakulär), allerdings bestimmt billiger gewesen und die Umwelt hätte durch die kürzere Anreise und die dadurch geringeren Abgase mit Sicherheit weniger gelitten. Das Geld hätten wir für wohltätige Zwecke spenden oder in Sportgeräte für unsere Kinder investieren können, mit denen sie lange Freude gehabt hätten und viel für ihre Gesundheit hätten tun können. So aber verpufft unser hart verdientes Geld nach zwei Wochen in denen wir wahrscheinlich die meiste Zeit nur faul am Strand liegen und Cocktails schlürfen. Ist es wirklich in Ordnung, der Befriedigung unserer egoistischen Bedürfnisse freien Lauf zu lassen, wo es doch unzählige Dinge gäbe, die viel wichtiger zu sein scheinen? Oder lässt es sich irgendwie bewerkstelligen, die eigenen Wünsche und die Bedürfnisse der anderen gleichermaßen zu berücksichtigen?

Bringen wir diese Frage auf den moralphilosophischen Punkt: Schließen „das gute Leben" und die moralische Pflicht, „das Gute zu leben", so sich letztere überhaupt erkennen und rechtfertigen lässt, einander aus? Das wird vor allem danach zu entscheiden sein, was wir unter „dem Guten" und was wir unter einem „guten Leben" verstehen. Prinzipiell sind mehrere Möglichkeiten vorstellbar, was dabei heraus kommt, wenn wir das „gute Leben" und die moralische Aufforderung, „das Gute zu leben", miteinander konfrontieren.

Wenn wir unser Dasein danach ausrichten, was für uns selbst das Wichtigste ist (nach unseren individuellen Bedürfnissen und Vorlieben, etwa nach unserem Wohlergehen, nach unserer Lust, nach unserer Glückseligkeit – worin auch immer sie bestehen mag), dann wird unser „gutes Leben" möglicherweise nur durch Zufall mit dem übereinstimmen, was wir gemeinhin als „das Gute zu leben" verstehen. Die so genannten Hedonisten (vom griechischen Wort „hedone", das bedeutet „Lust") sind Vertreter eines konsequent an der Lust orientierten, subjektiven Ansatzes. Lust ist das höchste Ziel, das Leben das als ein „gutes" verstanden werden kann, ist jenes, das möglichst lustvoll verbracht wird. Die so genannte „Strebensethik" kann, muss aber nicht, hedonistisch orientiert sein. Dennoch verkörpert sie eine Lehre der individuellen Lebensklugheit, einer Orientierung am Subjekt.

Umgekehrt müsste eine rein am „Guten" ausgerichtete „Sollensethik" nicht unbedingt eine sein, die uns als Einzelnen Freude bereitet. Wir würden uns vielleicht durch unser moralisches Verhalten als glückswürdig erweisen, ob wir dann aber auch tatsächlich glücklich werden, liegt nicht mehr in unserer Hand. Die wohl extremste Position diesbezüglich hat Immanuel Kant vertreten. Laut ihm ist die Pflicht allein die Grundlage der Moral und nicht ein, wie auch immer geartetes Glücksgefühl oder Wohlempfinden. Es geht nicht um ein für uns „gutes", weil beispielsweise lustvolles Ziel, sondern um eine auf Vernunft und auf Pflicht ausgerichtete Lebensweise – unabhängig von ihrem Resultat für uns selbst.

Eine Zwischenposition dieser beiden Extreme scheint der Utilitarismus zu verkörpern. Er ist zwar auch an einem empirisch definierten, als Ziel anzustrebenden Glück interessiert, allerdings am größtmöglichen Glück der größtmöglichen Zahl von Menschen. Insofern hebt er sich vom Egoismus des Hedonisten ab, der bestenfalls zufällig auch das Glück der anderen berücksichtigt. Zu bedenken ist jedoch, ob Lust oder, allgemeiner gesprochen, Glück als Leitfaden dafür, welches Leben als „gut" angesehen werden kann, ausreichend ist – selbst wenn es so konzipiert ist, dass es alle betrifft?

„Glück" ist in Bezug auf die Frage nach „dem Guten" schlicht unterbestimmt. Das werden wir später bei der Diskussion des Utilitarismus noch genauer betrachten. Da jeder unter

„Glück" etwas anderes versteht, ist es gar nicht so einfach, sich auf nur eine, für alle geltende Definition zu einigen. Laut Platon und Aristoteles ist das Gute das, „wonach alles strebt". Nehmen wir an, jeder würde nach Glück streben. Dann wäre Glück zwar das Ziel jedes Menschen, aber die Frage, ob „Glück" auch „gut" ist, bleibt damit unbeantwortet. Für einige Menschen kann Glück nämlich durchaus etwas bedeuten, das anderen Menschen schadet. Wenn ein Diktator sich und seine Familie glücklich macht, indem er sein Volk ausbeutet, ist das wohl nicht für alle Menschen in gleichem Maß „das Gute".

Wer sich nicht an einem Glücksbegriff orientiert, der nur das je eigene Wohlergehen oder die eigene Perspektive im Blick hat, sondern an ein Leben denkt, das nur dann als ein gelungenes und somit „gutes" bezeichnet werden kann, wenn es eingebettet ist in den gemeinsamen Lebensvollzug mit anderen Menschen (ergänzend könnten wir sagen: Tieren, Pflanzen, der Welt insgesamt), bringt wohl am ehesten die erwünschte Synthese zustande. Erst in diesem Fall stimmt das individuelle „gute Leben" mit dem Anspruch der Moral, „das Gute zu leben", überein.

Ist damit aber schon gesagt, was „das Gute" ist? Geht es also bloß darum, anderen keinen Schaden zuzufügen? Egal, was wir im Laufe unserer Reise durch die Ethik über „das Gute" noch herausfinden werden: Es kann jedenfalls nicht darin bestehen, dass ein Mensch wissentlich und willentlich Schaden verursacht – vorausgesetzt, er wird nicht durch innere oder äußere Umstände dazu gezwungen.

Das heißt, wenn ich ein psychopathischer Massenmörder bin, also jemand, der gar nicht anders kann, als andere Menschen zu töten, kann man mir das moralisch nicht zur Last legen. Ich bin ja getrieben von einem unwiderstehlichen Drang, zu tun, was ein psychopathischer Massenmörder eben so tut. Ähnlich problematisch wäre es aus meiner Sicht, mich als unmoralischen Menschen zu bezeichnen, wenn ich (etwa im Krieg) gezwungen werde, jemand anderen zu töten, indem man mir androht, dass man mich oder meine Familie tötet, wenn ich mich dem Befehl widersetze. In diesem Fall könnte eine Art Notwehr geltend gemacht werden, zumindest aber befände ich mich in so einer

Situation tatsächlich in einem Dilemma. Ich vermute, die meisten von uns würden sich hier zugunsten des eigenen Überlebens oder des der eigenen Familie entscheiden. Das mag brutal klingen, aber andererseits sollten wir bedenken, dass wir in dieser Situation in jedem Fall ein Menschenleben auf dem Gewissen habe, egal, wofür wir uns entscheiden.

Schwieriger wird es natürlich, wenn der Vorgesetzte, der mich zwingen möchte, einen anderen zu töten, als Alternative nur mit schwerer Bestrafung droht, etwa der Amputation einer Hand oder 100 Stockschlägen auf den nackten Rücken. Sie sehen schon: Je geringer die Bedrohung ausfällt, umso eher wären wir wohl bereit, das potenzielle Opfer zu retten. Die Stockschläge würden wir vielleicht über uns ergehen lassen, die Amputation schon nicht mehr ganz so leicht. Was das getötet Werden betrifft, so würde ich persönlich spätestens hier meine Nächstenliebe aufgeben. Allerdings stehen die Chancen, dass ich bereits bei der Androhung einer Amputation kneifen würde, vielleicht sogar schon bei den Stockschlägen, gut. Handle ich dann unmoralisch, weil ich mich gegen „das Gute" und für mich selbst, also mein „gutes Leben" (hier vor allem: das eigene Weiterleben) entscheide?

Tatsächlich gibt es Ethiker, die es als unmoralisch erachten würden, wenn ich einen anderen Menschen töte, selbst wenn ich dazu mit vorgehaltener Waffe und der begleitenden Drohung, selbst umgebracht (oder schwer verletzt) zu werden, gezwungen werde. Für mich stößt die moralische Argumentation dort an ihre Grenzen, wo ich nur dann moralisch bleibe, wenn ich die eigene Vernichtung (oder eine schwere Verletzung) in Kauf nehme.

Ist damit vielleicht eine prinzipielle Grenze für die rationale Argumentation zugunsten einer ausnahmslos geltenden Moral erreicht, die, laut Kant etwa, keine Rücksicht auf meine eigenen Interessen nehmen sollte? Möglicherweise. Wie gesagt: Es gibt Ethiker, die über diese Grenze hinausgehen, meistens handelt es sich bei ihnen um religiös orientierte Menschen. Für sie endet die Wirklichkeit nicht mit dem physischen Tod. Sie können ihre Haltung nur dadurch „begründen", dass sie an ein Leben nach dem Tod und an eine ausgleichende göttliche Gerechtigkeit glauben. Mir scheint, dass es nur unter dieser Annahme aus ihrer Sicht zulässig ist, lieber das eigene endliche Erdendasein zu opfern und dafür die ewige Seligkeit im Paradies zu erlangen, als das irdische Leben zu behalten. Ohne den Glauben an ein „Danach" würde es selbst für sie schwer sein, diese Art von Moral durchzuhalten.

In diesem Zusammenhang stellt sich zwangsläufig die Frage des Märtyrertums: Ist es legitim, sich für jemand anders töten zu lassen? Pater Maximilian Kolbe (ein polnischer Franziskaner-Minorit, der sich in Auschwitz für einen Mithäftling geopfert hat), aber nicht nur er, sondern auch viele Atheisten, etwa kommunistische Widerstandskämpfer, waren bereit, für ihre Überzeugung zu sterben. Sie waren zwar keine Selbstmordattentäter, haben jedoch den eigenen Tod in Kauf genommen. Das klingt zwar zunächst einmal heldenhaft, muss aber dennoch kritisch hinterfragt werden. Ich weiß nicht, ob Maximilian Kolbe an seine Verwandten und Freunde zuhause gedacht hat, die möglicherweise nicht an Gott glaubten und es daher vielleicht als schweren Verlust und als äußerst schmerzvoll empfunden haben, dass er sich für einen anderen Menschen geopfert hat. Lässt sich so eine Tat moralisch rechtfertigen? Ohne einen Glauben an Gott und daran, dass irgendwann einmal „alles gut" werden wird, fällt es schwer, das für eine moralisch gute Tat zu halten.

Lässt sich das „Gute", das moralisch Richtige, vielleicht anhand dieses Widerstreits zweier Extrempositionen definitorisch einkreisen? Wer nur an sich selbst denkt und einen extremen Egoismus bis zur Zerstörung anderer lebt, verfehlt das „Gute" ebenso wie jemand, der sein eigenes Leben wegwirft, um den reinen Altruismus zu verwirklichen. Eine areligiöse Lösung, die nicht auf ein Leben nach dem Tod setzt, muss wohl irgendwo in der Mitte zwischen diesen beiden Extremen liegen.

Kommen wir zurück zum „guten Leben": Was für Menschen als ein solches gilt, unterliegt einem ähnlichen historischen Wandel wie unsere Moralvorstellungen und ist von Person zu Person verschieden. Jeder Mensch hat seine eigenen Ansichten darüber, wie er die Spanne zwischen Geburt und Tod möglichst sinnvoll und erfüllend verbringen soll. Eine für alle gleichermaßen gültige Standarddefinition gibt es nicht. Die Orientierung am Einzelnen und seiner individuellen Selbstverwirklichung ist eine Erfindung der Moderne. Die Auflösung enger gesellschaftlicher Strukturen, wie sie noch im Mittelalter existierten, war eine der notwendigen Voraussetzungen, die überhaupt erst das Stellen der Frage: „Wie möchte ich leben?" ermöglichte. Davor wäre eine solche Überlegung den meisten Menschen gar nicht in den Sinn gekommen. Eine weitere Bedingung für individuelle Selbstbestimmung war die Entlastung des Menschen durch Maschinen und die dadurch gewonnene Freiheit vom Zwang, den ganzen Tag über hart arbeiten zu müssen.

Freiheit genossen in früherer Zeit bestenfalls einige wenige wohlhabende Menschen. Aber nicht einmal das trifft uneingeschränkt zu, denn viele adelige Kinder waren Spielfiguren in machtpolitischen Überlegungen ihrer Familien. Sie wurden verheiratet, ohne dass ihre Eltern dabei auf die Bedürfnisse ihrer Söhne und Töchter Rücksicht nahmen. Liebe war bei solchen strategischen Hochzeiten eher zweitrangig. Für uns ist das heutzutage schier unvorstellbar. In der Antike und im Mittelalter gab es das sich selbst bestimmende Individuum, das frei seinen Beruf und seine Art zu leben wählen konnte, allerdings nicht. Erst mit dem Entstehen von öffentlichen Bildungseinrichtungen, die allen zugänglich waren, konnten die Menschen überhaupt in die Nähe einer Art von Wahl kommen und unterschiedliche Lebenskonzepte entwerfen. Davor gaben Stand und Beruf des Vaters die Richtung vor.

Kommen wir zurück zum Begriff des „Glücks". Die meisten Menschen würden wohl dem zustimmen, was Aristoteles darüber gesagt hat: Jeder strebt von Natur aus nach Glück. Jene Moralkonzeption, die sich am Glück orientiert, nennt man Eudämonismus. Ist er selbstgefällig oder bedarf er der Einbindung in ein Gemeinsames mit anderen Menschen?

Der eine versucht das Glück zu erreichen, indem er sich in eine berufliche Karriere stürzt, ehrgeizig sein Ziel verfolgt, der Beste in seinem Job, reich und mächtig zu werden und dadurch die Bewunderung seiner Mitmenschen erntet. Ein anderer spürt eine kreative Begabung in sich, betätigt sich künstlerisch und findet darin seine Erfüllung. Er malt, gestaltet Skulpturen, schreibt, musiziert, versucht sich als Schauspieler. Vielleicht wird er dabei nie reich, aber so lange er davon leben oder zumindest überleben kann, ist ihm das wahrscheinlich egal. Der Lohn der Kunst ist nicht das Geld, das sie eventuell abwirft, es ist die Kunst selbst oder besser gesagt der schöpferische Akt an sich. Einige Menschen sind vom Drang beseelt, so viel wie möglich zu wissen, um zu erkennen, was die Welt im Innersten zusammenhält. Sie wählen einen Beruf auf einem Gebiet der Natur- oder Geisteswissenschaften, werden Forscher, Weltreisende oder Philosophen, jagen der Wahrheit hinterher, halten Vorträge oder schreiben kluge Bücher, wieder andere suchen sich ein Betätigungsfeld, auf dem sie sich mit anderen Menschen befassen. Sie engagieren sich in Sozialberufen, gehen in die Entwicklungshilfe, werden Ärzte, Lehrer, Richter, Priester oder Psychotherapeuten. Die heute lebenden Menschen, zumindest jene, die in einem Land der so genannten „Ersten Welt" leben und es sich leisten können, dürfen mit ihrem Leben meist machen, was sie wollen.

Es gibt Berufe und Freizeitaktivitäten, die sich alleine ausüben lassen, aber auch solche, die nur mit anderen Menschen zusammen betrieben werden können und die andere Menschen direkt oder indirekt betreffen. Der hauptberufliche Schriftsteller sitzt alleine zuhause hinter seinem Schreibtisch, der Extrembergsteiger, der diesen Sport als Hobby betreibt, klettert einsam seinen Berg hinauf. Beide kommen zunächst einmal nicht mit anderen Menschen in Kontakt. Der Bergsteiger muss das auch nie, denn so lange er keine Rekorde brechen und innerhalb der Bergsteigerzunft Anerkennung dafür ernten, sondern nur sich selbst besiegen will, ist es irrelevant, was andere über seine alpinen Leistungen denken. Beim Schriftsteller verhält es sich anders. Spätestens dann, wenn er seine Bücher veröffentlichen will, ist er auf andere angewiesen. Selbst wenn er seine Werke im Eigenverlag produzieren und vertreiben könnte: Veröffentlichen will er sie und möchte daher auch, dass sie gelesen werden. Ganz unabhängig von seinen Zeitgenossen ist er nicht, er lebt also nicht vollkommen losgelöst von ihnen. Er wird sich immer auf sie beziehen mit dem, was er schreibt. Das muss nicht heißen, dass er genau das zu Papier bringt, was die Leser dort gerne finden würden. Vielleicht will er sie ja provozieren, aus reiner Freude an der Provokation oder aber, um ihre Vorurteile kritisch zu hinterfragen und sie so zum Umdenken anzuregen. Aber: Er braucht sie und muss sie und ihre Bedürfnisse bei seinem Handeln stets mitdenken.

Nun könnte es scheinen, als würden diejenigen Tätigkeiten, die wir ohne Kontakt zu anderen Menschen ausüben, moralisch indifferent sein. Tut es anderen Menschen weh, wenn wir uns ohne Sauerstoff durch Eis und Schnee auf den Gipfel des Mount Everest quälen, um an unsere eigenen Grenzen zu gehen und uns zu beweisen, welch harte Kerle wir sind? Nicht unbedingt, trotzdem könnte es aber so sein, nämlich dann, wenn unsere Familie, unsere Freunde, unsere Arbeitskollegen zuhause um unser Leben bangen. Nehmen wir jedoch einmal an, wir wären Vollwaisen, außerdem Millionäre und alle unsere Freunde wären ähnliche Draufgänger wie wir, die wüssten, dass wir dieses Risiko ganz einfach brauchen, um uns zu bewähren. Es gäbe also keine Familienangehörigen und keine Arbeitskollegen, die um uns zittern müssten. Unsere Freunde würden sich sogar für uns freuen. Während wir am Berg unterwegs sind, dem Gipfel des Everest immer näher kommen, entdecken wir die ersten leeren Sauerstoffflaschen, die den Weg nach oben säumen. „Weicheier!" denken wir vielleicht herablassend, weil wir selbst ja gerade dabei sind, den Gipfel ohne künstlichen Sauerstoff zu bezwingen.

Wir könnten aber auch denken: „Was für eine Umweltverschmutzung!", unsere Tour abbrechen und fortan als Öko-Aktivisten gegen den Wahnsinn des Himalaya-Tourismus predigen. Denn auch wenn kein anderer Mensch unmittelbar davon betroffen ist, dass wir uns auf einzelgängerische Weise selbst verwirklichen und dabei glücklich sind, muss das nicht heißen, dass wir keinen Schaden an der Welt anrichten. Die Natur leidet vielleicht unter unserem Selbstverwirklichungswahn. Gerät das für uns „gute Leben" als Extrembergsteiger unter diesem Blickwinkel nicht mit der moralischen Forderung in Konflikt, „das Gute zu leben"? Das ist wohl nur dann der Fall, wenn das, was wir tun, in irgendeiner Form Schaden anrichtet und wir dieses „Schaden anrichten" als unmoralisch beurteilen.

In früheren Zeiten fielen andere Arten der Betätigung unter den Titel „gutes Leben", ohne in Kollision mit einer möglichen moralischen Forderung, „das Gute zu leben", zu kommen, als heute. Das liegt einerseits an den sich ständig wandelnden Auffassungen darüber, was richtig und was falsch ist. Indirekt liegt es an unserem ständig wachsenden Wissen über die Welt. Die Debatte um das Rauchverbot im öffentlichen Raum ist ein gutes Beispiel dafür. Noch vor wenigen Jahren war es für viele Menschen Ausdruck individuellen Genusses und damit ein Stück Selbstverwirklichung, zu rauchen. Seit wir jedoch wissen, dass Menschen, und zwar auch jene, die selbst nicht rauchen, negativ davon betroffen sind, ist es nicht mehr so leicht, unseren Wunsch nach ungezügeltem Genuss jenseits der moralischen Frage auszuleben. Gesetze erschweren uns zunehmend unsere Selbstverwirklichung als Raucher. Unser schlechtes Gewissen plagt uns zusätzlich, weil wir wissen, dass wir anderen, (aber auch uns selbst) damit nichts Gutes tun.

Das wirft die Frage auf: Können wir eigentlich irgendetwas auf dieser Welt tun, ohne dass wir selbst, andere Menschen, Tiere, Pflanzen oder der Planet Erde in irgendeiner Weise betroffen sind? Wohl kaum. Alles, was wir tun, hat Auswirkungen auf die Welt und damit immer auch auf uns selbst. Die Sensibilität im Umgang mit der Natur, mit ihren beschränkten Ressourcen und der permanenten Gefahr ihrer Zerstörung durch uns Menschen ist – zumindest theoretisch – gestiegen. Wir können nicht mehr tun, was wir wollen, ohne nicht wenigstens ein schlechtes Gewissen dabei zu haben. Und wenn wir es nicht von selbst haben, so erinnern uns professionelle Organisationen, wie z.B. Greenpeace, daran, dass wir es besser haben sollten. Hat das unsere Freiheit, ein „gutes Leben" zu führen massiv eingeschränkt? Oberflächlich betrachtet: Ja.

Auf der anderen Seite hat die Geschichte der Menschheit

aber auch zu einer Zunahme an Möglichkeiten geführt. Viele Formen der persönlichen Lebensgestaltung waren bis vor wenigen Jahren noch unvorstellbar oder konnten bestenfalls im Geheimen verwirklicht werden. Der immer offenere Umgang mit dem Thema Sexualität ist wohl das beste Beispiel dafür. Vieles von dem, was früher verboten war und für unsere Großeltern und Eltern noch als unmoralisch galt, ist heute – sieht man von einzelnen konservativen Gruppen innerhalb unserer Gesellschaft ab – legal und gesellschaftlich akzeptiert, zumindest aber eher toleriert als früher.

Es gibt also allem Anschein nach das „gute Leben", das identisch ist mit einer zumindest unter den meisten, wenn nicht allen Menschen akzeptierten Ansicht darüber, was es heißt, „das Gute zu leben". Die oben genannten Sozialberufe genießen innerhalb jeder Gesellschaft ein hohes Ansehen. Anderen zu helfen kann – aus menschlicher Sicht und für die Menschen – nicht schlecht, also unmoralisch sein. Denjenigen, die diese Berufe ausüben, bereiten sie ebenfalls Freude, weil sie als sinnvolle Tätigkeiten erlebt werden. Aber nicht alles, was aus Sicht des Menschen für seinesgleichen gut ist, muss es auch aus einer „objektiven" Perspektive sein – siehe das Beispiel mit dem Mount Everest und der Umweltverschmutzung.

Lässt sich aber eine solche „objektive" Perspektive von einem Menschen überhaupt einnehmen? Muss er sie denn einnehmen? Was bedeutet „objektiv" in diesem Zusammenhang? Das Einbeziehen aller möglichen Interessen? Kann ich, wenn ich überleben will, wirklich alle Perspektiven, also auch die jedes beliebigen Lebewesens, jeder Pflanze, mit einbeziehen? Habe ich eine moralische Verpflichtung, meinen individuellen Lebensvollzug qualitativ zu reduzieren, damit ich keinen Nachteil für andere Lebewesen, Pflanzen oder den Planeten insgesamt bewirke?

Selbst wenn ich nicht auf die anderen ihretwegen Rücksicht nehme – indirekt könnte mein rücksichtsloses Verhalten mir selbst zum Nachteil werden. Biologen gehen davon aus, dass eine gewisse Artenvielfalt, eine gewisse Zahl unterschiedlicher Spezies in einem Ökosystem dieses stabil macht. Schrumpft die Artenvielfalt oder steigt sie durch das Eindringen weiterer Arten an, kippt das System. Beispiele dafür gibt es zuhauf, etwa das Einschleppen nicht heimischer Arten in verschiedene Länder der Welt im Zuge der Kolonisation. Der Kaviarfan könnte unter diesen Umständen darauf verzichten, durch exzessiven Konsum des Fischrogens den Stör auszurotten, nicht nur, weil er sonst nie wieder Störkaviar bekommt, sondern weil sich das Ökosystem z.b. des Schwarzen Meeres dadurch empfindlich verändern könnte. Ich bin zwar kein Biologe, könnte mir aber vorstellen, dass das Aussterben einer Tierart in einem Ökosystem, an dem der Mensch beteiligt ist (und die Anrainer des Schwarzen Meeres sind es, etwa als Fischer), zu einem Wandel dieses Systems führen könnte, der eventuell auch Nachteile für den Menschen mit sich bringen würde.

Unsere Sensibilität im Umgang mit der Welt hängt selbstverständlich auch von unserer Sozialisation ab, diese wiederum ist stark davon beeinflusst, welche ökonomischen Spielregeln in der Gesellschaft gelten, in der wir groß geworden sind und leben. Nicht jeder Mensch, der ein aus unserer europäischen Sicht unmoralisches Leben führt, indem er die Natur ausbeutet, muss das selbst auch so sehen. Kürzlich erzählte mir eine Freundin von ihrer US-amerikanischen Mitbewohnerin. Diese hätte nichts dabei gefunden, dreimal pro Tag ein Vollbad zu nehmen, bis meine Freundin sie auf die stark gestiegenen Energiekosten hingewiesen hatte. Diese sind in den USA allerdings doch deutlich geringer als in Europa. Ein Onkel von mir, der vor ein paar Wochen auf einem Kongress in China war, berichtete mir folgendes: In dem Hotel, in dem er untergebracht war, gab es zwar Heizkörper in den Zimmern, sie konnten aber nicht von den Gästen selbst ein- oder ausgeschaltet bzw. geregelt werden. Als er sich beim Concierge erkundigte, wie es möglich wäre, die Temperatur im Zimmer abzusenken, öffnete dieser einfach das Fenster.

Noch haben wir nicht herausgefunden, ob es „das Gute" gibt, worin es besteht und ob es sich mit dem für uns „guten Leben" verträgt oder nicht. Das „gute Leben" und „das Gute zu leben" können jedenfalls nur dort in Konflikt miteinander geraten, wo wir wissen, was wir tun und es willentlich anstreben. Alles, was ohne unser Wissen und gegen unseren Willen mit uns geschieht, entzieht sich einer moralischen Beurteilung. Um überhaupt als unmoralisch bezeichnet werden zu können, müssen wir handeln.

Handeln, was ist das?

Stellen Sie sich vor: Sie sitzen in Ihrem Auto und fahren auf der Autobahn. Plötzlich kommt Ihnen ein LKW entgegen, ein Geisterfahrer. Sie verreißen das Lenkrad – allerdings nicht zur Fahrbahnmitte hin, denn dann würden Sie die Mittelplanken durchschlagen und auf die Gegenfahrbahn kommen. Das wäre der sichere Tod für Sie, die Insassen des ersten Autos, mit dem Sie zusammenprallen und vielleicht auch noch für viel mehr Menschen. Rechts hingegen fällt eine Böschung ab, an deren Fuß ein Radweg verläuft. Ihr Wagen fliegt wie in einem James Bond-Film den Abhang hinunter. Es kracht und scheppert, zu spüren ist ein dumpfer Schlag gegen die Vorderseite Ihres Autos, dann kommen Sie endlich zum Stehen. Als Sie sich aus dem Wagen befreit und festgestellt haben, dass Sie keine erkennbaren Verletzungen davon getragen haben, gehen Sie um das Auto herum, um den Blechschaden zu begutachten. Als Sie zur Rückseite kommen, sehen Sie ein verbogenes Fahrrad zwischen den Spuren liegen, die Ihre Autoreifen auf dem weichen Feld hinterlassen haben, auf dem Sie gelandet sind. Nun bekommen Sie Angst. Sie blicken um sich und plötzlich entdecken Sie eine junge Frau, kaum 30 Jahre alt, die, etwa fünf Meter entfernt, von Blut überströmt neben einem Strauch liegt. Sie bewegt sich nicht. Sie laufen auf die Frau zu, sprechen Sie an, fühlen ihren Puls. Nichts. Instinktiv greifen Sie zu Ihrem Funktelefon und verständigen die Rettung. Inzwischen sind andere Autofahrer am Pannenstreifen stehen geblieben. Zwei Männer und eine Frau stehen plötzlich neben Ihnen. Einer der beiden Männer bricht in Tränen aus, die Frau fragt: „Ist sie … tot?" Dann sieht sie Ihnen in die Augen und sagt vorwurfsvoll: „Mein Gott, ich glaube, Sie haben sie getötet."

Als die Rettung endlich am Unfallort eintrifft, kann der Notarzt tatsächlich nur mehr den Tod der jungen Frau feststellen. Sie bewegen sich wie in Trance, alles, was um Sie herum gesprochen wird, hören Sie gedämpft, so als würden Sie einen Ohrenschutz tragen. Die Rettungsleute bitten Sie, einzusteigen, damit man Sie ins nächste Spital bringt. Dort werden Sie von Kopf bis

Fuß durchgecheckt und anschließend kümmert sich ein Psychologe um Sie.

Als er in Ihr Zimmer tritt, sitzen Sie mit hängenden Schultern zitternd auf einem Stuhl. Sie können es immer noch nicht fassen: Sie haben einen Menschen getötet! Was und wie der Psychologe mit Ihnen sprechen wird, weiß ich nicht. Es fällt auch nicht in den Aufgabenbereich der Philosophie. Trotzdem hat die Philosophie zu einem Fall wie dem Ihren etwas zu sagen – und das hat große Relevanz für die Frage nach dem „moralisch Guten" (und „Bösen").

Zunächst einmal steht fest: Zu dem Zeitpunkt, als Sie das Lenkrad verrissen haben, um nicht in den LKW zu krachen, war die Autobahn in beiden Richtungen stark befahren. Wären Sie also über die Mitte auf die gegenüberliegende Seite gekommen, wären ebenfalls Menschen gestorben. Unter der Annahme, Sie hätten in den Sekundenbruchteilen, in denen sich der Unfall abspielte, überhaupt eine Chance gehabt, sich für links oder rechts zu entscheiden: Sie hätten den gleichen Weg gewählt, um Schlimmeres zu verhindern. Diese Frage ist hier jedoch nicht entscheidend, denn Sie konnten ganz einfach nicht wählen. Etwas ist mit Ihnen geschehen, Sie waren Teil eines Vorganges, den Sie nicht bewusst beeinflussen oder gar gezielt hätten steuern können. Wenn man Sie vor dem Unfall gefragt hätte: „Möchten Sie eine Radfahrerin mit dem Auto überfahren?" hätten Sie bestimmt empört ausgerufen: „Nie und nimmer!" War aber nun das Überfahren der jungen Frau eine unmoralische Tat, die man Ihnen zur Last legen könnte?

Wenn es an diesem Tag stürmisch gewesen wäre und die Frau durch einen von einem Baum abgebrochenen und herabgefallenen Ast tödlich getroffen worden wäre (wie das dem österreichischen Schriftsteller Ödön von Horváth 1938 in Paris passiert ist, allerdings ohne Fahrrad), würde sich diese Frage nicht stellen. Wie könnte es nämlich hier um Ihre Moral oder Unmoral gehen, wo Sie doch gar nicht Schuld am Abbrechen des Astes und somit am Tod der Frau gewesen wären? Die bloße Naturgewalt, der Zufall hätte die Hand im Spiel gehabt. Wenn Sie aber den Tod der jungen Frau freiwillig und absichtlich verursacht hätten, also ohne dem entgegenkommenden LKW bloß instinktiv auszuweichen, wenn Sie aus reiner Willkür abrupt nach rechts gefahren wären, die Radfahrerin am Weg neben der Autobahn ins Visier genommen und absichtlich niedergefahren hätten, dann wäre das offensichtlich unmoralisch – denn dann wäre nicht der herabfallende Ast der „Täter", sondern Sie.

Wodurch unterscheiden sich nun Handlungen, über die wir moralische Urteile fällen, von Ereignissen, wie dem Herunterfallen des vom Sturm abgebrochenen Astes? Zunächst einmal dadurch, dass sie von einem Subjekt, einem Menschen bewusst und willentlich angestrebt und auch verwirklicht werden – vorausgesetzt, dass es diesem Menschen prinzipiell möglich gewesen wäre, die Handlung auch zu unterlassen. Eine weitere wichtige Bedingung, um von einer Handlung zu sprechen, ist unser Wissen über die Konsequenzen einer Tat. Stellen Sie sich vor, Sie fahren mit einem LKW voller Kisten mit Mineralwasserflaschen durch die Wüste, weil Sie als Fahrer eines Begleitfahrzeugs des (fiktiven) steirischen Motorradstars Johannes „Green Devil" Kross bei der Rallye Dakar arbeiten. Nach Stunden einsamer Fahrt finden Sie „Green Devil", der halb verdurstet neben seiner Maschine im Sand liegt. Das einzige Wort, das er stotternd über die Lippen bringt, ist: „Wasser …" Sie sprinten zu Ihrem Truck, öffnen die Ladetür und reißen die Plastikfolie auf, die über einen Karton mit sechs Plastikflaschen Mineralwasser gespannt ist. Sie laufen zurück, öffnen den Drehverschluss und reichen dem Motorradfahrer die Flasche. Er setzt sie an den Mund und trinkt sie auf den ersten Zug beinahe zur Hälfte leer. Plötzlich spuckt er aus, lässt die Flasche fallen, hustet, würgt, übergibt sich, verdreht die Augen und sinkt tot zu Boden.

(Spätestens jetzt dürfte Ihnen aufgefallen sein, dass viele meiner Beispiele tödlich enden. Das liegt nicht etwa daran, dass ich ein Sadist wäre. Es geht mir vielmehr um eine drastische Bebilderung meiner Argumente, damit ich ihren Kern besser herausarbeiten kann. Innerhalb der Philosophenzunft befinde ich mich damit übrigens in guter Gesellschaft; denn dort sind ausgefallene Beispiele weit verbreitet: Von einem „Gehirn im Tank" ist da beispielsweise die Rede [das natürlich nicht weiß, dass es sich in einem Tank befindet], von einem „Sumpfmann", der vom Blitz getroffen wird oder von einem „Esel", der zwischen zwei identischen Futtertrögen verhungert, weil er sich nicht entscheiden kann, von welchem er denn nun fressen soll.)

Nun habe ich Sie lange genug auf die Folter gespannt. Woran ist unser Motorradfahrer in der Wüste gestorben? An einer Vergiftung! Irgendjemand (vielleicht sein größter Konkurrent im Rennen? Ein Techniker aus dem gegnerischen Team?) hat die Mineralwasserflaschen in Ihrem LKW mit Gift gefüllt, um seinen Mitbewerber aus dem Rennen zu schlagen. Eine drastische Maßnahme, die wir bestimmt als unmoralisch bewerten würden. Aber kann man Ihnen, der Sie einem Verdurstenden bloß etwas zu trinken geben wollten in dem guten Glauben, es würde sich dabei um Wasser handeln, einen Vorwurf machen? Wohl eher nicht, denn Sie haben nicht gewusst, dass es sich um Gift handelt. Hätten Sie es gewusst, hätten Sie „Green Devil" lieber Ihre Thermoskanne mit Kräutertee angeboten. Sie sehen, worauf ich hinaus will: Von einer Handlung können wir nur dann sprechen, wenn die Handelnden wissen, was sie tun. Dazu müssen sie aber auch „wissen" können.

Wir können nie alles wissen, schon alleine aus praktischen Gründen. Wie hätten Sie etwa überprüfen können, ob sich in den Mineralwasserflaschen kein Gift befand? Dazu hätten Sie diese öffnen und mit einem mobilen Chemielabor Untersuchungen vornehmen müssen. Diese Vorgangsweise wäre Ihnen sicher nicht so einfach möglich gewesen. Die Flaschen haben so ausgehen, als wären sie noch originalverpackt (der Täter hat das Gift mit einer Spritze mit dünner Nadel durch die Plastikfolie und durch die Flaschenwand injiziert) gewesen, also nicht manipuliert worden. Außerdem stand Ihr Motorradfahrer kurz vor dem Verdursten. Selbst wenn Sie die Ausrüstung mitgehabt hätten, das Wasser zu testen, hätten Sie das eher nicht getan. Wozu auch? Wenn Sie selbst Mineralwasser im Supermarkt kaufen, tun Sie das doch auch nicht und das, obwohl Sie eher selten kurz vor dem Verdursten sind. Wir haben einfach ein gewisses Grundvertrauen in den Augenschein: Das, was ungefährlich für uns aussieht und unserer bisherigen Erfahrung nach ungefährlich war, halten wir auch weiterhin für ungefährlich. Würden wir es nicht tun, wäre unser Leben um einiges komplizierter.

Etwas anderes wäre es, wenn Ihnen beim Verladen der Flaschen der größte Konkurrent von „Green Devil" gesagt hätte: „Ich helfe Ihnen mit dem Wasser. Nehmen Sie die Flaschen, die ganz hinten auf meinem Truck stehen, die mit dem roten Klebeband." In so einer Situation hätten Sie eventuell hellhörig werden können. Was wäre, wenn Sie im Falle des vorhin skizzierten Unfalls mit der Radfahrerin, betrunken in Ihr Auto gestiegen wären, bevor Sie auf die Autobahn fuhren? Dann hätten Sie zwar die junge Frau nicht vorsätzlich getötet, die Tatsache, dass Sie sich allerdings betrunken ans Steuer gesetzt haben, würde Ihnen jedoch zumindest eine gewisse Verantwortung zuschreiben. Juristisch betrachtet würden Sie zwar nicht wegen Mordes, aber doch wegen fahrlässiger Tötung angeklagt werden – zu Recht, denn Sie haben willentlich etwas getan (nämlich Alkohol konsumiert), das den Unfall zumindest mit verursacht hat oder haben könnte.

Apropos „Wille": Wenn Sie dem verdurstenden Motorradfahrer wissentlich giftiges oder zumindest schlechtes, bakteriell verunreinigtes Wasser verabreicht hätten, weil Sie nur dieses Wasser mit sich geführt haben und er ohne Wasser in wenigen Sekunden verdurstet wäre, kann Ihre Tat kaum als freiwillig bezeichnet werden. Vielleicht hätten Sie ja in diesem Fall damit spekuliert, „Green Devil" zumindest bis zum nächsten Kontrollpunkt am Leben erhalten zu können. Dort hätten die Ärzte sich dann um die Vergiftung gekümmert. Aristoteles würde bei diesem speziellen Fall von einer „gemischten Handlung" sprechen – um etwas noch Schlimmeres (seinen sofortigen Tod) zu verhindern, entscheiden Sie sich dafür, den Motorradfahrer zu vergiften. Aristoteles bringt in seiner „Nikomachischen Ethik" das Beispiel eines Kapitäns, der die gesamte Ladung über Bord wirft, weil sein Schiff in einen Sturm gerät und er nur so seine Mannschaft vor dem Untergang retten kann. Die Gemischtheit der Handlung besteht darin, dass wir zwar wählen können, aber doch irgendwie zugunsten einer Entscheidung genötigt werden. Eine „Handlung" (als wissentliche und freiwillige Tat) ist also stets von der jeweiligen Situation und unseren Möglichkeiten abhängig. Damit eine Tat zu einer echten Handlung wird, muss sie das Kriterium der „Freiwilligkeit" uneingeschränkt erfüllen. Diese Freiwilligkeit muss auch den aktuellen Erkenntnissen der Psychologie bzw. Neurowissenschaft genügen. Wenn Sie durch einen Tumor in Ihrem Gehirn daran gehindert sind, klar zu denken und dem Motorradfahrer statt ungiftigem Mineralwasser das Reinigungsmittel verabreichen, das sich im Handschuhfach Ihres LKWs befindet, würden wir wohl auch nicht von „Freiwilligkeit" sprechen. Wobei es in diesem Fall egal ist, ob Sie durch den Tumor bloß verwirrt oder zu einem Psychopathen geworden sind, der zwar weiß, was er tut, dem es aber egal ist, weil er keine Unterscheidung zwischen „gut" und „böse" treffen kann.

Das Beispiel mit dem Tumor führt uns zu einer Problematik für die Ethik (und vor allem auch für die Rechtsphilosophie): Wie können wir sicher sein, dass nicht jeder Mörder eine ähnliche, aber für uns noch nicht bekannte und daher auch noch nicht erkennbare Störung im Gehirn hat (es muss ja kein Tumor sein), die ihn dazu zwingt, zu töten. Wie stünde es dann um die Frage der moralischen Verantwortung? Können wir überhaupt jemals annehmen, dass ein Mensch frei ist? Was bedeutet „Freiheit" eigentlich und welchen Stellenwert hat sie innerhalb der Ethik?

Vive la liberté!

„Sie fällt nicht auf, wenn man sie hat, doch hinter jedem
Stacheldraht sehnt man sich um so mehr nach ihr."

So lautet das Ende der zweiten Strophe des Liedes „Freiheit",
mit dem der österreichische Sänger Waterloo in den 8oer Jahren
des 20. Jahrhunderts große Erfolge feierte. Damals war die Berliner Mauer noch nicht gefallen, der Ostblock hatte sich noch
nicht dem Westen geöffnet. In der Nacht von 9. auf 10. Novem-
ber 1989 war es dann so weit: Die Mauer fiel und das Bedürfnis nach Freiheit löste eine Kettenreaktion aus, in deren Folge
die kommunistischen Staaten Zentral- und Osteuropas sich Zug
um Zug von ihren Diktaturen befreiten.

Der Begriff der „Freiheit" ist schillernd. Stark aufgeladen
wurde er durch die Geschichte und die verschieden politischen
Auseinandersetzungen im Kampf um Unabhängigkeit und freie
Selbstbestimmung. Jede Epoche hat „ihre" Freiheitskämpfer:
Spartacus, der römische Sklave, der stellvertretend für die Sklaven den Aufstand gegen die antike Sklaverei Roms führte, Thomas Müntzer und der Bauernkrieg gegen die Leibeigenschaft im
16. Jahrhundert, die Französische Revolution als Aufstand des
Bürgertums gegen den Absolutismus, der Widerstand gegen den
Nationalsozialismus usw. Politische „Freiheit" war allerdings
oft nur die Freiheit einer bestimmten Bevölkerungsgruppe, die
sich für die Ausweitung ihrer Rechte engagierte.

Innerhalb der Philosophie und insbesondere in der Ethik
hat der Begriff der „Freiheit" eine spezielle Bedeutung. Wer
„unfrei" ist in seinem Tun, der kann nicht als unmoralisch
verurteilt werden. Im Recht gibt es dazu den Begriff der „höheren Gewalt". Er bringt zum Ausdruck, dass der Betroffene
nichts gegen ein bestimmtes Ereignis hätte tun können, da es
durch Ursachen ausgelöst wurde, auf die er keinen Einfluss
hatte (etwa ein geplatzter Reifen, der das Auto ins Schleu-
dern bringt und zu einem Unfall führt). Im Unterschied zum
politischen, also auf eine Gruppe von Menschen oder die
Menschheit insgesamt bezogenen „Freiheitsbegriff", spricht

die Ethik von „Freiheit" in Bezug auf das handelnde Individuum.

„Freiheit" hat zunächst einmal zwei Seiten und tritt in doppelter Gestalt auf: Eine ist die „negative Freiheit" oder „Freiheit von etwas", die andere die „positive Freiheit" oder „Freiheit zu etwas". Wenn wir weder äußerlich (etwa durch physische Gewalt), noch innerlich (z.b. durch Süchte) unfrei sind, trifft die „negative Freiheit" zu – wir sind also in diesem Fall frei von Gewalteinwirkung und Süchten. „Positiv frei" sind wir dann, wenn wir die Dinge, die wir tun wollen, prinzipiell tun können. Fliegen zu wollen, ist ein Beispiel für das Nichtvorhandensein positiver Freiheit, denn wir können nicht fliegen. Unserem Nachbarn, der gerade auf offener Straße ausgeraubt wird, könnten wir hingegen helfen, wenn wir das wollen. Wir sind frei, ihm zu helfen – ein Beispiel positiver Freiheit.

Der deutsche Philosoph Arthur Schopenhauer vertrat die Ansicht, wir hätten zwar prinzipiell die Freiheit zu handeln (vorausgesetzt wir wären nicht in den beiden oben genannten Hinsichten unfrei), Willensfreiheit stünde uns jedoch nicht zur Verfügung. Jeder könne zwar tun, was er wollte, aber nicht wollen, was er will. Stimmt das? Unsere erste Intuition lautet wahrscheinlich: Natürlich kann ich wollen, was immer ich will! Aber ist das tatsächlich wahr? Wenn ich zum Beispiel heute Früh nach dem Aufstehen zum Kühlschrank gehen und mir ein Bier hätte nehmen wollen, so hätte ich das gekonnt. Natürlich hätte ich dieses Wollen haben können, aber hätte ich mich vorab gezielt dafür entscheiden können? Hätte ich wollen können, in der Früh dieses ganz bestimmte „Wollen", nämlich den Wunsch, mir ein Bier zu nehmen, anstatt den für diese Zeit üblichen Wunsch zu haben, mir einen Kaffee zuzubereiten? Wie hätte ich etwas ganz anderes wollen können als das, was ich schließlich gewollte habe? Schwirrt Ihnen schon der Kopf?

Jeder von uns will immer irgendetwas und sei es, endlich einmal nichts mehr wollen zu müssen. Niemand kann jedoch vorab entscheiden, welcher Wunsch und welche Absicht im eigenen Bewusstsein zu einem bestimmten Zeitpunkt auftaucht. Denn unser Wollen, worauf auch immer es sich richtet, tritt ganz spontan auf. Die einzige Möglichkeit, zu einem ganz bestimmten Zeitpunkt etwas Bestimmtes zu wollen, also gleichsam das eigene Wollen vorher zu wollen und vorauszuplanen, besteht darin, schon heute im Kalender für diesen Zeitpunkt, der in der Zukunft liegt, einzutragen: „25. April 2010: An diesem Tag will ich statt Kaffee in der Früh nach dem Aufstehen ein Bier wollen." Will ich das Bier an diesem Tag dann aber wirklich oder will ich bloß heute, während ich dieses „Wollen" in meinen Kalender eintrage, dass ich es an diesem Tag „wollen" möchte? Ich könnte das Bier zwar dann trinken, aber nicht, weil ich am 25. April 2010 tatsächlich ein Bier trinken will, sondern weil ich heute, viele Monate davor, will, dass ich dies dann wollen werde. Das Wollen, mit dem wir uns also ernsthaft beschäftigen sollten, ist im aktuellen Hier und Jetzt. Sehen wir es uns genauer an, müssen wir feststellen, dass wir sein Auftauchen nicht mehr mit einem zeitlich zurückliegenden Wollen erklären können. Übrigens: Auch der Wille, nichts mehr wollen zu müssen kommt spontan zustande. Wie sollte es denn auch anders sein? Die Tatsache, dass wir die im Dunkel liegenden Ursachen dafür nicht benennen können, besagt aber nicht, dass es sie nicht gäbe.

Die heute lebenden Philosophen streiten darüber, ob es Freiheit in einem fundamentalen Sinn gibt und was sie darunter überhaupt verstehen sollen. In dieser Debatte gibt es mehrere Positionen, die sich daran orientieren, wie die Welt bzw. das Sein insgesamt, gedacht wird. Üblicherweise unterscheidet die Philosophie dabei zwei Grundannahmen: den Monismus und den Dualismus. Die Dualisten nehmen eine Zweiteilung der Welt an, vereinfacht gesagt: Sie glauben, dass es Materie und Geist gibt. Unsere physische Welt setzt sich für einen Dualisten etwa aus Materie zusammen, alles, was sich in ihr ereignet, unterliegt den Gesetzen der Physik und ist kausal bestimmt (die Quantenmechanik lassen wir vorerst aus dem Spiel). Das Sein erschöpft sich jedoch nicht in dieser Materialität, es gibt noch ein zweites Element, einen zweiten Bestandteil: den nicht-materiellen Geist. Innerhalb der christlichen Weltsicht zum Beispiel sind die Seelen der Menschen dieser geistigen Welt zugehörig.

Da die Seele nicht körperlich und damit auch nicht an die Kausalität der physischen Welt gebunden ist, kann sie sich – freiwillig – für oder gegen etwas entscheiden.

Die Monisten gehen im Gegensatz dazu davon aus, dass die Welt oder das Sein insgesamt aus einer einzigen, zusammenhängenden Substanz oder Struktur besteht; diese muss nicht materiell sein, es wäre ebenso möglich, dass die ganze Welt geistiger Natur, eine einzige große Seele oder purer Geist ist. In diesem Fall spricht man von Idealismus. Die monistische Gegenposition, der Physikalismus oder Materialismus nimmt hingegen an, dass alles eine physische Grundlage hat und damit den (kausalen) Gesetzen der Physik unterworfen ist. Die aktuelle philosophische Auseinandersetzung um die Freiheit des Menschen knüpft meistens am Physikalismus an, da die modernen Naturwissenschaften die Welt als komplexes physikalisches System betrachten, das sich nach Gesetzen beschreiben lässt. Bisher waren die Wissenschafter mit dieser Annahme ziemlich erfolgreich. Das heißt, sie konnten viele Phänomene auf einfache und schlüssige Weise erklären.

Der Physikalismus stellt aber auch die größte Herausforderung für die „Freiheit" im philosophischen Sinn dar. In einer dualistischen Welt könnte es „Freiheit" geben, obwohl auch der Dualismus an sich große Schwierigkeiten bereitet. Denn wenn Körper und Geist zwei in ihrem Wesen verschiedene Dinge sind, wie kann der Geist dann den Körper bewegen, mein Wille also beispielsweise meine Hand dazu bringen, sich zu heben? Auch in einem idealistischen Monismus wäre Freiheit, so scheint es jedenfalls, denkbar, da es ja dann keine den physikalischen Gesetzen unterworfenen Körper gäbe. Wenn alles, was in der Welt geschieht, ja, die Welt insgesamt, einzig und allein ein geistiger Vorgang und das gesamte Sein ein einziger riesiger Denkprozess ist, dann könnte dieses Denken wollen und denken, was immer es will.

Ich muss zugeben, es fällt mir schwer, einzusehen, dass der Begriff der „Freiheit" unter dieser Annahme noch irgendeinen Sinn macht. Denn wenn dieses denkende Wesen, dieser umfassende Geist denkt, was er will und dabei an keinerlei physische (und natürlich auch an keinerlei geistige) Hindernisse stößt, ist die Frage ob es Freiheit gibt oder nicht, hinfällig. Denn es würde nicht nur keine Unfreiheit geben, auch ein Begriff von ihr wäre schlicht undenkbar. Alles, was dieser Geist denken will bzw. denkt (denn das Denken-wollen ist ja bereits ein Denken), das ist – und alles was ist, ist das, was dieser Geist denken will bzw. denkt; und das wäre dann ja wohl das Gleiche. Es gibt nichts, das außerhalb von dem liegt, was er gerade denkt.

In einem Monismus, der sich aber nicht als unkörperlich, also idealistisch, sondern als materiell versteht und damit auf einer durchgängigen physikalischen Kausalität aufbaut, ist Freiheit, so scheint es zumindest, nicht argumentierbar. Diejenigen unter den Philosophen unserer Tage, die davon überzeugt sind, dass sich Freiheit mit einer rein materiellen Welt nicht in Einklang bringen lässt, nennt man „Inkompatibilisten". Die Denker, die Freiheit trotz der vermeintlich undurchbrochenen Kausalität für möglich halten, nennt man „Kompatibilisten". Einer ihrer Vertreter ist der deutsche Philosoph Michael Pauen. Mir scheint, dass auch er dem oben genannten Problem des spontanen Auftauchens eines Willens in mir und den ebenso spontan auftauchenden Gründen für eine bestimmte Entscheidung pro oder kontra diesen Willen nicht gerecht werden kann. Selbst wenn Pauen hier einwenden würde: Die Möglichkeit der Abwägung von Argumenten pro und kontra wäre doch gerade der Ausdruck für meine Freiheit, bliebe doch wieder die Frage offen: Warum fällt mir momentan ausgerechnet ein bestimmter Maßstab ein, nach dem ich sie gewichte und nicht ein anderer? Könnte es morgen nicht schon ganz anders sein? Um zu klären, ob es Freiheit wirklich gibt, müsste sich folgende Frage schlüssig beantworten lassen: Könnte meine Entscheidung in der gleichen Situation anders ausfallen? Aber: Wie sollte ich das jemals überprüfen können?

Ich kann diese Entscheidungssituation morgen zwar wiederholen, aber dann wäre es nicht mehr dieselbe Situation. Beide Gegebenheiten sind also nicht wirklich miteinander vergleichbar. Es wäre eben die morgige Situation und sie trägt bereits die Erfahrung der heutigen und unzählige andere mir teils bewusste, teils unbewusste Faktoren in sich. Die Umstände hätten sich verändert, die Welt hätte sich verändert und ich selbst wäre natürlich auch nicht mehr derselbe wie am Tag zuvor. Selbst wenn ich mich klonen und meinen Klon in einer „Parallelwelt" in die gleiche Situation schicken könnte, in der ich mich gerade befinde: Was würde ich dadurch über die „Freiheit" herausfinden? Um nämlich überhaupt zu erfahren, was mein Klon im Vergleich zu mir wählt, müssten wir beide in irgendeiner Weise in Kontakt miteinander treten. Damit fällt aber die Grundbedingung des Gedankenexperiments weg: Es sollte sich bei den Parallelwelten ja um zwei identische, voneinander jedoch unbeeinflusste und unbeeinflussbare Orte handeln, in denen zwei identische Ausgaben von mir vor der gleichen Wahl stehen und sich – hoffentlich – unterschiedlich entscheiden.

Wenn mein Klon und ich uns aber über unsere Entscheidungen miteinander unterhalten könnten, wären wir Teil einer einzigen, zusammenhängenden Welt, so wie z.b. drei genetisch vollkommen gleiche Gäste (zum Beispiel Drillinge), die in einem Hotel mit drei identisch eingerichteten Zimmern wohnen, jederzeit miteinander in Kontakt treten könnten. Jeder von ihnen müsste dazu nur über den Gang zum nächsten Zimmer spazieren. Die drei Hotelgäste wären, trotz identischer Gene und identischer Zimmer, drei verschiedene Personen und zwar deshalb, weil sich in derselben Welt (eben in unserem Hotel) in verschiedenen Raumzeitpunkten befinden und daher verschiedene Vorgeschichten in Bezug auf das eine Hotel haben, in dem sie alle leben. Der erste Drilling war, bevor er auf sein Zimmer ging, vielleicht in der Hotelsauna, der zweite an der Bar und der dritte vergnügte sich mit seiner Freundin im Bett. Wenn die drei Brüder nun vor die Wahl gestellt würden, ob sie aus der Zimmerbar lieber ein Bier, eine Flasche Wein oder doch lieber ein Mineralwasser haben wollen, würden sie nicht unbedingt aufgrund eines real vorhandenen freien Willens entscheiden. Sie hätten wegen der drei verschiedenen Vorgeschichten selbstverständlich voneinander unterscheidbare Präferenzen in Bezug auf die anstehende Konsumation. Der aus der Sauna kommende Bruder, würde vielleicht ein Bier bevorzugen, derjenige, der gerade Sex hatte, möglicherweise Mineralwasser. Der dritte Bruder, der die Bar verlassen musste, weil sie geschlossen wurde, will eventuell beim Rotwein bleiben, den er an diesem Abend genossen hatte und findet ihn auf seinem Zimmer in der Minibar. Die unterschiedlichen Entscheidungen wären immer noch mit einem kausalen Weltbild vereinbar, denn als Bestandteile eines zusammenhängenden Systems könnten sie, trotz ihrer Verschiedenheit, Wirkungen eines einzigen komplexen Kausalgeschehens sein.

Umgekehrt muss ich der Ehrlichkeit halber dazu sagen, dass damit natürlich auch noch nicht die Nichtexistenz von Freiheit bewiesen wäre und zwar ganz egal, wie dieses Experiment ausgegangen wäre. Gleiches gilt auch für mich und meinen Zwilling in der „Parallelwelt", sobald ich mich mit ihm über unsere Entscheidungen austauschen könnte. Wäre diese Kommunikation aber nicht möglich, weil es sich tatsächlich um zwei physikalisch voneinander getrennte Welten handelt, würden wir nie erfahren, wie der andere entscheidet. Die Frage nach der Freiheit bliebe weiter unbeantwortet.

Worin ich Michael Pauen zustimme: Die Einführung des Zufalls in Gestalt der Quantenmechanik würde meine Entscheidung nicht freier, sondern höchstens unfreier, weil zufällig machen. Denn wie sollte ich mich „frei" zu etwas „entschieden" haben, wenn dies in Wahrheit auf Quantenphänomene in meinem Gehirn zurückzuführen ist (die Neurowissenschaft hält den Einfluss solcher Phänomene übrigens für vernachlässigbar klein)? Dann hätte nämlich nicht ich eine der beiden Möglichkeiten gewählt, sondern die Quanteneffekte hätten das für mich übernommen.

Lassen wir also die Experten für die Philosophie des Geistes weiter darüber streiten, ob es Freiheit in einem fundamentalen Sinn gibt oder nicht. Theoretisch lässt sich diese Frage aus meiner Sicht jedenfalls nicht beantworten – aber auch empirisch ist Freiheit weder beweis- noch widerlegbar, da wir ja immer aus Trotz das tun könnten, was gerade nicht von uns erwartet wird, um den Versuchsleiter eines Experiments zur „Freiheit" zu brüskieren; zu diesem Willkürakt könnten wir dann aber auch wieder aufgrund einer komplexen kausalen Vorgeschichte veranlasst worden sein. Oder es geschah doch aus Freiheit. Mit der Frage nach der Freiheit in einem fundamentalen Sinn stoßen wir damit auf ein echtes philosophisches Problem. Was bedeutet das nun für unser Thema? Ob Sie es glauben oder nicht: Für unsere moralphilosophische Fragestellung: „Was soll ich tun?" ist die Klärung dieser Frage nicht wirklich wichtig; was aber nicht bedeutet, dass wir Freiheit nicht trotzdem in unsere ethischen Überlegungen oder besser in das, was wir aus ihnen ableiten, einfließen lassen sollten. Immanuel Kant etwa begründet seine gesamte Moralphilosophie auf „Freiheit". Sie ist für ihn aber nicht zu verwechseln mit Willkür (siehe quantenmechanischer Zufall). „Freiheit" besteht in Autonomie, in Selbstgesetzgebung. Die Vernunft gibt sich selbst das Gesetz vor, nach dem sie handelt. Was das im Detail bedeutet, werden wir noch sehen. Erwähnen möchte ich aber schon hier, dass auch für Kant Freiheit weder beweis- noch widerlegbar ist. Sie ist für ihn ein (notwendiges) „Postulat der reinen (praktischen) Vernunft".

Aus der Perspektive der „dritten Person", dem externen Betrachter, etwa einem Gehirnforscher, stellen sich unsere Entscheidungen (wenn er unser Gehirn scannt) immer als kausal bestimmt dar. Aus der Perspektive der „ersten Person", unserer eigenen Innenperspektive jedoch, sieht es so aus, als wären wir frei – so lange wir uns als frei ansehen, also nicht äußere (z.b. Gefängnis) oder innere (z.B. Sucht) Hindernisse bestehen. Wenn wir moralische Forderungen an andere Menschen richten, appellieren wir an diese innere Sichtweise, an die eigene Überzeugung, frei zu sein. Das ist gleichbedeutend damit, zu wissen (oder zumindest zu glauben), dass wir das, wozu wir aufgefordert werden, tun oder aber auch unterlassen können.

Warum ist es für unsere moralischen Forderungen unumgänglich anzunehmen, wir wären „frei"? Das ist leicht zu erklären: Wenn wir andere Menschen dazu bringen wollen, das zu tun, von dem wir überzeugt sind, dass es das moralisch Richtige ist, könnten wir sie, wenn sie es von sich aus nicht tun wollen, dazu zwingen. Leider haben das viele religiöse, aber auch areligiöse Diktatoren im Laufe der Geschichte immer wieder versucht, und auch tyrannische Familienoberhäupter sind nicht davor gefeit, anderen ihren Standpunkt aufzwingen zu wollen. Wir könnten die Anderen aber auch mittels Argumenten davon überzeugen, etwas zu tun, weil es das Richtige ist. Eine Aufforderung, etwas zu tun, kann, wie auch immer die Argumente im Detail aussehen mögen, niemals negativ formuliert sein, denn dann würde sie mit sich selbst in Widerspruch geraten. Jede Aufforderung muss ausgesprochen (mindestens aber unausgesprochen) die fundamentale Botschaft mittransportieren: „Du kannst es auch tun!" Denn würde ich zugleich mit meiner Aufforderung an einen Menschen die Aussage verknüpfen, er könne das Geforderte gar nicht verwirklichen, würde er sich wohl fragen: „Was will der Typ von mir? Was soll ich tun? Und warum soll ich es tun, wenn ich es gar nicht tun kann?" Natürlich muss das, wozu ich jemanden auffordere, einem Menschen prinzipiell möglich sein. Was jedoch nicht heißt, dass es dieser konkreten Person, an die ich meine Forderung stelle, möglich ist (vielleicht, weil sie eine Phobie hat und es deshalb nicht tun kann, obwohl jeder durchschnittliche Mensch es tun könnte).

Wenn ich zu meiner Cousine sage: „Lüge mich bitte nicht an, denn das ist unmoralisch!" könnte sie meiner Aufforderung prinzipiell entsprechen. Das, was ich von ihr will, ist für sie realisierbar (im Gegensatz zur Aufforderung: „Fliege über unser Haus!"). Natürlich kenne ich ihre inneren Zwänge nicht, die sie eventuell daran hindern könnten, meiner Aufforderung nachzukommen. Es könnte ja schließlich sein, dass sie (eventuell seit kurzem) eine psychische Störung hat, die sie zur zwanghaften Lügnerin werden ließ. Diesen Aspekt lassen wir jedoch vorerst einmal außer Acht. Wenn ich jedoch zu ihr sagen würde: „Lüge mich bitte nicht an, denn das ist unmoralisch. Ach ja, übrigens: Ich weiß, dass du gar nicht anders kannst, als immer zu lügen." Was würde sie tun (und was würde sie über den Geisteszustand ihres Cousins denken)? Die Frage lautet daher: Wenn ich davon überzeugt wäre, dass sie ohnedies meiner Aufforderung nicht nachkommen kann (etwa wegen der oben genannten psychischen Störung), warum sollte ich sie dann überhaupt dazu anhalten, nicht zu lügen? So lange ich nicht weiß, dass ein Grund dafür vorliegt, warum sie nicht so handeln kann, wie ich das von ihr fordere, muss ich davon ausgehen, dass sie meine Aufforderung in die Tat umsetzen kann. Die Moral verfolgt genau diesen Zweck: Sie möchte Menschen mittels Argumenten (die mehr oder weniger rational sind) dazu bringen, aus allen prinzipiell möglichen Dingen dasjenige auszuwählen, welches das „Richtige" ist – und es dann zu tun. Wenn wir anderen Menschen gegenüber begründen können, was das „Richtige" ist, bedeutet das aber noch lange nicht, dass sie es auch tun wollen und tun werden. Denken Sie etwa daran, dass ein Junge vielleicht von seinen Eltern dazu aufgefordert wird, nicht zu stehlen. Der Junge weiß, dass das Stehlen „böse" ist, die Eltern wiederholen das bei jeder Gelegenheit und trotzdem geht er mit seinen Freunden in den Supermarkt und stiehlt eine Tafel Schokolade. Vielleicht macht er das als Mutprobe oder weil er die Schokolade seiner Freundin schenken möchte oder einfach deshalb, weil er kein Geld hat, aber nicht auf die Nascherei verzichten will. Wahrscheinlich ließe sich prinzipiell bei jedem Menschen im Nachhinein zeigen, warum er nicht in der Lage war, die Forderung zu erfüllen; in unserem Schokoladebeispiel war das vielleicht deshalb so, weil die Liebe zu dem Mädchen so groß war, dass sie die moralische Forderung überstieg. Wenn wir an einen Menschen eine moralische Forderung richten, können wir aber zumindest fragen, warum er sie nicht umsetzt (und wenn er die Frage selbst nicht beantworten kann, einen Arzt oder einen Psychiater konsultieren). Moralische Forderungen werden wir aber auch weiter aneinander richten und versuchen, sie, wenn sie bisher nicht erfüllt worden sind, in Zukunft besser zu argumentieren.

Was auch immer wir von unseren Mitmenschen in moralischer Hinsicht an prinzipiell erfüllbaren Dingen fordern, wir versuchen nicht bloß, es zu begründen, sondern packen es außerdem in ganz bestimmte Formulierungen. Unter der Voraussetzung des „Könnens" unserer Mitmenschen begegnen wir ihnen in Bezug auf unsere moralischen Forderungen mit einem „Sollen". Es ist an der Zeit, dass wir dieses „Sollen" ein wenig genauer unter die Lupe nehmen.

Wollen & Sollen

Bestimmt kennen Sie „Wir sind Helden", die deutsche Pop-Rock-Gruppe mit ihrer sympathischen Sängerin Judith Holofernes, die mit Songs wie „Guten Tag" („Guten Tag, guten Tag, das ist die Reklamation") oder „Gekommen um zu bleiben" große Erfolge feiert und mittlerweile bereits mehrere CDs heraus gebracht hat. In dem Song „Müssen nur wollen" von ihrer ersten CD „Die Reklamation" singt Holofernes:

„Muss ich immer alles müssen was ich kann ..."

und macht sich über den um sich greifenden Wahn unserer Zeit lustig, so viel wie möglich machen zu „wollen", weil man es eben machen „muss". Das Lied gipfelt in dem liebenswerten Bekenntnis:

„Aber wenn ich könnte wie ich wollte,
würd' ich gar nichts wollen ...",

wenn es auch völlig desillusioniert weiter geht:

„... ich weiß aber dass alle etwas wollen solln ..."

Müssen wir wirklich **alles** wollen? Natürlich nicht! Es ist die Werbung, die uns auf Schritt und Tritt suggeriert, was wir nicht alles haben oder tun müssen, um „cool", „jung", „attraktiv" oder „erfolgreich" zu sein oder um „dazu" zu gehören. Wir können all diese Aufforderungen selbstverständlich ernst nehmen, aber niemand zwingt uns dazu. Wenn wir uns jedoch selbst dazu nötigen, unser Geld für all den Unsinn auszugeben und unsere Zeit darauf zu verschwenden, all diese Dinge zu tun, weil wir uns sonst als Außenseiter fühlen, sind wir wohl selbst schuld. Niemand muss überhaupt irgendetwas.

Aber halt, stimmt das so? Kann es nicht sein, dass es doch etwas gibt, das wir tun müssen, zumindest aber tun sollten und solches, das wir unter keinen Umständen tun dürfen? Und falls ja: Wie verhält es sich zu dem, was wir tatsächlich tun wollen? In der Ethik werden so genannte deontologische Begriffe (das Wort „Deon" stammt ursprünglich aus dem Griechischen und bedeutet „Pflicht") verwendet. Einer dieser Begriffe ist eben der des „Sollens". In jeder moralischen Aufforderung tritt er uns entgegen, ganz egal, ob es sich dabei um Verbote (z.B. „Du sollst nicht lügen!", „Du sollst nicht stehlen!") oder um Gebote (z.B. „Du sollst Menschen in Not helfen!") handelt. Neben dem Gebotenen und dem Verbotenen gibt es auch das Erlaubte. Da es weder verboten, noch geboten ist, ist es für die moralische Frage „Was soll ich tun?" anscheinend bedeutungslos. Diese Überlegung trifft aber nicht ganz zu. Als neutraler Punkt zwischen dem „Gebotenen" und dem „Verbotenen" bedeutet das „Erlaubte", dass nicht alles, was nicht „verboten" ist, deshalb automatisch „geboten" wäre und umgekehrt. Wenn es etwa nicht verboten ist, jeden Tag 5 Kilo Orangen zu essen, bedeutet das noch lange nicht, dass jeder von uns sich mit der Zitrusfrucht den Magen verderben muss, weil es eine moralische Pflicht wäre. Die logische Nicht-Ableitbarkeit der beiden Begriffe aus ihrem jeweiligen Gegenteil bewirkt, dass die Begründungslast für Ge- und Verbote unterschiedlich ausfällt.

Wenn wir sagen: „Es soll heute schönes Wetter sein, denn wir wollen eine Bergtour unternehmen!" ist klar, dass dieses „Sollen" keine moralische Aufforderung, sondern einen Wunsch bzw. eine Hoffnung ausdrückt. Würden wir an Gott glauben und daran, dass er das Wetter unseren Erwartungen gemäß beeinflusst und wenn wir ihn unter diesen Voraussetzungen darum bitten, so wäre das anders. Wir würden dann an ihn zwar keine moralische, aber immerhin doch eine Forderung richten. Üblicherweise wollen wir in so einem Fall aber bloß zum Ausdruck bringen, dass es gut ankommt, wenn das Wetter schön wäre. Das „Sollen" im moralischen Sinn ist hingegen die Aufforderung an ein Subjekt, das in der Lage ist, unsere Forderung in die Tat umzusetzen. Dass die prinzipielle Fähigkeit zur Umsetzung vorausgesetzt sein muss, habe ich vorhin bereits erläutert.

Ist jede Forderung, die den Begriff „sollen" verwendet, eine moralisch richtige Forderung? Nein, das ist ganz offensichtlich nicht so, denn es ist ja, logisch betrachtet, möglich, dass zwei einander widersprechende Aufforderungen mit „sollen" formuliert werden. Der Oberbefehlshaber einer Armee könnte zu seinen Soldaten sagen: „Ihr sollt dieses Dorf angreifen und alle Männer töten!" In derselben Situation könnte ein Pazifist zu denselben Soldaten sagen: „Ihr sollt diese Männer nicht töten!" Gleichzeitig moralisch richtig können beiden Aussagen dann nicht sein, wenn Moral (wie ich weiter vorne in Bezug auf unsere Alltagsintuition von Moral zunächst angenommen habe) den Anspruch erhebt, allgemein gültig und verbindlich zu sein. Würde sie diesen Anspruch aber aufgeben (und das müsste sie, damit beide Aussagen – aus verschiedenen Perspektiven, für verschiedene Menschen – zugleich moralisch richtig sein könnten), dann wären sie Ausdruck individueller Vorlieben oder solcher bestimmter Gruppen. Das hieße dann, dass es aus Sicht des Pazifisten begründet ist, warum die Männer nicht getötet werden sollten, während es aus der des Oberbefehlshabers begründet ist, sie zu töten. Damit kommen wir aber nicht weiter, vor allem dann nicht, wenn wir einer der Soldaten sind, an die beide ihr jeweiliges „Sollen" richten. Das moralische „Sollen", das nicht vom Anspruch auf Allgemeingültigkeit zurücktritt, könnte sich dann beispielsweise so verwirklichen, dass man sich einem als unmoralisch angesehen Befehl widersetzt. Der Oberösterreicher Franz Jägerstätter, der aus moralischen Gründen den Kriegsdienst im Nationalsozialismus verweigerte und deswegen hingerichtet wurde, mag hierfür als Beispiel dienen.

Ich werde später darauf zurückkommen, was es mit der Allgemeingültigkeit im Bereich der Moral auf sich hat. Nun aber zurück zur Frage, warum nicht beide Forderungen moralisch sein könnten: Gleichzeitig können sie es deshalb nicht sein, weil sie einander ausschließen. Wenn schon, dann könnte nur eine von beiden die moralisch richtige sein. Entweder „Du sollst diese Männer töten!" oder „Du sollst diese Männer nicht töten!" Was hat das „Sollen" dann in der jeweils anderen, der moralisch falschen Aussage verloren? Es drückt einen Befehl aus. Nun könnte es sein, dass ein Oberbefehlshaber einen Befehl ausgibt, der zufälligerweise eine moralische Aussage ist – umgekehrt ist aber nicht jeder Befehl eine moralische Forderung. Allerdings sehen vor allem die Anhänger einer religiös begründeten Moral das „Sollen" als eine Art „Befehl" Gottes. Die moralische Forderung sei deswegen zu befolgen, weil der Allmächtige (oder ein weltlicher Stellvertreter) dies befiehlt. Ob diese Argumentation stichhaltig ist, werden wir noch untersuchen.

Es gibt noch ein zweites „Sollen", das nicht automatisch den Anspruch erheben kann, eine moralische Forderung zu repräsentieren. Es handelt sich dabei um jenes „Sollen", das einen inneren Drang darstellt. Dieses „Sollen" kann etwa durch die Verinnerlichung von Normen innerhalb einer bestimmten Gesellschaft, durch die geltenden Sitten und die Erziehung durch Eltern, Lehrer usw. zustande kommen. Es kann, muss aber nicht, moralphilosophisch reflektiert sein. So kann ich es als Angehöriger eines Kannibalenstammes als geboten empfinden, auch dem Kannibalismus zu frönen. Ob der Verzehr anderer Menschen aber schon alleine dadurch moralisch geboten ist, dass ich im tiefsten Inneren ein „Sollen" verspüre, ist zumindest fragwürdig.

Das „Sollen" in der dritten, der moralischen Hinsicht, ist weder Ausdruck eines externen Zwanges im Sinne des oben genannten Befehls, noch der eines unüberlegten Reflexes. Beim moralischen „Sollen" geht es darum, dass der, an den es sich richtet, etwas tun soll, weil es vernünftig ist und er mittels Gründen davon überzeugt werden kann, sich freiwillige dafür zu entscheiden.

Immanuel Kant hat in seiner „Grundlegung zur Metaphysik der Sitten" zwischen drei Formen von „Imperativen" unterschieden, wobei „Imperativ" bei ihm als „objektiver Grundsatz" verstanden wird. Die ersten beiden Imperative sind hypothetischer oder bedingter Natur. Das bedeutet, dass sie nur dann für mich gelten, wenn ich ein bestimmtes Ziel oder Interesse verfolge. Sie drücken eine „wenn-dann-" oder „Zweck-Mittel-Beziehung" aus. Unter die Gruppe der hypothetischen Imperative Kants fallen zum Einen die „Imperative der Geschicklichkeit". Sie gelten dann, wenn ich mir ein bestimmtes Ziel setze und die zu seiner Verwirklichung notwendigen Mittel kenne. Will ich dieses

Ziel erreichen, muss ich konsequenterweise auch die dafür erforderlichen Mittel anwenden wollen. Wenn ich spätestens in drei Stunden in London sein will, sollte ich ein Flugzeug nehmen, denn mit dem Zug oder dem Auto wäre dieses Ziel nicht realisierbar.

Die zweite Form hypothetischer Imperative sind nach Kant die so genannten „Ratschläge der Klugheit". Während die „Imperative der Geschicklichkeit" beliebig sind (nicht jeder Mensch will in drei Stunden in London sein), ihr „Wenn" also frei wählbar ist, haben die „Ratschläge der Klugheit" einen allgemeineren Charakter, da sie im Interesse von jedem Menschen liegen. Ihr „Wenn" ist für alle (etwa aufgrund ihrer Physiologie) gleichermaßen gültig. Wenn ich nur dann gesund bleibe, wenn ich jeden Tag mindestens eine halbe Stunde Sport betreibe und mich ausgewogen ernähre, liegt es in meinem Interesse, eben dies zu tun. Mein Wollen, gesund zu bleiben, ist hier in Verbindung mit dem Wissen, was dazu nötig ist, Grund eines bestimmten Sollens.

Der „Kategorische Imperativ" Kants ist, wie das Wort „kategorisch" bereits andeutet, ausnahmslos gültig, also nicht von einem bestimmten „Zweck-Mittel-Denken" abhängig. Er richtet sich nicht nach inhaltlich bestimmten Zielen, die ein einzelner Mensch oder mehrere Menschen anstreben wollen und sich dafür die entsprechenden Mittel suchen. Er weist vielmehr eine rein formale Gestalt auf und verkörpert ein unbedingtes Sollen. Wie Kant glaubt, dieses unbedingte Sollen begründen zu können, werden wir später noch sehen.

Zunächst müssen wir aber noch zwei Fragen in Bezug auf das „Sollen" stellen:

1. An wen richtet sich das moralische „Sollen"?
2. Wer ist davon betroffen?

Auf die erste Frage gibt es zwei verschiedene Antworten, eine universelle und eine relative. Die universelle Position behauptet, dass das moralische „Sollen" für alle Menschen gilt und zwar jederzeit und an jedem denkbaren Ort. Schlechte Karten also für Kannibalen, die auf Besuch in Wien sagen würden: „Okay, hier werden wir niemanden töten und essen, denn in Österreich gilt das als unmoralisch. Bei uns zuhause werden wir das aber auch weiterhin tun, denn dort ist das Töten von Menschen und deren anschließender Verzehr nicht nur lecker, sondern außerdem moralisch einwandfrei." So eine Aussage entspricht dem Relativismus, der besagt, dass das „Sollen" von Zeit, Ort, Kulturkreis und den Personen abhängt, an die es sich richtet. Es kann also variieren und unterschiedlich ausfallen.

Die universelle Antwort leuchtet intuitiv ein, da eine relative Antwort immer der Gefahr ausgeliefert ist, willkürlich zu sein und nur den egoistischen Interessen desjenigen zu entsprechen, der sie gibt (so profitiert ein Reicher mehr von einem Diebstahlsverbot als ein Armer, dem gar nichts gestohlen werden könnte). Dafür liegt sie in manchen Fällen aber möglicherweise näher am jeweiligen Bedarf einer konkreten Situation, wie das bei einer das Leben von Menschen rettenden „Notlüge" der Fall sein könnte. Die universelle Antwort unterliegt zwar nicht dem Risiko, einzelne Gruppen oder Individuen besser oder schlechter zu stellen, als die übrigen. Sie tendiert aber zu Rigorismus und kann unter Umständen mehr schaden als nützen. Wird sie falsch begründet oder ist sie sogar prinzipiell unbegründbar, hilft sie uns auch nicht weiter.

Die zweite Frage, wer vom „Sollen" in moralischer Hinsicht betroffen ist, wen die Adressaten moralischer Forderungen also bei ihrem Handeln berücksichtigen sollen, lässt sich ebenfalls auf zwei Arten beantworten: partikular oder universal. Die partikulare Antwort bezieht sich nur auf Menschen, lässt aber beispielsweise Tiere, Pflanzen oder die Welt insgesamt als Begünstigte unseres moralischen Verhaltens außen vor. Der Vorteil der partikularen, nur auf den Menschen bezogenen, Antwort besteht darin, dass sie sich innerhalb der Gruppe der Menschen und für diese relativ leicht begründen lässt, während es schon schwieriger wird, mit Tieren oder gar Pflanzen oder der Welt insgesamt in eine Art rationalen Dialog einzutreten – und sei es nur in Gedanken. Dem widersprechend stellt sich natürlich wiederum die Frage, was einen Menschen vom Tier unterscheidet und warum letzteres daher nicht einbezogen werden sollte. Das ist insofern ein kompliziertes Problem, als etwa höheres Bewusstsein, wenn es als Unterscheidungsmerkmal herangezogen wird, bei schwer behinderten Menschen gelegentlich weniger gut (oder überhaupt nicht) ausgeprägt ist, als etwa bei erwachsenen Menschenaffen.

Man könnte dieses Problem noch verschärfen (von manchen Tierethikern wird genau das getan), indem man alle leidensfähigen Lebewesen in moralische Überlegungen einbezieht, also nicht erst bei höherem (sprich: menschlichem) Bewusstsein ansetzt. Würde man „Leiden" noch weiter fassen und die Zerstörung einer natürlichen Art als ein Leiden oder Getötet-Werden definieren, dann ließen sich auch Pflanzenarten in die moralische Debatte mit einbeziehen. Sollte man nun einen Salatkopf nicht ausreißen dürfen, um ihn zu verzehren?

Wenn das „Sollen" in moralischer Hinsicht Allgemeingültigkeit beansprucht, muss es in irgendeiner Weise überindividuell und übersubjektiv sein und unabhängig davon gelten, ob wir es wollen oder nicht. Das könnte bedeuten, dass dieses „Sollen" ein Bestandteil der Welt ist, ebenso wie die Tatsache, dass reife Tomaten rot sind, Blei schwer ist und die Sonne im Osten aufgeht. Der schottische Philosoph David Hume hat sich vehement gegen diese Annahme gestellt. Seiner Ansicht nach lässt sich aus einem „Sein" niemals ein „Sollen" ableiten, aus einem deskriptiven, also beschreibenden Satz, lässt sich logisch nicht ein normativer, also vorschreibender Satz ableiten. Es sind nämlich rein deskriptive Sätze, mit denen wir über unsere Welt reden, wenn wir beschreiben, wie sie beschaffen ist. Wie sie, unseren Sehnsüchten und Utopien gemäß, beschaffen sein soll, können wir aus ihrem gegenwärtigen Zustand nicht ableiten. Denn was ist mit den Diktatoren, die aus der Existenz ihrer Diktaturen ableiten möchten, dass sie auch weiterhin bestehen bleiben, während ihre Untergebenen zum gegenteiligen Schluss gelangen? Um korrekterweise beim logischen Schließen zu einem „Sollen" zu gelangen, also zu einem normativen Satz, muss mindestens eine der beiden Vorannahmen bereits einen normativen Satz, also ein „Sollen" darstellen. Ein entsprechender Schluss könnte folgendermaßen aussehen:

Erste Vorannahme: Kein Mensch soll Kriege gegen andere Menschen führen.

Zweite Vorannahme: Derzeit führen alle Menschen Kriege gegeneinander.

Schluss: Die Menschen sollen sofort damit aufhören, Kriege gegeneinander zu führen.

Die erste Vorannahme ist in diesem Fall ein normativer Satz. Aber ist er in der Welt auffindbar, so wie das (für unseren Fall als wahr behauptete) Faktum, dass derzeit alle Menschen sämtlicher Länder Krieg gegeneinander führen?

Stellen Sie sich bitte vor, dass tatsächlich in jedem Land der Welt Krieg herrscht. Ein Außerirdischer fliegt mit seinem UFO über die Erde und denkt sich: „Interessant, was da alles passiert!" Aber auch wenn er noch so genau beobachtet und analysiert, er findet nirgends das Faktum eines Sollens, das so aussieht: „Menschen sollen keine Kriege gegeneinander führen!" Damit Sie mich nicht missverstehen: Natürlich findet er Menschen, die gegen den globalen Krieg demonstrieren und insofern findet er natürlich die Überzeugung bzw. Aussage: „Kein Mensch soll Kriege gegen andere Menschen führen!" Er findet damit aber bloß das „Wollen" einiger Menschen in Bezug auf das Verhalten aller Menschen, welches diese Pazifisten allen anderen als ein moralisches „Sollen" präsentieren. Als ein empirisch beschreibbares Faktum, aus dem sich logisch etwas ableiten ließe, findet er das moralische „Sollen" hingegen nicht.

Ich habe einige Beispiele dafür genannt, was Menschen voneinander verlangen, wenn sie moralische Forderungen aneinander richten und ihre Aussagen dazu mit einem „Sollen" versehen. Es gibt innerhalb der Ethik einen essenziellen Begriff, der auch im Alltag in ganz unterschiedlichen Zusammenhängen auftaucht: „Das Gute". In ihm sollen sämtliche unserer moralischen Forderungen ihr Ziel finden. Was auch immer wir tun wollen – wenn wir moralisch handeln wollen, sollten wir „das Gute" tun. Welche Bedeutung „das Gute" hat oder auch nicht, wird uns im folgenden Kapitel beschäftigen.

Gut & Böse

Sie haben bestimmt schon einmal den Film „High Noon" gesehen – das ist der Westernklassiker schlechthin. Am Ende des Filmes stehen sich Gary Cooper als Marshal Will Kane und Ian MacDonald als Frank Miller, der Boss einer Gangsterbande, im finalen Duell gegenüber: Der Endkampf zwischen „Gut" und „Böse". Es ist ganz klar, wer hier der Gute und wer der Böse ist. Wirklich? Woran erkennen wir, wer „gut" ist und wer „böse" ist? Und was verstehen wir überhaupt unter diesen beiden Begriffen, von denen wir glauben, sie so klar voneinander unterscheiden zu können?

Wenn wir von Gegenständen des täglichen Gebrauchs reden und sie als „gut" bezeichnen, beziehen wir uns damit auf den Zweck, für den sie geschaffen wurden und darauf, ob sie ihm überhaupt und, wenn ja, in welchem Maße sie ihm gerecht werden. Das Messer, das wir als „gut" bezeichnen, ist jenes, das seine Aufgabe zu schneiden, gut erfüllt. Ein stumpfes Messer ist kein gutes Messer; obwohl wir in diesem Fall nicht von einem „bösen", sondern von einem „schlechten" Messer sprechen würden. Der Begriff „böse" ist für jene reserviert, die etwas tun oder lassen und ihre Entscheidungen vorab reflektieren können: also für Menschen. Selbst Tiere, die gelegentlich ihre eigenen Artgenossen töten, würden wir wohl kaum als „böse" bezeichnen, weil ihre durch Instinkte gesteuerte Natur sie nicht nachdenken und wählen lässt. Würden sie etwas tun, das wir normalerweise nicht bei ihnen beobachten, würden wir das auch niemals als „böse" qualifizieren. Wenn eine Schimpansenmutter ihre Jungen töten und auffressen würde, wäre das für uns kein Beleg dafür, dass sie moralisch böse ist. Wir würden wahrscheinlich annehmen, sie hätte eine Krankheit, die ihre natürlichen Mutterinstinkte beeinträchtigt. Freiwillig entschließt sie sich wohl kaum dazu, etwas in unserem moralischen Sinn „Böses" zu tun. Die Zeichentrickfilme, in welchen manche Tiere als „böse", andere als „gut" dargestellt werden, denken Sie etwa an „Tom und Jerry", die Katze und die Maus, sind zwar lustig, sagen aber nichts über Moral im Tierreich aus. Tiere können ihre Natur nicht wählen und auch nicht, was sie tun wollen und was nicht.

Noch weniger entscheidet sich ein stumpfes Messer dafür, stumpf zu sein und auch das scharfe, also „gute" Messer wählt nicht selbst seine Schärfe. Eines ist stumpf, das andere scharf (und wird irgendwann einmal stumpf sein – dann ist es ein schlechtes Messer). Nicht jedes Messer muss übrigens scharf sein, um seinen Zweck zu erfüllen und somit ein „gutes" Messer zu sein. Ein gutes Buttermesser beispielsweise ist überhaupt nicht scharf, sondern hat stattdessen eine große, runde Klingenfläche, damit wir die Butter besser aufs Brot streichen können.

Der Zweck, für den ein Gebrauchsgegenstand „gut" ist, liegt außerhalb dieses Gegenstandes. Beim Buttermesser ist es das gestrichene Butterbrot, beim Schraubenzieher die schnell und einfach hinein oder heraus gedrehte Schraube. Die Güte des Objektes hängt von diesem externen oder „extrinsischen" (das Wort bedeutet „von außen her", „äußerlich") Wert ab. Gibt es auch Dinge deren Güte in ihnen selbst liegt, also „intrinsisch" („von innen her", „innerlich") ist? Ein gutes Gemälde kann einen intrinsischen Wert haben bzw. darstellen. Obwohl gerade in der heutigen Zeit Kunstwerke oft als reine Investitionsobjekte erworben werden, für den Käufer also bloß einen extrinsischen Wert haben. Solche Käufer verstehen selbst oft gar nichts von Kunst, finden die erworbenen Exponate vielleicht sogar hässlich, was für sie mit „schlecht" gleichbedeutend ist. Aber: Sie verstehen etwas von einer guten Investition.

Ein gutes Gemälde, das von einem Kunstsammler gekauft wird, der keine Geldanlage nötig hat und sich das Werk einfach nur kauft, weil es ihm gefällt, besitzt hingegen für ihn einen „Selbstzweck", es ist intrinsisch „gut", eben ein „gutes Gemälde". Dieses Beispiel ist allerdings nur bedingt brauchbar. Wenn ein anderer Kunstsammler, der vielleicht ein größerer Experte ist, als unser Käufer, der Meinung ist, dass es sich bei dem Gemälde um schlechte Kunst handelt, zeigt sich, dass die Güte eines Gemäldes nicht objektiv existiert, sondern vielmehr davon abhängt wer es unter welchen Kriterien bewertet. Das ist einem potenziellen Käufer aber wahrscheinlich egal, denn wenn er es sich leisten kann, ein Gemälde zu erwerben, das er selbst für gut hält, genügt ihm das, ganz egal, was die Fachwelt dazu sagt.

Ich werde hier nicht versuchen, die verschiedenen Positionen der philosophischen Ästhetik zu entfalten, da dies erstens nicht mein Fachgebiet und zweitens für unsere Zwecke nicht von Bedeutung ist. Ich möchte nur erwähnen, dass die Definition eines „guten Bildes" im Unterschied zu der eines „guten Buttermessers", nicht so leicht zu bekommen ist. Es gibt nämlich keine einheitliche, von allen Ästhetikern übereinstimmend akzeptierte Beschreibung dessen, was ein „gutes Bild" ausmacht. Bekanntermaßen lässt sich über Geschmack ja auch nicht streiten. Nichtsdestotrotz veranschaulicht dieses Beispiel, dass es Gegenstände geben kann, die ihr Gutsein – in qualitativer, nicht in moralischer Hinsicht – aus sich selbst beziehen und nicht auf einen äußeren Zweck hin ausgerichtet sein müssen, zu dem sie „gut" sind.

Die Unterscheidung zwischen einem „extrinsisch Guten" und einem „intrinsisch Guten" ist sehr wichtig für die ethische Fragestellung. Denn manche Handlungen könnten extrinsisch „gut", also effektive Mittel zur Erreichung eines bestimmten Zweckes sein. Das heißt: Sie sind gut im technischen Sinn des Wortes. Ob sie auch moralisch gut sind, bleibt vorerst noch offen. Ein Kind zum Beispiel, das Geld benötigt, um sich Spielsachen zu kaufen, könnte heute den großen, stärkeren Bruder um Geld bitten, morgen aber dem kleineren, schwächeren Schwesterlein einfach das Geld mit Gewalt wegnehmen. Letzteres würden wir wahrscheinlich nicht als moralisch „gut" bezeichnen. Ersteres ist moralisch indifferent (also weder gut, noch böse), zumindest aber nicht unmoralisch, weil das Kind seinen Bruder ja um das Geld bittet.

Prinzipiell können nur Menschen oder ihre Handlungen moralisch gut (oder schlecht oder indifferent) sein. Um überhaupt von etwas – im moralischen Sinn – „Guten" sprechen zu können, müssen wir es als etwas intrinsisch Gutes, also Unbedingtes, in sich Gutes, denken. Wäre es bloß extrinsisch gut, würde sich seine Güte ja aus dem damit zu erreichenden Zweck ableiten. Ob dieser Zweck selbst aber moralisch gut oder schlecht ist, sagt nichts über ein (im technischen Sinne) gutes Mittel zu seiner Erreichung aus. Ob es ein Mörder ist, der für Geld tötet oder ein Arzt, der auf Wunsch seines unheilbar kranken Patienten aktive Sterbehilfe leistet, ist egal. Beide könnten für die Erreichung ihres Zweckes Zyankali verwenden und dies als gutes Mittel ansehen. Den Zweck des Mörders werden die meisten von uns als unmoralisch einschätzen, beim Arzt gehen die Meinungen hingegen auseinander.

Besonders interessant wird es, wenn wir die Frage klären wollen, ob eine scheinbar böse Tat, die von außen betrachtet einer moralischen Forderung widerspricht, dennoch einem intrinsisch guten Zweck dienen könnte und dadurch indirekt zu einer guten Tat würde. Auf denjenigen Menschen, der einem vor den Nazis fliehenden Juden in seiner Wohnung Unterschlupf gewährt und die Verfolger anlügt, wenn diese nach dem Verbleib des Geflohenen fragen, scheint genau das zuzutreffen. Noch komplizierter wird es allerdings, wenn man das Ganze umdreht: Wird eine auf den ersten Blick moralisch gute Handlung (hier: das Nicht-Lügen) nicht dadurch zu einer „bösen" Tat, weil das Ergebnis, das sie nach sich zieht, ein böses ist, vor allem dann, wenn die Konsequenzen dieser Tat absehbar sind (in unserem Fall: Der Geflohene wird festgenommen und wahrscheinlich getötet.)? Das lässt gewisse Zweifel daran aufkommen, dass eine Ethik, die nicht auch das Ergebnis ihrer Forderungen miteinbezieht, jemals uneingeschränkt korrekt sein kann.

Apropos „Ergebnis": Die Frage, ob sich die moralische Güte an einem bestimmten Ziel oder an einer bestimmten Weise des Handelns gemäß einer allgemeinen Regel bestimmt, bringt zwei fundamental verschiedene Ethik-Konzepte ins Spiel: Die teleologische und die deontologische Ethik. Letztere wurde bereits kurz erwähnt; bei ihr geht es darum, die Pflicht zu erfüllen, ohne dabei auf das Ergebnis, also den Ausgang des Unternehmens zu achten. Die Ethik Immanuel Kants ist das bekannteste Beispiel dafür. Hier ist das einzig Gute der gute Wille eines Subjekts, das sich durch seinen vernünftigen Willen autonom (das heißt selbst) bestimmt. Es geht dabei weder um (inhaltlich) definierte Absichten des Subjekts, noch um eine (inhaltlich) bestimmte

Handlung, sondern nur um die formale Selbstbestimmung, wie wir später noch sehen werden.

Teleologische Ansätze nehmen hingegen ein bestimmtes Ziel ins Visier und richten sich bei der Bestimmung des „Guten" danach aus. Erst ein Wille, der dieses bestimmte Ziel will und zu erreichen versucht, ist ein „guter Wille". Der bereits erwähnte Utilitarismus ist das prominenteste Beispiel für eine telelogische Ethik. Schon Aristoteles bestimmte das „Gute" als das, wonach jeder strebt. Insofern könnte man ihn zwar auch der teleologischen Ethik zuordnen, sein Entwurf einer Tugendethik wird jedoch meistens als eine dritte Variante, neben telelogischen und deontologischen Ethiken, behandelt. Ich würde die Ethik des Aristoteles als eine Art Mischform bezeichnen, da sie zwar ein Ziel im Blick hat, dieses Ziel aber kein Endpunkt ist, sondern einen prozesshaften Charakter hat (mehr dazu später). Würde man die aristotelische Ethik genauso der Gruppe der teleologischen Konzepte zuschlagen wie den Utilitarismus, müsste aber zumindest die Unterscheidung zwischen einer „subjektiven" und einer „objektiven" Spielart getroffen werden.

Der Utilitarismus wäre dann ein Beispiel für eine subjektive teleologische Ethik, weil er sich an das Individuum richtet und dessen subjektive (physische) Bedürfnisse als Ausgangsbasis nimmt, obgleich er im Ergebnis dennoch auf die Gesamtheit aller Betroffenen fokussiert ist. Aristoteles ist hingegen stärker an einer „gemeinschaftlichen" Zielsetzung interessiert. Für ihn geht es um die Gestaltung eines Zustandes und Ablaufs einer Gesellschaft nach objektiven Kriterien, die sich für eine solche Gesellschaft als „gut" erweisen lassen und zwar gemäß der wesenhaften Eigenschaft des Menschen als vernünftiges „Gemeinschaftstier".

Beide Bestimmungen eines telelogisch angestrebten „Guten", die subjektive und die objektive Ethik, kämpfen mit gewissen Problemen. Während die subjektive Variante, um allgemeine Verbindlichkeit beanspruchen zu können, beweisen muss, dass die am Subjekt erkannten Eigenschaften und Bedürfnisse für alle gleichermaßen gelten, behauptet die objektive Version, dass „das Gute" eine wie auch immer zu verstehende reale Existenz innerhalb des Seins beansprucht. Wir haben das bereits bei der Frage nach dem „Sollen" kurz besprochen. Wie die Existenz des objektiv „Guten" aber erkannt werden kann und ob sie sich überhaupt erkennen lässt, ist nicht so einfach zu beantworten. Bevor ich mich aber mit dieser wichtigen Frage beschäftige, möchte ich noch kurz ein Wort zur „dunklen Seite" des „Guten" verlieren.

Sie erinnern sich bestimmt an Darth Vader, den – im wahrsten Sinne des Wortes – Finsterling (er trägt einen schwarzen Anzug und eine schwarze Maske) aus dem Science Fiction-Epos „Krieg der Sterne". Darth Vader bekämpft seinen Sohn Luke Skywalker (dass er der Sohn Vaders ist, erfahren wir erst ziemlich spät) mit einem Lichtschwert, bietet Luke während des Kampfs jedoch an, statt gegen ihn, mit ihm zu sein und auf die „dunkle Seite der Macht" überzulaufen (was Luke, der lieber auf der Seite des „Guten" kämpft, natürlich entrüstet ablehnt).

Der begriffliche Gegenspieler des „Guten" ist das „Böse". Wenn wir einen Menschen als im moralischen Sinn „böse" beschreiben, gehen wir zunächst davon aus, dass er das, was er tut, im vollen Bewusstsein der Konsequenzen seines Handelns freiwillig tut. Da er sich auch anders entscheiden hätte können, schreiben wir ihm Verantwortung für seine Tat zu und bezeichnen ihn als „böse", weil er mit seinem Handeln unseren moralischen Forderungen widerspricht. Aus religiöser, z.b. christlicher Perspektive entsteht das Böse aufgrund des freien Willens des Menschen, der diesen dazu missbrauchen kann, vom Willen Gottes abzufallen und sich bewusst gegen seine Gebote zu stellen. Bekanntermaßen sagt der Engel Luzifer, bevor er in die Hölle verstoßen und zum Teufel wird: „Ich will nicht dienen."

Nach Immanuel Kant ist das Böse das Ergebnis des freien Willens eines Menschen, die Freiheit und Würde eines anderen Menschen nicht zu respektieren. Er entscheidet sich gegen das, was der kategorische Imperativ ihm gebietet. Leider bringt Kant durch diese Annahme seine eigene Position in Schwierigkeiten, denn wenn Freiheit für ihn vernünftige Selbstbestimmung (Autonomie) bedeutet, kann sie nicht zugleich auch Ursache und Grundlage für das Böse sein. Denn alles, was der Mensch nicht in Befolgung des kategorischen Imperativs, also aus Vernunft tut, ist Ausdruck von Unfreiheit, somit auch das, was Kant als „böse" bezeichnet. Der Mensch wäre nach Kant nämlich nur dann „frei", wenn er dem kategorischen Imperativ folgt. Damit tut er aber – automatisch – das Gute.

Die Entscheidung eines Menschen für oder gegen das „Böse" ist in letzter Instanz nicht mehr erklärbar. Sie verliert sich im Dunkel seines Inneren, entspringt (zumindest aus seiner Innenperspektive) einem spontanen Akt der Wahl, über die er auch sich selbst gegenüber keinerlei Rechenschaft mehr ablegen kann. Materialistische Monisten versuchen, das „Böse" über den Umweg „natürlicher Ursachen" menschlichen Handelns zu erklären. Diese können sozialer, psychologischer, physischer usw. Gestalt sein und den Menschen gleichsam dazu zwingen, ein „böses" Verhalten an den Tag zu legen. Bei Gerichtsverhandlungen spricht die Verteidigung eines Mörders dann etwa davon, dass er nur bedingt schuldfähig sei, weil sein Milieu ihn zu einem Mörder gemacht habe, der er sonst nicht geworden wäre. Damit verliert das Böse zwar den satanischen „Touch", den es in unserem Alltagssprachgebrauch oft hat (heute würden wir statt von „böse" eher von „schlecht" sprechen), aber gleichzeitig bleibt damit auch der Freiheitsbegriff im Sinne der Möglichkeit der bewussten Wahl zwischen „gut" und „böse" auf der Strecke. Das mag allerdings nicht weiter schlimm sein, so lange wir sagen können, was wir für das „Gute" halten und wir auch Gründe dafür angeben können, warum wir das, was wir als „gut" identifizieren, tun sollten – solange wir subjektiv davon überzeugt sind, es auch tun zu können.

Um uns überhaupt den Kopf darüber zerbrechen zu können, was wir tun sollen oder nicht tun dürfen, müssen wir zunächst einmal wissen, welche Möglichkeiten es für uns gibt. Eine Entscheidung für oder gegen etwas bedingt das Wissen darum, dass es existiert und gewählt oder zurückgewiesen werden kann. „Wissen" ist nicht nur für die theoretische Philosophie von grundlegender Bedeutung. Auch für die menschliche Praxis und somit für die Moralphilosophie spielt das Wissen eine wichtige Rolle.

Wissen, um zu können?

Am 20. Juli 1969 um 20:17:58 Uhr UTC (das ist unsere mitteleuropäische Zeit [MEZ] minus einer Stunde) war es endlich so weit: 500 Millionen Menschen auf der ganzen Welt verfolgten gespannt via Radio und Fernsehen, wie der Kommandant der soeben gelandeten Mondfähre, Neil Armstrong, verkündete: „The Eagle has landed!" („Der Adler ist gelandet!"). Als Armstrong dann endlich – als erster Mensch – den Fuß auf den Mond setzte, folgten seine berühmten Worte:

> „That's one small step for (a) man,
> one giant leap for mankind!"
> („Das ist ein kleiner Schritt für einen Menschen,
> aber ein großer Sprung für die Menschheit!")

Die Annahme, dass die Erde eine Scheibe sei, war, zumindest für Neil Armstrong und seine zwei Begleiter, Michael Collins und Edwin Aldrin, spätestens durch den Blick vom Mond zurück zu ihrem Heimatplaneten widerlegt (Die drei Astronauten hatten die „Scheibentheorie" bestimmt auch schon vorher für Unsinn gehalten; die Annahme, dass die Menschen im Mittelalter daran geglaubt hätten, die Erde sei eine Scheibe, ist ein weit verbreiteter Irrtum).

So weit, so gut, aber wie steht es mit der Mondlandung selbst? Hat sie denn wirklich stattgefunden?

Es gibt tatsächlich Menschen, die das bezweifeln – aus mehr oder weniger guten Gründen. Ich persönlich glaube, die Mondlandung hat stattgefunden. Aber wissen kann ich es natürlich nicht, denn ich war nicht dabei. Vieles wissen wir zwar nicht aus eigener Erfahrung, glauben aber trotzdem, dass es wahr ist. Wir müssen unseren Quellen oft vertrauen, weil unser Leben sonst extrem umständlich wäre. Es ist ganz einfach unmöglich, alles selbst zu überprüfen. Aber das, was wir ohne allzu großen Aufwand auf seinen Wahrheitsgehalt hin untersuchen können, sollten wir auch prüfen – schon aus reinem Eigeninteresse, aber natürlich auch, um die Frage „Was soll ich tun?" möglichst gut beantworten zu können.

Die Ethik zählt, so wie auch die politische Philosophie und die Rechtsphilosophie, zum Bereich der praktischen Philosophie. Unter dem Dach der theoretischen Philosophie hingegen versammeln sich Disziplinen wie die Erkenntnis- und die Wissenschaftstheorie, die philosophische Anthropologie, die Logik und die Metaphysik (welche die fundamentalen Strukturen des Seins erforschen will). Natürlich ist auch die praktische Philosophie in ihrer Methodik „theoretisch", da sie auf wissenschaftlich systematische Weise herausfinden will, was sich über die menschliche Praxis sagen lässt. Die Ethik kommt bei ihrer Tätigkeit nicht ohne die Erkenntnisse verschiedener Disziplinen der theoretischen Philosophie aus. So benötigt sie die Anthropologie (das griechische Wort „Anthropos" bedeutet „Mensch"), das ist die philosophische Lehre vom Menschen, in der es darum geht, zu erfahren, was der Mensch ist, welche Möglichkeiten und Bedürfnisse er hat und wo seine Grenzen liegen. Um herauszufinden, ob Wissen über den Menschen und die Welt überhaupt gewonnen werden kann und in welchem Umfang das möglich ist, sind wiederum Erkenntnis- und Wissenschaftstheorie vonnöten. Die durch sie erworbenen Einsichten dürfen einander nicht widersprechen. Darüber, dass dies nicht geschieht, wacht die formale Logik.

Was die Realität moralischer Tatsachen, wie etwa die Existenz des „Guten" und ihre Erkennbarkeit betrifft, so unterscheidet die Ethik zwischen „Subjektivismus" und „Objektivismus". Der ethische Subjektivismus behauptet, dass sich moralische Tatsachen nur am Individuum selbst und dessen Bedürfnissen und Interessen festmachen lassen. Die Kooperation mit anderen liegt beispielsweise im Interesse des Einzelnen, also ist er bereit, sie auszuüben. Die sich daraus ergebenden Normen sind daher auf Subjektivität gegründet. Der ethische Objektivismus kennt mehrere Positionen. Drei davon möchte ich kurz vorstellen, zwei davon sind realistisch, gehen also von der wirklichen Existenz moralischer Tatsachen aus, die unabhängig von dem sind, was Menschen wollen. Die dritte Position ist konstruktivistisch, was das bedeutet, werde ich gleich erklären.

Der „Naturalismus", als die erste der drei objektivistischen Annahmen, geht von der realen Existenz moralischer Tatsachen und ihrer Erkennbarkeit anlog zur Erkennbarkeit natürlicher Tatsachen durch die Wissenschaft aus. So, wie die Höhe des Großglockners (3.798 Meter) ein Faktum und daher objektiv messbar ist und für einen Wiener genauso groß ausfallen wird wie für einen Kärntner oder Salzburger, vorausgesetzt, sie wenden die gleiche Maßeinheit an, soll das moralisch „Gute" auch für jeden von uns gleich und gleichermaßen erkennbar sein. Die Naturrechtslehre beruft sich etwa auf die objektive Erkennbarkeit von Rechten (und die daraus abzuleitenden Pflichten), die dem Menschen „von Natur aus" zukommen. Beispiele für solche Rechte sind unter anderem das Recht auf Leben oder das Recht auf Eigentum. Ob sich aus der Beobachtung und Erforschung der Natur Moralnormen bzw. Anregungen ableiten lassen, wie wir uns am besten verhalten sollten, werden wir noch unter die Lupe nehmen.

Die zweite Position, der „Intuitionismus", glaubt zwar auch an die reale Existenz moralischer Tatsachen, seine Methode der Erkenntnisgewinnung ist jedoch eine, die nichts mit der üblichen wissenschaftlichen Vorgehensweise zu tun hat. Die Intuitionisten berufen sich dabei auf eine Art „übersinnliche", das heißt: jenseits unserer fünf Sinne liegenden Wahrnehmung, eben die „Intuition", wobei nicht nachvollziehbar ist, wie diese funktioniert. Als bekanntestes Beispiel der moralischen Intuition gilt das Gewissen, dem ich ein eigenes Kapitel gewidmet habe. Es lässt sich nicht sagen, wie Intuitionisten zu ihren Erkenntnissen gelangen. Moralische Tatsachen sind gemäß dem Intuitionismus „evident". Der Begriff der „Evidenz" (er bedeutet „aus sich selbst heraus ersichtlich", „keiner äußeren Begründung bedürftig") ist deshalb zweifelhaft, weil er sich einer Überprüfung mittels jener rationaler Methoden verweigert, auf die wir uns untereinander üblicherweise beim Erforschen der Wirklichkeit einigen können. Was mir evident erscheint, muss nicht auch für jemand anderen evident sein. Intuition scheint eine subjektive

Angelegenheit zu sein, ihr Begriff ist genau so unbestimmt und fragwürdig wie jener der „Evidenz".

Die dritte Position des ethischen Objektivismus ist der so genannte „Konstruktivismus". Er geht nicht davon aus, dass moralische Normen und Werte eine reale Existenz beanspruchen, bevor wir selbst sie erzeugen. Das klingt zwar im ersten Moment so, als könnten wir sie dann gar nicht als „objektiv gültig" im oben beschriebenen Sinn bezeichnen, denn als von uns geschaffen, wären sie doch zwangsläufig relativ, wenn nicht gar beliebig. Das muss aber nicht sein, wenn bei der Konstruktion moralischer „Tatsachen" für alle Betroffenen gleichermaßen geltende (z.b. kognitive, sprachliche) Rahmenbedingungen angenommen werden. So beansprucht etwa die Ethik Immanuel Kants, die Objektivität ihrer Normen durch einen logischen Mechanismus herzustellen, der aus der Anwendung der reinen Vernunft auf sich selbst resultiert. Was das genau bedeutet und wie es funktionieren soll, werden wir später noch sehen. Auch die so genannte „Diskursethik" (mit der ich mich gleich im Anschluss an Kant befassen werde) will die Geltung moralischer Normen objektiv über einen rationalen, gleichberechtigten Diskurs aller an der Gesellschaft Beteiligten herstellen, indem sie sich auf die vermeintlich unhintergehbare sprachliche Vermittlung unserer Interessen beruft. In diesem Fall des Konstruktivismus soll die Geltung moralischer Normen von der Gesellschaft in einer gemeinsamen, strukturierten sprachlichen Auseinandersetzung auf fairer Basis etabliert werden.

David Hume hat, wie bereits erwähnt, gezeigt, dass sich aus einem „Sein" kein „Sollen" ableiten lässt. Aus der Tatsache, dass Krieg herrscht („Sein"), können wir also nicht gleichsam automatisch die Forderung ableiten, dass er durch Frieden beendet werden muss („Sollen"). Es sei denn, in dem logischen Schlussverfahren, an dessen Ergebnis ein solches „Sollen" steht, ist bereits mindestens eine der beiden Vorbedingungen selbst ein „Sollen". Aber solche Vorannahmen, die ein „Sollen" zum Ausdruck bringen, finden wir nicht in der Welt vor, wie z.B. den Großglockner und seine Höhe. Sie treten uns immer nur als „Wollen" von Menschen entgegen. Die ethischen Realisten glauben dennoch, dass Werte eine solche objektive, reale Existenz haben, wie der Großglockner. Der australische Philosoph John Leslie Mackie hat sich über diese Annahme lustig gemacht und objektiv vorhandene Dinge, die nicht einfach nur sind, sondern außerdem ein „Sollen" darstellen, als „absonderlich" bezeichnet. Um sie überhaupt erfassen zu können, müssten die Menschen mit einem zusätzlichen Erkenntnisvermögen ausgestattet sein, das sich massiv von dem unterscheidet, mit welchem wir die üblichen Objekte in unserer Welt auffinden. Um zu veranschaulichen, warum die Annahme solcher objektiv existierenden (und erkennbaren) Werte Unsinn ist, greift er auf einen Philosophen zurück, der die Objektivität „idealer Dinge" und „Eigenschaften" gleichsam erfunden hat: Platon.

Für Platon sind Werte wie „das Gute" oder „das Schöne" jenseits unserer Welt (die sich ständig wandelt) angesiedelt und zwar in einer Art Himmel, der nicht in physischem Kontakt zu unserer Welt steht. Um zu erfahren, wie wir uns innerhalb dieser vergänglichen Welt, in der wir leben, am besten verhalten sollen, müssen wir zur Erkenntnis dieser unwandelbaren, unzerstörbaren Werte (Platon nennt sie „Ideen") gelangen. Erst dann können wir uns an ihnen orientieren. Das „Absonderliche" an der Idee des „Guten" besteht nach Mackie nun darin, dass sie nicht nur sagt, was das „Gute" ist, sondern uns auch dazu zwingt, es zu verwirklichen. Sie ist also nicht nur das Ziel unseres Handelns, sondern auch seine Umsetzung – und das, obwohl die objektive, unveränderliche Idee des „Guten" eigentlich in keiner physischen Beziehung zu uns als veränderlichen Subjekten steht. Entweder, die Idee des Guten existiert objektiv in einer anderen Dimension und ist unveränderlich, dann kann sie aber nicht Teil unserer subjektiven Motivation sein. Ist sie aber ein Stück dieser Subjektivität, tritt also irgendwie mit uns in Kontakt (und das müsste sie, um uns zu verändern), dann gehört sie nicht mehr einer unveränderlichen Sphäre an. Hier stoßen wir auf das gleiche Problem wie beim bereits erwähnten Dualismus von Geist und Materie und der Frage der Vermittlung zwischen den Beiden.

Wenn wir Erkenntnisse suchen, auf die wir uns zu hundert

Prozent verlassen können (und damit eine unerschütterliche Basis für unsere moralischen Entscheidungen besitzen), stoßen wir auf ein fundamentales Hindernis. Der deutsche Philosoph Hans Albert hat in unseren Tagen darauf hingewiesen, obwohl die Problematik bereits seit der Antike bekannt ist. Albert diagnostiziert eine prinzipielle Unabschließbarkeit jedes Erkenntnisprozesses und beschreibt sie mit dem so genannten „Münchhausen Trilemma" – in Anspielung auf den „Lügenbaron" Freiherr von Münchhausen, der sich angeblich an den eigenen Haaren aus dem Sumpf gezogen haben will. Die Versuche, Wissen letztgültig zu begründen, müssen scheitern oder sie führen in eine Art Selbstrettung analog zu der Münchhausens: Alles, was wir zur Erklärung der Phänomene, die wir im Moment zu erklären versuchen, verwenden, ist selbst wieder erklärungsbedürftig. Dazu müssen wir aber einen Schritt weiter nach hinten gehen und so weiter bis in alle Ewigkeit. Dieses Rückwärtsschreiten nennt man „unendlicher Regress".

Ein Beispiel:

„Woher wissen wir, dass die Erde um die Sonne kreist und nicht umgekehrt?"

„Wissenschafter haben es vermutet und schließlich überprüft."

„Wie haben sie es überprüft?"

„Zum Beispiel mit wissenschaftlichen Beobachtungs- und Messverfahren."

„Wie ist die Tauglichkeit dieser Messverfahren überprüft worden?"

„Das haben andere Wissenschafter mit ihren Beobachtungen und Messungen gemacht."

„Und wie wurden diese Wissenschafter und ihre Methoden getestet?"

…

Wir können uns bei unseren Erklärungsversuchen aber auch in einen so genannten „Zirkelschluss" begeben, wobei das, was wir überhaupt erst begründen müssen, auf Umwegen in diesen Beweis einfließt.

Ein Beispiel:

„Woher weißt du, dass es wirklich einen Gott gibt?"

„Weil es in der Bibel steht!"

„Und wieso sollte das, was in der Bibel steht, wahr sein?"

„Weil es Gottes Wort ist (und Gott niemals lügen würde)."

...

Nach dem Scheitern der Letztbegründung bleibt nur ein Ausweg, der erst recht keine Lösung ist: Der Abbruch an einer mehr oder weniger beliebigen Stelle. Wir müssen uns dabei stets dessen bewusst sein, dass unser Wissen und die darauf gebauten Handlungsanweisungen, jederzeit widerlegt, das heißt durch ein theoretisch besseres und praktisch sinnvolleres Wissen ersetzt werden können. So lange die Wissenschaft davon ausging, dass Kokain harmlos sei, konnte sie es als Narkotikum einsetzen. Dieses Wissen und die darauf basierenden praktischen Anwendungen wurden jedoch korrigiert, als man erkannte, dass Kokain süchtig machen kann. Für die Praxis ist die Tatsache der bloß vorläufigen Geltung aktuellen Wissens relevant. Denn zumindest bei Fragen auf Leben und Tod sollten wir besser nur solche Entscheidungen treffen, deren Ergebnisse umkehrbar sind. Die Todesstrafe zum Beispiel, bei der auch Unschuldige getötet werden könnten, da wir nie ganz sicher sein können, den richtigen Täter geschnappt zu haben, dürfte nicht angewandt werden. Und selbst wenn wir den „richtigen" Täter gefasst haben, wissen wir immer noch nicht, ob er nicht an einer Komplikation in seinem Gehirn leidet, die ihn zur Tat „gezwungen" hat, für die er verantwortlich gemacht werden soll (siehe unsere Diskussion der „Freiheit" weiter oben).

Vielleicht gibt es doch eine Möglichkeit, wie wir dem Problem der Unableitbarkeit eines „Sollens" aus dem „Sein" und der Nicht-Erkennbarkeit objektiv existierender „Normen" entkommen könnten, eine Möglichkeit, an die viele Menschen im wahrsten Sinne des Wortes glauben: Gott. Er, so meinen jedenfalls seine Anhänger, wäre nicht nur die Quelle, der Urheber dieser für uns geltenden Normen, er selbst würde sie außerdem mit dem Charakter des „Sollens" versehen, indem er uns befiehlt, seine Regeln zu befolgen.

Um Gottes Willen!

Vor ein paar Jahren traten meine damalige Freundin und ich unseren gemeinsamen Sommerurlaub erst spät an. Es war um den fünften September herum, als wir zusammen nach Griechenland flogen und die Ruhe gegen Ende der Saison für eine Rundreise durch einige der kulturhistorisch interessantesten Stätten auf der Halbinsel Peloponnes genossen: Epidaurus mit seinem Asklepios-Heiligtum (er war der griechische Gott der Heilkunst), Olympia mit dem Stadion, die byzantinische Stadt Mystrá, in welcher der Philosoph Plethon gelebt hatte und 1452 gestorben war, Mykene, Sitz des mythischen Königs Agamemnon. Jeden Abend kamen wir erschöpft, aber berauscht von den Erlebnissen des Tages in unser Hotel zurück und fielen müde ins Bett. Manchmal, wenn es ein Fernsehgerät mit internationalen Programmen gab, zappten wir noch ein wenig durch die Kanäle. An diesem Tag waren wir in der Nähe von Korinth, in einem kleinen Hotel untergebracht und kamen schon etwas früher zurück in unser Zimmer. Ich drehte den Fernseher auf und wählte den Kanal von CNN. Ein Wolkenkratzer war zu sehen, der offensichtlich brannte, da aus einem riesigen Loch an der Seite Rauch aufstieg. Bis dahin sah es nach einem ganz normalen Feuer aus. Der Reporter sprach jedoch ungewöhnlich hektisch und noch während er redete, sah ich, wie ein Flugzeug in den zweiten der beiden Türme des New Yorker World Trade Centers krachte. Spätestens jetzt war klar, dass es sich hier nicht um einen Unfall handeln konnte. Ein Terroranschlag hatte sich ereignet. Wir schrieben das Jahr 2001, es war der 11. September. Seit diesem Tag ist die Welt nicht mehr dieselbe wie zuvor. Religiöse Fanatiker haben ein beängstigendes Zeugnis ihres Glaubens abgelegt.

Was bringt Menschen dazu, sich freiwillig selbst zu töten und über dreitausend andere Menschen mit in den Tod zu reißen? Ich verstehe es nicht und werde es wohl nie begreifen. Alle Erklärungen, die Wissenschafter unterschiedlichster Disziplinen in den darauf folgenden Monaten aufboten, vermochten zwar gleichsam „technisch" zu erklären, wie es dazu gekommen war.

Verstanden im Sinne von: ich kann verstehen, dass Menschen so etwas tun, kann mich in sie hinein fühlen, habe ich es bis heute nicht. Das Schockierendste an den Attentaten des 11. Septembers war für mich die Tatsache, dass Menschen sie im Namen Gottes verübt haben – und das am Ende des 20. Jahrhunderts. Alle 19 Männer, welche die vier Flugzeuge (eines krachte in die Außenmauer des US-amerikanischen Verteidigungsministeriums Pentagon, ein weiteres stürzte in einem Waldstück in Pennsylvania ab) unter ihre Gewalt gebracht hatten, waren strenggläubige Muslime.

Wann immer sich eine Religion mit dem Vorwurf konfrontiert sieht, sie würde Gewalt befürworten oder zumindest zulassen, steigen sofort einige ihre Vertreter auf die Barrikaden und wehren sich entrüstet gegen die, aus ihrer Sicht, unzulässige Kritik. Es wären bloß Menschen, fehlgeleitete natürlich, welche die Botschaft der Religion falsch verstanden und missbräuchlich für ihre privaten, gottlosen Zwecke instrumentalisieren würden. Kreuzzüge, Hexenverbrennungen, die Verfolgung und Ermordung von so genannten Ketzern hätten bestimmt nichts mit der wahren „frohen Botschaft" zu tun, welche bei korrekter Lektüre einzig und allein aus den Heiligen Schriften entnommen werden könne. Noch viel mehr: Die Worte des Allmächtigen wären die einzig sinnvollen und legitimen Regeln für ein moralisch gelungenes Leben. Ohne Gott hingegen wäre alles erlaubt, was gleich bedeutend ist mit: Das reine Chaos würde ausbrechen.

Obwohl ein Vorfall wie das Attentat vom 11. September 2001 wohl einzigartig ist (und hoffentlich bleiben wird) und auch die Zeit der Kreuzzüge und Hexenverbrennungen hinter uns liegt, spielen Religionen noch immer eine große Rolle in unserer Gesellschaft, gerade in Bezug auf die Frage „Was soll ich tun?". Denn sie beanspruchen nicht nur, zu erklären, was die Welt im Innersten zusammenhält, obwohl ihnen die Wissenschaft ihr Terrain zunehmend streitig macht. Sie behaupten auch, verbindliche Auskunft darüber geben zu können, wie wir mit dieser Welt und mit unseren Mitbewohnern (Menschen, Tieren, Pflanzen) umzugehen haben. Obwohl wir uns für ziemlich aufgeklärt und wissenschaftlich gebildet halten, suchen viele von uns die Richtschnur für ihr Leben immer noch in ihrem religiösen Erbe, einer Sammlung von Erzählungen über eine außer der Welt existierende personale Macht und deren angebliche Forderungen an uns. Weil der Glaube an einen Gott und die Unverzichtbarkeit seiner Gebote für viele Menschen auch heute noch, zu Beginn des 21. Jahrhunderts, Grundlage für ihr Handeln ist, möchte ich diesem Thema etwas mehr Aufmerksamkeit widmen.

In vielen Fällen führen die Antworten einer Religion zu Ergebnissen, die auch für Angehörige anderer Religionen, ja selbst für Atheisten akzeptabel sind. Denken Sie an die zehn Gebote, von denen, wenn schon nicht alle, so zumindest einige für die meisten von uns Sinn machen (und in verschiedenen Epochen und Kulturen in ähnlicher Form existieren). Ich erinnere mich daran, dass wir die zehn Gebote bereits im Religionsunterricht in der Volksschule lernen und sie dann immer wieder vor unserer Lehrerin zum Besten geben mussten. Damals war das für uns kaum anders, als Kindergedichte auswendig zu lernen, wir dachten bestimmt nicht über den tieferen Sinn dieser Formeln nach. Dass wir nicht lügen, stehlen, töten sollen, wurde uns auch außerhalb der Religionsstunde von unseren Eltern gepredigt. Dass diese Normen sinnvoll sind, wird selbstverständlich auch ein Atheist unterschreiben. Denn für ihre Bedeutung ist es ganz egal, ob es einen Gott gibt oder nicht, sorgen sie doch für ein friedliches Zusammenleben der Menschen.

Die ersten drei der zehn Gebote (ich beziehe mich auf die Version der katholischen Kirche, dargelegt in ihrem Katechismus), die von der Existenz Gottes sprechen und Forderungen an den Menschen richten, die diesen Gott selbst betreffen (1. Du sollst an einen Gott glauben., 2. Du sollst den Namen Gottes nicht achtlos aussprechen., 3. Du sollst den Tag des Herrn heiligen.), haben keine Bedeutung für Atheisten und selbstverständlich auch nicht für die Angehörigen anderer Religionen. Obwohl auch diese oft ähnliche „Respektsbezeugungen" ihrem jeweiligen Gott gegenüber kennen.

Auch die beiden letzten Gebote (9. Du sollst nicht begehren deines Nächsten Frau. und 10. Du sollst nicht begehren deines Nächsten Gut.) sind nicht für jeden von uns selbstverständlich. Das 6. Gebot (Du sollst nicht Unkeuschheit treiben.) ließe sich vielleicht noch damit für die Mehrheit von uns rechtfertigen, dass es einem Vertragsbruch gleichkommen würde, wenn jemand – ohne dem Wissen der Partnerin/des Partners – Sex mit einer anderen Frau/einem anderen Mann hat. Somit wäre es wahrscheinlich auch für die Angehörigen anderer Religionen und für Atheisten zu begründen; bei Männer könnte dieses Verbot übrigens der Ausdruck des biologischen Bedürfnisses sein, keine fremden Nachkommen (Stichwort „Kuckuckskinder") groß ziehen zu wollen, also keine anderen als die eigenen Gene zu unterstützen. Das 6. Gebot ließe sich im Prinzip auf ein anderes, allgemeineres Gebot, nämlich das Verbot zu lügen, zurückführen. Nicht die Wahrheit zu kennen, kann – in unterschiedlichen Situationen – nachteilig sein, also haben wir ein verständliches Interesse daran, korrekt informiert zu werden, um sinnvolle Entscheidungen zu treffen. Bei Einverständnis beider Partner sieht die Sache übrigens anders aus. Wenn ein Paar sich dazu entschließt, eine sexuell offene Beziehung zu führen, kann es mit dem 6. Gebot wenig anfangen. Für wen sollte hier ein moralisches Problem bestehen, wenn alle Beteiligten damit einverstanden sind?

Das 9. Gebot (Du sollst nicht begehren deines Nächsten Frau.), das untersagt, nur daran zu denken, Sex mit jemand anderem zu haben, stellt eine ziemliche Herausforderung dar. „Die Gedanken sind frei.", sagt ein alter Spruch. Jemanden attraktiv zu finden und zu begehren ist eine rein emotionale Angelegenheit. Eine entsprechende Empfindung lässt sich wohl kaum mittels Vernunft abschalten. Wie können wir verhindern, dass sich nächtens in Gestalt eines Traumes ein erotischer „Film" in unsere Fantasie schleicht, in welchem eine der beiden Hauptrollen nicht mit der eigenen Partnerin/dem eigenen Partner besetzt ist?

Beim Verbot, das Gut des anderen zu begehren, wird es ebenfalls kompliziert. Nicht stehlen zu dürfen, ist eine Sache und dass dies Geltung haben sollte, weil es für den Frieden innerhalb einer Gemeinschaft sinnvoll ist, leuchtet den meisten von uns ein. Aber dass wir nicht zumindest sehnsüchtig die Fotos von Hollywood-Stars wie Angelina Jolie oder George Clooney in den Illustrierten anstarren und uns wünschen sollen, wir wären sie und würden ihr Leben voller Glanz und Glamour führen, ihre teuren Kleider tragen, ihre edlen Autos fahren, ihre Luxusvillen bewohnen, ist kaum zu argumentieren.

Leider kann die Befolgung der göttlichen Gebot nicht nur sinnvoll sein (wie etwa beim Verbot des Lügens, Stehlens, Tötens), sondern auch zu Situationen führen, die uns selbst schaden (indem wir z.b. an Schuldgefühlen leiden, weil wir Angelina Jolie oder George Clooney begehren, obwohl wir seit 15 Jahren mit Renate oder Herbert verheiratet sind und beide über die Jahre nicht attraktiver und interessanter geworden sind). Ein solches selbst verursachtes Leiden an Gewissenskonflikten ist schon schlimm genug. Nicht selten führt der Glaube an „den einen wahren Gott" aber dazu, dass Menschen sich gegenseitig Schaden zufügen oder einander sogar umbringen. Denken Sie an den vorhin genannten Anschlag auf das World Trade Center, aber auch an diverse andere religiös begründete Attentate jüdischer, christlicher, hinduistischer und sogar buddhistischer Gläubiger. Wer übrigens meint, dass gerade der Buddhismus eine durch und durch friedfertige, wenn nicht sogar die einzig friedvolle Religion auf dieser Welt sei, möge Mark Juergensmeyers Buch „Terror im Namen Gottes" lesen, in welchem der Soziologe Beispiele für Gewaltanwendung durch Gläubige aller so genannten Weltreligionen anführt.

Mit Gott und seiner Rolle als Leitinstanz für die Moral ist das so eine Sache. Erstens gab es im Laufe der Menschheitsgeschichte schon sehr viele, wahrscheinlich tausende Religionen und mindestens ebenso viele verschiedene „Götter". Religionen entstanden, wandelten sich und vergingen: polytheistische (dass sind jene, die mehrere Götter kennen), monotheistische (also Ein Gott-Religionen wie Judentum, Christentum, Islam) und sogar solche, die auf einen Gott gänzlich verzichtet haben – der Buddhismus zum Beispiel. Eine Schätzung, wie viele Religionen gegenwärtig auf der Welt existieren, ist kaum möglich, weil Religion nicht gleich Religion ist. Eine allgemeingültige Definition dafür gibt es nicht. An welchen Gott bzw. welche Götter und deren Vorgaben sollten wir uns halten?

Ich möchte der Einfachheit halber jene Religion behandeln, die bei uns am meisten verbreitet ist und die auch diejenige war, in der ich erzogen worden bin: Das katholische Christentum. Viele Menschen, die nicht an Gott glauben und sich nicht als religiös bezeichnen, bevorzugen die Benennung als Agnostiker und nicht als Atheisten. Der Unterschied besteht darin, dass ein Agnostiker auf die Frage „Gibt es einen Gott?" mit: „Das kann ich nicht erkennen.", ein Atheist hingegen mit einem festen: „Nein." antwortet. Viele Atheisten bezeichnen sich als Agnostiker, obwohl selbstverständlich kein einziger Agnostiker an Gott glaubt; sie tun das in der Annahme, dass sich weder die Existenz Gottes, noch seine Nichtexistenz beweisen lässt und meinen daher, dass man weder das eine, noch das andere „glauben" kann. Wenn ich aber die Existenz Gottes nicht erkennen kann, wie kann ich dann nicht **nicht** an ihn glauben? Die mittlere Variante zwischen „ich glaube" und „ich glaube nicht" lautet nicht: „Ich kann nicht erkennen." Denn in letzter Instanz geht es nicht ums Erkennen oder nicht Erkennen, sondern darum, was ich aus der Erkenntnis oder Nichterkenntnis ableite: Glauben oder Nichtglauben. Die einzige Alternative, die weder ein Glauben noch ein Nichtglauben vertritt, lautet ganz anders, nämlich: „Es ist mir egal. Nächste Frage." Das hat aber nichts mit dem zu tun, was Agnostiker für ihre rational begründete Überzeugung halten, sondern ist bloß Ausdruck von Ignoranz in Bezug auf die Frage. Es geht darum, ob ich an „ihn" glaube oder nicht. Ob ich ihn erkenne oder nicht, ist nur die Vorbedingung dafür.

Für das alltägliche Leben ist es übrigens irrelevant, ob sich Menschen für Agnostiker oder Atheisten halten, da sie sich konsequenterweise in beiden Fällen nicht an Gott und an seinen Geboten orientieren dürfen. Für mich persönlich ist die Position des Agnostikers deswegen unsinnig, weil sie inkonsequent ist. Denn was leite ich aus dem „Weder glaube ich an seine Existenz, noch glaube ich an seine Nichtexistenz." ab? Ich muss in Bezug auf die Frage: „Soll ich das tun, was er mir vorschreibt?" entscheiden und das geht eben nur, indem ich an ihn glaube oder nicht. Es drängt sich mir der Verdacht auf, dass der Agnostiker, der auf die Unterscheidung zwischen ihm und einem Atheisten pocht, sich nicht festlegen und damit vorschnell in Gefahr bringen will. Mit seiner Einstellung wappnet er sich für die Möglichkeit, sich nach seinem Tod unerwartet doch plötzlich einem Gott gegenüber zu finden. Denn dann müsste er sich für seinen klaren „Unglauben" (wenn er sich als Atheist bezeichnet hätte) rechtfertigen. In dieser unangenehmen Situation könnte er wohl nur das sagen, was der englische Philosoph Bertrand Russell auf die Frage, was wäre, wenn es doch einen Gott gibt und dieser ihm nach seinem Tod begegnen würde, geantwortet hat: „You should have given us more evidence." („Du hättest uns mehr [oder „bessere"] Beweise liefern sollen.").

Nehmen wir einmal an, es gäbe Gott. Warum ist die Begründung von Moral unter Rückgriff auf ihn und sein Gebote trotzdem nicht sinnvoll? Erstens deshalb, weil nicht alle Menschen sich auf eine Religion einigen könnten und damit auch nicht auf die gleichen göttlichen Normen, da diese von Religion zu Religion variieren. Die Religionskriege der Vergangenheit und die gewalttätigen Auseinandersetzungen religiöser Gruppen in der Gegenwart zeigen das auf beängstigende Weise. Wie ließe sich feststellen, wer recht hat, wenn jede Religion mit absolutem Wahrheitsanspruch in Bezug auf „ihren" Gott auftritt?

Weiters ist es deshalb unsinnig, die Moral auf den Willen Gottes zu gründen, weil sein Wille ziemlich widersprüchlich ist – sogar innerhalb einer einzigen Religion. Wenn Sie sich die Mühe machen und das „Alte Testament", immerhin Bestandteil der christlichen Bibel und damit ebenso „Wort Gottes" wie das „Neue Testament", lesen, werden Sie erkennen, was für ein launischer und brutaler Typ dieser Gott eigentlich ist. Einerseits spricht er ein Tötungsverbot aus (siehe die zehn Gebote) und andererseits widerruft er es mehrmals und bricht es selbst immer wieder. So beauftragt er entweder sein auserwähltes Volk damit, andere Völker ohne Rücksicht auf Verluste niederzumetzeln oder er nimmt diesen Job, der größeren Effizienz willen, gleich selbst in die Hand; wobei weder Kinder, noch Frauen, noch Alte ausgelassen werden. Wie vertragen sich solche göttlichen oder von Gott in Auftrag gegebenen Morde mit seinem Tötungsverbot in den zehn Geboten? Gar nicht! Wenn wir nun aber verbindlich herausfinden wollen, ob wir töten dürfen oder nicht, können wir uns nicht am Wort Gottes selbst orientieren, da es eben solche Widersprüche aufweist.

Bereits Immanuel Kant hat darauf aufmerksam gemacht, dass sich die Aufforderung, einen anderen Menschen zu töten, nicht mit dem Hinweis auf den Glauben an einen Gott rechtfertigen lässt. Ob unsere Absichten moralisch oder unmoralisch sind, kann nicht durch äußere Gründe, und mögen sie auch vom Allmächtigen persönlich kommen, entschieden werden. Die reine Vernunft ist der einzig legitime Richter darüber, was moralisch ist und was nicht. Das Argument Kants ist schon alleine deshalb überzeugend, weil wir jederzeit davon ausgehen müssen, dass die spontan auftretenden „göttlichen Befehle" auch einer Täuschung entspringen könnten, also nicht unbedingt von Gott stammen müssen. Denken Sie dazu an einen geisteskranken Massenmörder, der bei der Vernehmung durch die Polizei zu Protokoll gibt: „Der Allmächtige hat es mir so befohlen. Er hat vergangene Nacht zu mir gesprochen und gesagt, ich soll meine ehemalige Schule mit der Pumpgun besuchen ..."

Der „Klassiker" unter den von Gott anbefohlenen Morden ist bekanntlich die in letzter Sekunde – „Gott" sei Dank! – wieder abgeblasene Opferung Isaaks durch seinen Vater Abraham. Generationen von Theologen haben versucht zu beruhigen, indem sie erklärten, dass Gott das nie und nimmer ernst gemeint hätte. Er wollte bloß mal eben das Gottvertrauen und die Glaubensstärke Abrahams testen.

Der dänische Philosoph Sören A. Kierkegaard (1813 bis 1855) hat im Gegensatz dazu sinngemäß folgendes bemerkt: Die Tat Abrahams lässt sich moralisch zwar überhaupt nicht rechtfertigen, das ist aber auch gar nicht von Bedeutung. Denn hier kommt es zu einer Aufhebung (Kierkegaard nennt es „Suspension") der Moral durch den Glauben. Der Glaube und die daraus abgeleiteten Handlungen sind nicht mehr durch die Vernunft (und damit auch nicht durch die Moral, die auf Vernunft beruht) legitimierbar. Deshalb kommt der Mensch im übrigen auch nicht durch einen rationalen Schritt in den Glauben hinein, sondern nur durch einen irrationalen „Sprung". Hier endet tatsächlich die Vernunft, auf welche die philosophische Ethik, ja die Philosophie insgesamt im Unterschied zur Religion setzt, und es beginnt das Mysterium des Glaubens, ein Mysterium, in das wohl nicht jeder von uns einzudringen vermag.

Eine solche Tat wie die Abrahams würde laut Kant dem Konzept der Freiheit als „Selbstbestimmung" widersprechen. Eigentlich müsste man einem solchen Ansinnen Gottes, den eigenen Sohn für ihn zu opfern, entgegnen: „Wenn du, Allmächtiger, willst, dass ich das tue, obwohl es mir vollkommen irrational und unmoralisch erscheint, dann musst du mich schon dazu zwingen. Freiwillig jedenfalls werde ich es bestimmt nicht tun!" Warum sollten wir tatsächlich freiwillig etwas tun, das uns böse, ja schlichtweg unsinnig erscheint? Wäre ein solches „freiwilliges" Handeln gegen die eigenen Interessen nicht in Wahrheit ein „unfreiwilliges" Handeln, weil wir es ja bloß deshalb tun, weil wir uns vor der Strafe Gottes fürchten, wenn wir gegen seinen Willen handelten? Er zwingt uns ja dadurch seinen Willen auf, indem er uns ewige Verdammnis androht, wenn wir nicht seinem Wunsch gemäß handeln.

Kann Gott, unter der Voraussetzung, die drei ihm zugeschriebenen Attribute „Allmacht", „Allwissenheit" und „Allgüte" treffen zu, überhaupt wollen, dass wir etwas tun, was nach unserem Dafürhalten böse ist? Das Attribut der „Allgüte" macht ja nur dann Sinn für uns Menschen, beziehungsweise kann nur dann von uns verstanden und als „gut" beurteilt werden, wenn es in irgendeinem Naheverhältnis zu dem steht, was wir mit unserem menschlichen Verstand als „gut" bezeichnen können.

Das führt uns zu Platon und seinem Dialog „Euthyphron". In diesem Werk geht es unter anderem um folgende spannende Frage: Ist das Gerechte gut, weil Gott will, dass wir es tun, oder will Gott, dass wir es tun, weil es gerecht ist? Fragen wir anders: Ist das Gute gut, weil Gott will, dass wir es tun, oder will Gott, dass wir das tun was wir als gut ansehen, weil es tatsächlich, in einem objektiven Sinn, gut ist? Im einen Fall (und hier kommen wir zu Abraham zurück) könnte Gott von uns verlangen, was immer er auch will. Wir müssten es akzeptieren und als „gut" ansehen, egal, ob es das aus unserer eigenen Sicht wäre oder nicht. Unsere Sicht könnte dann vielleicht einfach nur eine falsche, fehlerhafte Sicht sein, da Gott sich naturgemäß niemals irrt. In diesem Fall haben wir einfach noch nicht begriffen, was wirklich gut (für uns) ist.

Oder aber Gott befiehlt uns irgendetwas Beliebiges, weil er allmächtig ist und uns befehlen kann, was er will, je nach göttlicher Lust und Laune. Tatsächlich haben, wie ich zu Beginn im Kurzabriss zur Geschichte der Ethik schon erwähnt habe, einige Nominalisten im Mittelalter genau so gedacht: Gott ist allmächtig und an nichts gebunden, auch nicht an irgendwelche moralischen Vorgaben von Seiten seiner Geschöpfe. Gott ist das Gesetz, egal, wie böse die Konsequenzen seiner Befehle auch für uns endliche Wesen sein mögen.

Wenn es sich aber so verhält, dass es „das Gute" tatsächlich gibt, unabhängig von den Launen eines willkürlichen Gottes und er es uns nur deshalb befiehlt, weil es „gut" ist, dann ist Gott nicht allmächtig; denn dann muss er sich ja selbst an dieses „Gute" halten. Es ist dann die oberste Instanz in Moralfragen, nicht der freie und beliebige Wille Gottes. Dann könnten wir aber genau genommen in Bezug auf die Frage: „Was soll ich tun?" darauf verzichten, überhaupt an Gottes Wünsche zu denken, sondern uns gleich dem höher stehenden Maßstab zuwenden, an den auch Gott gebunden ist: dem „Guten".

Gäbe es dieses auch Gott übergeordnete Gute nicht, könnte der Allmächtige also schlichtweg alles befehlen, was er will, auch solche Dinge, die uns Menschen unmoralisch erscheinen; könnte es dann nicht vielleicht sein, dass ein solcher Gott gar nicht gut für uns ist? Auch diese Möglichkeit müssen wir in Betracht ziehen, wenn wir bereit sind, überhaupt an einen Gott zu glauben. Um feststellen zu können, ob er selbst und das, was er befiehlt tatsächlich gut für uns ist, auch und gerade dann, wenn es nach menschlichem Ermessen „böse", also schlecht für uns, zu sein scheint, brauchen wir Maßstäbe, um die moralische Qualität Gottes zu beurteilen. Wenn wir freiwillig das tun wollen, was Gott uns befiehlt (uns also nicht von ihm dazu zwingen lassen wollen), müssen wir diese Maßstäbe anderswoher nehmen, als von Gott selbst. Denn ein Gott, der uns befiehlt, unseren Sohn zu töten und gleichzeitig sagt: „Es ist gut, das zu tun." kann trotz dieser Aussage nicht gleichzeitig auch die Messlatte dafür sein, ob das, was er da von uns verlangt, wirklich gut ist.

Noch einmal: Wenn Gott uns nicht zwingt (und das könnte er natürlich, wo er doch allmächtig ist), sondern darauf setzt, dass wir das, was er von uns verlangt, selbst und aus freien Stücken verwirklichen, muss er uns zugestehen, dass wir die Güte seiner Forderung überprüfen; schließlich sollen wir uns ja freiwillig dazu entschließen, es zu tun. Seine eigene Aussage: „Es ist gut." gibt uns kein Instrument für eine solche Prüfung in die Hand. Wir können aus seiner Aussage nämlich gar nicht schlüssig ableiten, ob es wirklich gut ist. Das ist deshalb so, weil, gesetzt den Fall, er meint es nicht gut mit uns (und diese Möglichkeit besteht logischerweise), wir auch seinen Spruch „Es ist gut." kritisch hinterfragen und annehmen müssen, dass er ihn auch in böser Absicht tätigen könnte.

Gott muss nicht zwangsläufig eine böse Absicht verfolgen, könnte es aber. Und gerade deshalb brauchen wir einen Maßstab, der sich außerhalb von ihm befindet, um die Aufrichtigkeit seiner Güte uns gegenüber zu beurteilen. Gott selbst danach zu befragen, ob er es gut oder böse mit uns meint, wäre genauso unsinnig, wie wenn ein Richter den wegen Mordes Angeklagten fragt, ob er schuldig sei oder nicht und darauf vertraut, auf diese Weise die Wahrheit zu erfahren.

Der Maßstab, mit dem wir uns von außen Gott und seinen Geboten nähern, dient natürlich auch dazu, alle anderen Götter und ihre Gebote auszuscheiden, die moralisch inakzeptabel sind. Damit erübrigt sich indirekt auch die Frage, wie wir mit der Vielfalt der angebotenen Religionen dieser Welt verfahren sollen: Selbstverständlich müssen sie alle unserem Maßstab gerecht werden. Die Suche nach diesem von außen angelegten Metermaß der Moral, das wir kritisch an alle (nicht nur göttlichen, sondern auch menschlichen) moralischen Forderungen anwenden sollten, ist Aufgabe desjenigen rationalen Unternehmens, mit dem wir uns gerade befassen: der philosophischen Ethik.

Bis jetzt sind wir – der Argumentation zuliebe – davon ausgegangen, dass es Gott gibt. Nun sollten wir uns aber der Frage zuwenden, ob das tatsächlich stimmt und falls ja, wie es sich in einem auch für Atheisten nachvollziehbaren erkenntnis- bzw. wissenschaftstheoretisch seriösen Sinne beweisen ließe.

Eines gleich vorweg: Meiner Meinung nach konnte bisher noch keine einzige Religion einen überzeugenden Beweis für die Existenz Gottes erbringen. Interessant ist in diesem Zusammenhang, dass gläubige Menschen gerne aus der Not eine Tugend machen. Sie betonen den Unterschied zwischen „Glauben" einerseits und „Wissen" andererseits und behaupten, das Nichtwissen in Bezug auf den Glauben sei dessen besondere Qualität. Seltsamerweise ist es aber dennoch so, dass nicht nur atheistische Wissenschafter, sondern auch Gläubige in Bezug auf andere Religionen und deren Glaubensinhalte sehr wohl rationale Begründungen verlangen. So lange die Mitbewerber am Markt des Glaubens solche Beweise nicht liefern können (und das können sie natürlich genauso wenig wie die Herausforderer), würden die Angehörigen einer Religion nur selten zu einer anderen konvertieren. Ich erinnere mich an ein Frühstück, zu dem ich vor einigen Monaten bei einem Freund in Innsbruck eingeladen war. Der Freund, ein sehr religiöser Mensch, ist Universitätsprofessor für Medizin, seine Frau war früher Mittelschulprofessorin für Mathematik und Physik. Als die Frau über irgendwelche alternativmedizinischen Dinge erzählte, die sowohl ihr Mann als auch ich für im höchsten Maße unwissenschaftlich halten, machte er sich lustig über sie. Was für ein Unsinn dies nicht sei, durch keinerlei naturwissenschaftliche Erkenntnisse belegt, wie sie nur so etwas glauben könnte. Beim anschließenden Spaziergang diskutierte ich mit ihm über seinen Glauben und musste schmunzelnd feststellen, dass er all die Irrationalität, die er seiner Frau (zu Recht) vorgeworfen hatte, nun selbst an den Tag legte – in Bezug auf seine eigenen religiösen Überzeugungen.

Besonders gewitzte Geister unter den Gläubigen versuchen in Diskussionen über die Grundlagen ihres Glaubens gerne,

den Spieß umzudrehen, indem sie die Anders- oder Ungläu-
bigen dazu auffordern, zu beweisen, dass ihr Gott **nicht** existiert. Diese Vorgangsweise ist unseriös und zwar aus einem
leicht nachvollziehbaren Grund: Jeder, der eine Existenzaussage
tätigt, also behauptet, irgendetwas würde existieren, trägt selbst
die Beweislast, nicht derjenige, der meint, dass dieses „Etwas"
nicht existiert.

Denn wäre es umgekehrt, würden wir alle möglichen Behauptungen aufstellen können und unsere Gegner, die nicht an
die Existenz dieser Objekte glauben, wären verpflichtet, unsere
Aussagen zu widerlegen. Das würde sich bei Göttern schwer
gestalten, die ja bekanntlich nicht Teil unserer Welt, sondern
jenseits von ihr sind. Lassen Sie mich zur Illustration dieses
Problems ein Gedankenexperiment anstellen. Sie und ich treffen uns in einem Hotel. Wir gehen ins erstbeste Zimmer. Sehr
schnell einigen wir uns darauf, was sich im Raum befindet: Ein
Bett, ein Tisch, zwei Stühle, ein Kasten (nehmen wir an, das
Zimmer besteht nur aus diesem einen Raum, Bad und WC sind
am Gang). Wenn ich jetzt zu Ihnen sagen würde: „In diesem
Zimmer ist außerdem noch ein unsichtbarer Kobold." würden
Sie mich – zu Recht – auffordern, diese Aussage zu belegen.
Vielleicht würden Sie zusätzlich fragen: „Sitzt er auf dem linken oder auf dem rechten Stuhl? Steht er im Kasten, oder liegt
er im Bett?" Sehen können Sie ihn ja nicht (Sie haben sogar die
Kastentüre geöffnet und unter dem Bett nachgeschaut). Wenn
ich dennoch auf der Wahrheit meiner Aussage beharren und Sie
darüber hinaus dazu auffordern würde, mir das Gegenteil zu
beweisen („Zeigen Sie mir, dass es diesen Kobold **nicht** gibt!"),
kämen wir nicht weiter.

Genau so argumentieren aber viele Gläubige in Bezug auf
die Existenz ihres Gottes. Sie sagen: „Beweise mir, dass er nicht
existiert!" Würden sie stattdessen einfach sagen: „**Ich** glaube
es, das genügt mir.", wäre die Diskussion beendet. Jeder von
Beiden, der Gläubige und der Ungläubige, könnte seines Weges
gehen und weiter an das glauben, woran er eben glauben möchte. Wenn es doch so einfach wäre! Tatsächlich begnügen sich
viele Gläubige nicht damit, an ihren eigenen Gott zu glauben

und die Andersgläubigen oder Atheisten in Ruhe zu lassen. Nein, ganz im Gegenteil, neigen sie oft dazu, ihre Weltanschauung allen anderen aufzwingen zu wollen und damit auch die daraus abzuleitenden moralischen Gebote.

Wenn die katholische Kirche Homosexualität als sündhaft bezeichnet, hat dies spätestens dann eine gesamtgesellschaftliche Bedeutung, wenn sie ihre Haltung bei der staatlichen Gesetzgebung berücksichtigt sehen möchte. Ebenso ist es über die Grenzen der Kirche hinaus gesellschaftlich bedeutsam, wenn sie sich – mit religiösen, auf der Annahme der Existenz Gottes beruhenden Argumenten – in die Gesetzgebung beim Thema Abtreibung einmischen möchte. Dass sie ihren eigenen Standpunkt vertritt und ihren Mitgliedern abverlangt, dementsprechend zu handeln, ist legitim. Auch, dass sie ein Zuwiderhandeln als schwere Sünde ausgibt. Wem die christlichen Gebote nicht gefallen, der kann ja zu einer anderen Religion wechseln oder Atheist werden. Aber dem säkularen, nicht-religiösen Staat religiöse Gebote zur Gestaltung seines weltlichen, nicht-religiösen Rechts vorschreiben zu wollen, ist unzulässig. Selbst wenn es bewiesen wäre, dass Gott existiert, wäre dieser Wunsch der Kirche fragwürdig (siehe die Überlegungen Kants weiter oben). Aber so lange seine Existenz nicht bewiesen ist, ist er definitiv unzulässig.

Wenn wir uns beim Aufstellen von moralischen Regeln, die für alle Menschen gelten sollen, auf eine göttliche Instanz berufen, müssen wir zunächst einmal zeigen, dass es diese Instanz auch wirklich gibt. Die Diskussion zwischen dem Gläubigen und dem Anders- oder Nichtgläubigen endet nicht bei dem im Hotelzimmer (siehe mein Beispiel) erreichten „Unentschieden". Tatsächlich waren und sind religiöse Philosophen oft davon überzeugt, die Existenz „ihres" Gottes vernünftig bewiesen zu haben. Die drei klassischen dieser so genannten Gottesbeweise sind der ontologische, der kosmologische und der teleologische, die ich kurz umreißen möchte.

Der ontologische Gottesbeweis geht in seiner Urform auf den mittelalterlichen Philosophen Anselm von Canterbury (1033 bis 1109). Bei diesem, rein logischen Beweis, geht es um das „Sein" (die Bezeichnung bezieht sich auf eine Form des griechischen Wortes „einai" = „sein"). Stellen Sie sich ein allmächtiges Wesen (für unsere Zwecke: den christlichen Gott) vor. Und nun stellen Sie sich das gleiche allmächtige Wesen noch einmal vor, zusätzlich zu dieser Vorstellung aber denken Sie es sich als tatsächlich existierend. Welches der beiden allmächtigen Wesen ist wohl das mächtigere? Natürlich dasjenige, das existiert, da es ja „mehr" ist als das bloß in Ihrer Fantasie existierende allmächtige Wesen. Da wir Gott aber als das „allmächtige Wesen" schlechthin (wenn man „allmächtig" steigern könnte: Das allmächtigste Wesen) definiert haben, muss er ganz einfach existieren. Denn das „allmächtigste" Wesen ist jenes, das nicht bloß in Ihrer Fantasie, sondern tatsächlich existiert. Ich überlasse es Ihnen, ob Sie von dieser Argumentation überzeugt werden. Immanuel Kant jedenfalls hat zu dieser Art „Beweisführung" lakonisch gemeint, dass 100 echte Taler nicht mehr wert sind als 100 eingebildete. Die Existenz fügt dem Wert nichts hinzu. Damit etwas überhaupt Wert besitzen kann, muss es zunächst einmal existieren. Die „Existenz" ist keine Eigenschaft, sie ist vielmehr die Voraussetzung, die fundamentale Bedingung dafür, dass ein Objekt Eigenschaften haben kann.

Der zweite, der so genannte kosmologische Gottesbeweis, beruft sich auf das Vorhandensein der Welt. Er geht zunächst von der Annahme aus, dass alles, was es auf dieser Welt gibt, eine Ursache hat. Daher muss auch die Welt selbst eine Ursache haben. Jede Ursache verweist wiederum auf eine neue, hinter ihr (in der Zeit zurück) liegende Ursache. Dieses Spiel könnte man theoretisch bis ins Unendliche fortsetzen. Gäbe es aber eine unendliche Vorgeschichte, eine unendlich lange Kette an Ursachen in der Vergangenheit, dann gäbe es gar nichts, auch nicht die Gegenwart; denn bevor diese eintreten kann, müssten sich vorher unendlich viele Ursachen (und Wirkungen) ereignet haben, was unmöglich ist, weil dazu eine unendlich lange Zeit hätte vergehen müssen. Eine unendlich lange Zeit kann aber niemals vergangen sein. Da es aber uns und unsere Gegenwart gibt, muss es eine erste Ursache geben, die selbst keine Ursache mehr benötigt: Gott. Er ist der Anfang aller Dinge.

Das Problem des kosmologischen Gottesbeweises besteht darin, dass er zunächst eine Annahme trifft, die er später an einer für ihn günstigen Stelle wieder über Bord wirft. Die Behauptung nämlich, alles bedarf einer Ursache, auch die Welt insgesamt, trifft auf Gott nicht zu. Er ist „Ursache seiner selbst"; dabei haben die Anhänger dieses „Beweises" gerade die Annahme, alles brauche eine Ursache, verwendet, um zu ihm zu gelangen, seine Existenz als notwendig zu „beweisen". Wenn aber plötzlich eine Ausnahme (Gott) von der Regel möglich ist, dass alles eine Ursache haben muss, dann kann ich auch eine ganz andere Ausnahme denken: das Universum selbst, das seit Ewigkeiten besteht. Dass das Universum, würde es immer schon existieren, eine Person, ein Gott im christlichen Sinne sei, ist damit aber nicht bewiesen.

Der dritte der drei klassischen Gottesbeweise ist der teleologische. Er hat gerade wieder Hochsaison, etwa durch die christlichen Vertreter einer wieder entdeckten Schöpfungslehre. Behandelt wird sie in den aktuellen Debatten in leicht modifizierter Form unter dem Begriff des „Intelligent Design". Wir haben den Begriff „teleologisch" bereits kennengelernt, er beinhaltet das griechische Wort „Telos", was übersetzt „Ziel" bedeutet. Teleologische Ethiken, wie der Utilitarismus, argumentieren so, dass die Handlungen auf ihre Konsequenzen, auf ihr Ziel hin beurteilt werden müssen. Der teleologische Gottesbeweis blickt ebenfalls auf ein Ziel, besser gesagt auf eine Zielgerichtetheit, die er in der Natur zu erkennen vermeint. Alles, was wir in der Welt um uns herum wahrnehmen, hat Sinn und Zweck, ist perfekt eingerichtet. Aus christlicher Sicht: Von Gott eingerichtet für uns Menschen. All das, was die Evolutionstheoretiker seit Charles Darwin (1809 bis 1882) mit einem Spiel des Zufalls in Form von Mutation und Selektion zu erklären versuchen, kann, so meinen die Anhänger des teleologischen Gottesbeweises, nie und nimmer blanker Zufall sein. Zu komplex, zu intelligent gestaltet sind Pflanzen, Tiere und der Mensch, perfekt greifen die einzelnen Elemente der belebten Welt ineinander, wie die Zahnräder eines Uhrwerks. Da muss ganz einfach eine höhere Intelligenz ihre Hand im Spiel gehabt haben.

Als ein Beispiel für die übernatürlichen Konstruktionsleistungen führen die christlichen Teleologen gerne das Auge an: Ein wunderbares Werkzeug, mit dem der Mensch sich in der Welt orientieren kann. Tatsache ist jedoch, dass die Natur in verschiedenen Anläufen ganz verschiedene Varianten von Augen entwickelt hat: Pigmentbecheraugen, Grubenaugen, Lochaugen, Linsenaugen, Facettenaugen. Das Grundprinzip, lichtempfindliche Zellen, mag das gleiche sein, die Ausgestaltung ist sehr vielfältig. Keines dieser Augen ist perfekt, denn was heißt schon perfekt? Für die jeweilige Tierart und deren Lebensbereich ist ihr Sehsystem aber im Normalfall ausreichend, was vollkommen klar ist, denn es hat sich – durch Evolution – seinen Bedürfnissen angepasst. Dass aber das vermeintlich großartige menschliche Auge ganz und gar nicht perfekt ist, wie das die Existenz eines allmächtigen Schöpfergottes erwarten ließe, zeigen diverse Defekte: Angeborene Blindheit oder Fehlsichtigkeit, Alterssichtigkeit, Farbenblindheit, grauer und grüner Star und so weiter. Sogar ein Konstruktionsfehler hat sich eingeschlichen: der so genannte „blinde Fleck". Es handelt sich dabei um jene Stelle des menschlichen Auges, wo nichts gesehen wird bzw. gesehen werden kann, weil an der gegenüberliegenden Seite im Inneren des Auges die Sehnerven ansetzen. Dass dies nicht notwendigerweise so sein muss, zeigt das Auge des Tintenfisches, bei welchem die Fasern der Sehnerven an der Rückseite der Lichtrezeptoren ansetzen und von dort direkt ins Gehirn verlaufen. Lässt das darauf schließen, dass es einen „intelligenten Designer" gibt?

Spätestens mit Charles Darwins Evolutionstheorie erblickte eine alternative und ohne übernatürliche Eingriffe auskommende Erklärung für die Vielfalt der biologischen Phänomene das Licht der Welt.

Fans des teleologischen Gottesbeweises erliegen übrigens einem Denkfehler, dessen Zustandekommen leicht nach zu vollziehen ist; genau so leicht lässt er sich aber wieder aufklären: Sie machen zunächst einmal eine Bestandsaufnahme der Welt zum gegenwärtigen Zeitpunkt. Dann versetzen sie sich zurück in die Lage von vor etwas weniger als 4,6 Milliarden Jahren (das ist nach aktuellen Schätzungen das ungefähre Alter unseres Heimatplaneten), als die Erde „wüst und leer" (AT, Genesis 1) war. Jetzt nehmen sie – stellvertretend für die Evolution – einen Würfel in die Hand und versuchen, mittels „Zufall", alles, was zu Beginn des 21. Jahrhunderts auf der Erde kreucht und fleucht, zu erwürfeln. Wenn man die Sache so angeht, ist es allerdings im höchsten Maße unwahrscheinlich, zum selben Ergebnis zu gelangen. Denn dabei hätte am Ende des 4,6 Milliarden Jahre dauernden Würfelns eine ganz bestimmte Reihe von Ziffern heraus kommen müssen, die unsere aktuell existierende Gestalt der Gegenwart repräsentiert. So bestünde der Weg von damals bis heute (vereinfacht dargestellt) vielleicht aus folgender Ziffernfolge mehrerer Würfe: „4 – 2 – 6 – 3 – 5 – 2".

Die Chance, dass bei einem einzigen Wurf eine ganz bestimmte Seite des Würfels oben zu liegen kommt, ist ein Sechstel (wir sehen von der unwahrscheinlichen, aber doch vorhandenen Möglichkeit ab, dass er auch auf der Kante zwischen zwei Zahlen oder sogar auf einer Spitze liegen bleiben könnte), also eins zu sechs. Dass zweimal hintereinander die gleiche Ziffer kommt, also zum Beispiel die 1, ist schon weniger wahrscheinlich. Hier müssen wir die Einzelwahrscheinlichkeiten mit einander multiplizieren: Ein Sechstel mal ein Sechstel ergibt ein Sechsunddreißigstel. Die Chance für dreimal Sechs hintereinander vergrößert die Zahl unter dem Bruchstrich auf 216 (1/6 mal 1/6 mal 1/6), dass dies eintrifft, ist natürlich noch unwahrscheinlicher – und so weiter.

Auf diese Weise hat sich die Evolution aber nicht zugetragen und ihre Anhänger behaupten das auch gar nicht. Die Evolution ist ein blinder Prozess, dem es völlig gleichgültig ist, welche der insgesamt sechs Seiten bei jedem Wurf verwirklicht wird. Bei unserem Würfelspiel, das vor ca. 4,6 Milliarden Jahren begann, kam immer irgendeine der sechs Seiten mit der jeweils gleichen Chance oben zu liegen, wie sie jede andere der insgesamt sechs Seiten gehabt hätte. Statt der oben angeführten Zahlenfolge „4 – 2 – 6 – 3 – 5 – 2" hätte sich also mit gleicher Wahrscheinlichkeit „1 – 2 – 3 – 4 – 5 – 6" oder „1 – 1 – 1 – 1 – 1 – 1" oder jede andere mögliche Kombination der Ziffern von 1 und 6 ereignen können. Jetzt kommt das Spannende und zugleich ernüchternd Unspektakuläre: Egal welche Reihenfolge verwirklicht worden wäre, das Ergebnis dieser Reihe (und seien es kleine grüne Männchen mit Fühlern auf dem Kopf) würde, wenn es denken könnte, überrascht sein, dass ausgerechnet kleine grüne Männchen mit Fühlern auf dem Kopf die Erde der Gegenwart besiedeln. Wären es etwas kleinere rote Männchen ohne Fühler, dafür aber mit drei blauen Augen, würden die das übrigens genauso sehen. Das Zustandekommen einer ganz bestimmten Existenz ist immer hochgradig unwahrscheinlich, müsste sie und nur sie, vor 4,6 Milliarden Jahren beginnend, gezielt gewürfelt werden. Dass nach 4,6 Milliarden Jahren aber **irgendetwas** da ist, ist ganz und gar nicht unwahrscheinlich. Es könnte sich dabei auch bloß um irgendwelche Kristalle handeln, die, könnten sie denken, genauso über ihre eigene Existenz verblüfft wären.

Bei genauer Betrachtung bietet der teleologische Gottesbeweis überhaupt keine Erklärung, denn er ersetzt die ziemlich einleuchtende Beschreibung eines möglichen Ablaufs der Evolution, wie sie Darwins Theorie bietet, mit der Variable „Gott", ohne diese inhaltlich zu füllen. Die Antwort auf die Frage: „Wie konnte der Mensch entstehen?" kann nicht einfach lauten: „Gott hat ihn geschaffen.", denn damit wird nichts erklärt. Die Evolutionstheorie hingegen kann mit einer detaillierten Beschreibung aufwarten. Der Ehrlichkeit halber muss ich zugeben, dass bei weitem noch nicht alle Fragen der Evolution geklärt sind; im Prinzip ist mit ihr aber ein funktionierender Mechanismus von hoher Plausibilität gefunden worden.

Stellen Sie sich vor, Sie machen Skiurlaub in einem österreichischen Wintersportort. Als Sie mit Ihrem Auto die Ortseinfahrt passieren, sehen Sie am Straßenrand eine riesige Eisskulptur, die eine Balletttänzerin darstellt. Sie sind schwer beeindruckt (nicht zuletzt deshalb, weil Sie selbst künstlerisch völlig unbegabt sind), halten bei der im Ortszentrum gelegenen Touristeninformation an und fragen die dort hinter dem Schalter sitzende Dame: „Sagen Sie, wie wurde eigentlich diese tolle Skulptur hergestellt?" Die Dame lächelt allwissend und sagt dann: „Die hat ein Künstler gemacht."

Jetzt wissen Sie genau so viel wie vorher, nämlich gar nichts, denn dass die Eisskulptur nicht vom Himmel gefallen ist, hatten Sie schon vorher geahnt. Was Sie gerne gewusst hätten: Wer hat dieses Kunstwerk geschaffen? Wie lange hat er oder sie dafür benötigt? Welche Werkzeuge kamen zum Einsatz? Eine Kettensäge? Hammer und Meißel? Bohrer? Schleifmaschine? Wurde Wasser aufgesprüht? Und so weiter. Genau so hilfreich wie die Antwort der Dame in der Touristeninformation ist es, die Frage nach dem Ursprung der – scheinbar „perfekt designten" – Natur mit „Gott!" zu beantworten.

Der teleologische Gottesbeweise kann übrigens, außer durch die Evolutionstheorie als plausibler Alternative, noch mit dem gleichen, wenn auch leicht modifizierten Argument ausgehebelt werden, das wir bereits auf den kosmologischen Gottesbeweis angewandt haben. Die Anhänger des teleologischen Gottesbeweises setzen nämlich die Annahme voraus, dass jedes komplexe Objekt nur von einer höheren Intelligenz, einem mächtigeren Wesen geschaffen werden konnte, als es dieses Objekt selbst ist. Daher glauben sie ja an Gott, so wie sie daran glauben würden, dass eine am Strand gefundene Uhr der Beweis für die Existenz eines Uhrmachers ist. Wenn diese Vorannahme zutrifft (was laut moderner Evolutionstheorie aber gar nicht sein muss; sie erklärt ziemlich schlüssig, wie sich hohe Komplexität aus niedrigerer Komplexität entwickelt haben kann), bleibt folgende Frage bestehen: Welcher noch größere Schöpfer als der, an den die Christen glauben, hat dann ihn, den christlichen Gott mitsamt seinen Fähigkeiten, weniger komplexe Dinge zu erzeugen, erschaffen? Kommt jetzt die Antwort: „Niemand, er ist aufgrund seiner Allmacht ewig und immerdar!", dann machen auch die Anhänger des teleologischen Gottesbeweises eine Ausnahme von ihrer eigenen Regel und zwar dort, wo es für ihr Argument hilfreich ist: Es gibt also mindestens ein komplexes, zur Erzeugung („Schöpfung") von Komplexität fähiges „Ding", das nicht ein noch „komplexeres" Ding als Verursacher hinter sich stehen haben muss: Gott. Wenn es aber eine Ausnahme von der Regel gibt, dann könnte doch das Universum selbst immer schon bestehen und in der Lage sein, Komplexität zu erzeugen. Wir können es drehen und wenden wie wir wollen, die „Beweise" für die Existenz Gottes sind nicht überzeugend. Es gibt neben diesen drei klassischen Gottesbeweisen natürlich noch eine Menge anderer so genannter Beweise. Einer von ihnen, der „moralische Gottesbeweis", nimmt die vermeintliche Angewiesenheit des Menschen auf moralische Normen zum Ausgangspunkt. Gerade weil wir ohne Gott in Sünde verloren wären, muss es ihn geben. Das ist aber genau so unsinnig, als würde ich sagen: „Gerade weil ich den Lotto Jackpot ganz dringend brauche (um mir z.b. eine gut sortierte Privatbibliothek einzurichten), werde ich ihn auch knacken!" Ein Wunsch alleine ruft dasjenige Objekt, das wir uns wünschen, nicht tatsächlich ins Sein und das ist wohl auch gut so. Denn wäre es anders, würde zum Beispiel niemand durch Lottospielen reich werden, da sich der Hauptgewinn auf alle Menschen verteilen würde, weil sich wohl jeder den Gewinn des „Sechsers" wünschen würde. Dass das Bedürfnis nach der Existenz eines Gottes allerdings den Glauben an einen Gott erzeugen kann, das trifft schon eher zu und dürfte eine plausible Erklärung für eben diesen Glauben sein.

Ich beende meine Erläuterung und Kritik der Gottesbeweise an dieser Stelle, obwohl es noch viele andere, mehr oder weniger intelligente Versuche gibt, die aber alle, so weit ich das überblicken kann, ihr Ziel verfehlen. Für den Fall, dass Sie „Blut geleckt haben" und sich näher mit dem Thema befassen möchten, habe ich im Anhang ein paar interessante Bücher dazu aufgelistet.

Zum Schluss möchte ich noch ein Argument vorbringen, das kein Beweis **für** die Existenz Gottes, sondern eher eines dagegen ist, zumindest aber seine Existenz als höchst unwahrscheinlich erscheinen lässt: Das Problem der Theodizee.

Das Wort „Theodizee" ist eine Zusammensetzung aus zwei griechischen Begriffen, dem Wort „Theos", das heißt „Gott", daher auch die „Theologie", die „Lehre von Gott" und dem Wort „dikaios", was wiederum „gerecht" bedeutet. Beim Problem der Theodizee geht es darum, die Existenz eines Gottes mit der großen Vielfalt an Leid auf dieser Welt zu konfrontieren und die Frage zu stellen: „Wie kann es sein, dass ein allwissender (er muss wissen, wie es um die Welt und um seine Geschöpfe steht), allgütiger (er hat uns lieb und würde uns helfen, wenn er könnte) und allmächtiger (er hat tatsächlich die Macht uns zu helfen) Gott nicht eingreift, wenn Kriege, Krankheiten und Naturkatastrophen uns plagen?"

Die übliche Antwort gläubiger Menschen lautet: „Vieles an Leid auf dieser Welt ist von den Menschen selbst gemacht. Sie müssen es daher auch selbst wieder korrigieren; sie haben den freien Willen, Gottes Eingreifen zur Korrektur ihrer Fehler wäre eine ‚Vergewaltigung' der Freiheit des Menschen." Mag sein, vieles haben wir tatsächlich selbst zu verantworten, aber nicht alle Naturkatastrophen sind Effekte des vom Menschen verursachten Klimawandels. Erdbeben, Vulkanausbrüche beispielsweise, Blitzschlag mit verheerenden Großbränden in Folge, bei denen auch Tiere qualvoll verenden, die wohl keine Sünden begangen haben und bestraft werden müssten. „Wir brauchen das Schlechte, um uns gegenseitig Gutes zukommen zu lassen." lautet eine weitere Antwort oder: „Erst durch das Schlechte als Kontrast, sehen und schätzen wir das Gute." Warum hätte Gott nicht eine Welt schaffen können, wo Menschen einander freiwillig Gutes tun und sich daran erfreuen können, ohne, dass sie permanent von Krankheit und Tod bedroht sind? Wenn alle Versuche, die Grausamkeit der Welt mit einem guten und allmächtigen Gott in Einklang zu bringen, zu scheitern drohen, kommt meistens eine finale „Erklärung", die noch viel unbefriedigender ist als alles andere: „Gottes Wege sind unergründlich."

Aus intellektueller Redlichkeit müssen wir den Anhängern eines Glaubens an Gott zugestehen: Bloß weil es alternative Erklärungen für die Entstehung und den Aufbau des Universums gibt (und vielleicht auch dafür, wie wir leben und miteinander umgehen sollten – das werden wir noch sehen): Gottes mögliche Existenz ist damit noch nicht widerlegt. Es könnte – trotz der Evolutionstheorie – einen planenden, ordnenden Gott geben. Warum sollten wir ein Weltbild ohne Gott demjenigen vorziehen, das den Allmächtigen zur Grundlage hat?

Zwei Antworten möchte ich darauf geben, eine eher wissenschaftspraktische und eine in Bezug auf die Grundfrage unseres Buches („Was soll ich tun?"). Erstens: Wissenschaftstheoretiker begründen den Verzicht auf die Annahme eines Gottes zur Erklärung natürlicher Phänomene mit dem so genannten „Ökonomieprinzip": Wenn zwei Erklärungen für ein Phänomen zur Verfügung stehen, sollten wir die ökonomischere, das heißt „sparsamere" wählen. Das macht theoretisch (so lange beide logisch möglich sind) zunächst keinen Unterschied. Es könnte natürlich auch die komplizierte, also weniger sparsame Erklärung die richtige sein; das wissen wir aber noch nicht und werden es vielleicht sogar niemals wissen. Für die wissenschaftliche Praxis ist es aber dennoch wichtig, die einfachere Erklärung zu wählen, denn nur durch sie kommen wir mit unserer begrenzten Zeit und unseren begrenzten Ressourcen zu brauchbaren Ergebnissen. Je einfacher eine Erklärung ist, umso schneller lassen sich außerdem ihre Fehler aufzeigen. Es macht keinen Sinn, mit der kompliziertesten Erklärung anzufangen.

Die Möglichkeit, noch kompliziertere Erklärungen zu finden, ist nach oben hin offen: Ich kann das Kaltwerden der Luft im Inneren eines Kühlschranks mit seinem Kühlmechanismus erklären. Genauso gut kann ich aber auch sagen: „Zusätzlich zu diesem Kühlmechanismus sitzen noch unsichtbare Zwerge hinter dem Gemüsefach und blasen kalte Luft ins Innere." Das wäre die kompliziertere Erklärung (und natürlich ist sie nicht widerlegbar, da ich die Zwerge ja nicht sehen kann). Ich könnte mir eine noch kompliziertere Erklärung einfallen lassen, indem ich den unsichtbaren Zwergen auch noch ein unsichtbares Zwergnilpferd hinzugeselle, das ebenso kalte Luft ins Innere des Kühlschranks bläst. Sie sehen, dass es die komplizierteste Erklärung gar nicht geben kann, da ich jede immer noch um ein Stück komplizierter machen kann. Erklärt habe ich damit aber genauso viel, wie ohne all diese unsichtbaren Zusatzannahmen, da letztere ja nicht widerlegbar, weil unsichtbar, sind. Wenn es mir aber genügt, um den Kühlmechanismus auch in einem anderen

Kühlschrank zu installieren, ihn ohne solchen überflüssigen Zusatzannahmen zu verstehen, reicht das für meine Bedürfnisse vollkommen. Wir sollten uns also, aus wissenschaftspraktischen Gründen von der möglichst einfachen Erklärung ausgehend langsam in Richtung „komplizierterer" Erklärungen bewegen, wenn die einfacheren nicht mehr ausreichen.

Zweitens: Wenn ich das „Gute" begründen bzw. die Frage „Was soll ich tun?" befriedigend beantworten kann (unter der Voraussetzung, nicht in theoretische und praktische Widersprüche zu geraten), ohne dafür einen Gott anzunehmen, warum sollte ich dann auf ihn zurückgreifen? Wenn ich für alle Betroffenen schlüssig zeigen kann, dass es sinnvoll für jeden von ihnen ist, sich an ein Tötungsverbot zu halten, warum muss ich seine Geltung durch Gottes Befehl an uns zusätzlich begründen? Was ist mit all jenen Menschen, die sich an ein solches Gebot nur deshalb halten, weil „Gott" es ihnen vorschreibt? Werden sie zu Mördern, wenn sie eines Tages, aus welchem Grund auch immer, vom Glauben abfallen?

Da wir mit unseren Begründungsversuchen von Moral durch Gott auf keinen grünen Zweig gestoßen sind, sollten wir uns jetzt vielleicht den echten grünen Zweigen zuwenden und untersuchen, ob sich Moral nicht vielleicht doch irgendwie aus dem ableiten lässt, was sichtbar und erforschbar vor uns liegt: der Natur.

Zurück zur Natur?

Ihre Blüten sind strahlend weiß, wie frisch gefallener Schnee, ihre Früchte, leuchtend orange-rote Beeren, die eigentlich zu den Apfelfrüchten zählen, locken nicht nur unzählige Vogelarten an, denen sie als Nahrung dienen. Auch viele Säugetiere erfreuen sich an den vitamin- (sie enthalten hohe Mengen an Vitamin C) und zuckerreichen Kügelchen. Für mehrere Dutzend Insektenarten bietet die Eberesche, auch Vogelbeere genannt, Nahrung im Überfluss. Die Vögel, die im Geäst der in Europa weit verbreiteten Pflanze gerne ihre Nester bauen, sind so, wie auch zahlreiche Nagetiere, im Gegenzug wichtig für die Ausbreitung der Eberesche. Die Samen werden unverdaut an anderen Orten wieder ausgeschieden und durch den Kot der Tiere auch gleich gedüngt – ein perfektes Zusammenspiel von Pflanze und Tier, zum beiderseitigen Nutzen. Fast könnte man meinen, die Tiere würden der Pflanze absichtlich helfen, sich zu verbreiten, um ihre Vorteile auch in Zukunft nutzen zu können. Es scheint so, als hätte ein intelligenter Designer (siehe voriges Kapitel) dieses System der Zusammenarbeit nach einem speziell dafür angefertigten Masterplan umgesetzt.

Dass die Natur nach Ansicht vieler (vor allem religiöser) Denker bestimmte Ziele verfolgt, haben wir bereits bei der Diskussion des „teleologischen Gottesbeweises" gesehen. Die Annahme eines solchen gezielten Strebens geht auf Aristoteles zurück, der vier Arten von „Ursachen" erkannt zu haben meinte: Stoffursache, Formursache, Wirkursache (also das, was die moderne Physik in ihrer kausalen Beschreibung der Welt heute als „Ursache" bezeichnen würde) und eben die Zielursache. Nicht nur Tiere verfolgen nach Aristoteles Ziele, Bienen etwa, die einen Bienenstock errichten, Biber, die einen Damm bauen usw. Auch Pflanzen agieren gezielt, z.B. wenn ein Same einen Keim austreibt, der später zu einem Baum wird, der wiederum Samen produziert und den Kreislauf von vorne beginnen lässt.

Was für Pflanzen und Tiere gilt, muss erst recht für Menschen gelten. Diese handeln gezielt, wenn sie beispielsweise ein Haus bauen oder eine Statue aus einem Granitblock meißeln.

Das sind zwar bereits Kulturleistungen, Menschen handeln aber als höhere Tiere ebenfalls gemäß ihrer Natur. Nicht alles, was Menschen tun können und tun, entspricht ihrer Natur, die Aristoteles (prinzipiell) als „vernünftig" ansieht. Gemäß seiner Schichtenlehre der Seele verfügen Pflanzen nur über eine rein vegetative (soll heißen: nährende) Seele, Tiere verfügen zusätzlich über eine animalische, also tierhafte Seele (die mit Sinnen ausgestattet ist) und der Mensch, in Ergänzung zu den beiden niedrigeren Arten, auch noch über eine Vernunftseele.

Die Orientierung an dem, was Menschen tun sollen, weil es ihrer Natur entspricht, wird von der Philosophie als „Naturrecht" bezeichnet. Diese Lehre steht im Gegensatz zum „Rechtspositivismus", den ich bereits im Kurzabriss über die Geschichte der Ethik erwähnt habe. Der Rechtspositivismus besagt, dass das Recht eine von Menschen (willkürlich) geschaffene Institution ist. Die Anhänger des Naturrechtsdenkens hingegen leiten bestimmte Regeln aus der Natur selbst ab. Über die mittelalterlich-christliche Philosophie, namentlich über den Aristoteliker Thomas von Aquin, hielt sich die naturrechtliche Sichtweise in Gestalt der Annahme einer „Zielursache" fast bis in die Gegenwart. Der erste Widerstand gegen die „Zielursache" regte sich innerhalb der Physik, als Forscher wie Isaac Newton (1642 bis 1726) die Bewegungen der Planeten (und das Fallen von Körpern auf der Erde) mit Hilfe der Gravitation kausal erklärten, anstatt weiterhin dem Aristotelismus und seinem System von Zielen zu folgen. In Bezug auf die Biologie dauerte es aber immerhin noch bis zur Mitte des 19. Jahrhunderts, bis mit der Evolutionstheorie eine Möglichkeit gefunden wurde, das Zieldenken endgültig aus der Welt zu verbannen.

Die moralische Orientierung an dem, was „natürlich" und – als Gegenteil davon – unnatürlich sei, ist gefährlich. Denn woraus leiten wir ab, was als natürlich zu gelten hat? Das Beispiel der von der katholischen Kirche als sündhaft (weil „unnatürlich") gebrandmarkten Homosexualität habe ich bereits genannt, möchte es aber hier wieder aufgreifen, da sich an ihm sehr anschaulich zeigen lässt, dass mit dem Begriff des „Natürlichen" nichts zu gewinnen ist.

Die genaue, prozentuelle Verteilung zwischen hetero-, bi- und homosexuellen Menschen ist nur schwer feststellbar. Das liegt wahrscheinlich auch daran, dass die Intoleranz nicht-heterosexuellen Menschen gegenüber noch immer weit verbreitet ist. Aufgrund dieser Intoleranz wagen vermutlich viele Homosexuelle nicht, in Umfragen die eigene sexuelle Orientierung zu nennen oder sie gestehen sie sich selbst aufgrund ihrer konservativen Erziehung nicht ein. Die tatsächlichen Zahlen bi- und homosexueller Menschen müssten also wahrscheinlich höher angesetzt werden, wenn diese erhoben werden. Der exakte Prozentsatz ist aber gar nicht von Bedeutung. Tatsache ist: Es gibt neben der Mehrheit von Heterosexuellen auch bi- und homosexuelle Menschen. Woran – und das ist die entscheidende Frage – kann nun abgelesen werden, was in Bezug auf die sexuelle Orientierung als „natürlich" und was als „unnatürlich" angesehen werden muss?

Die meisten Religionen haben eine klare Antwort auf diese Frage: „Unnatürlich ist alles, was nicht den Zielen der Natur entspricht." Diese Antwort verlagert das Problem aber bloß um eine Stufe weiter nach hinten. Was sind denn nun die Ziele der Natur und wie lassen sie sich erkennen?

„Jedes Lebewesen strebt danach, sich zu vermehren.", sagen die Vertreter der These der Unnatürlichkeit von Homosexualität, „Alle Lebensweisen, die nicht zur Vermehrung führen, sind daher unnatürlich – Homosexualität ist unnatürlich." Diese Argumentation klingt auf den ersten Blick plausibel, hat aber zwei große Haken. Erstens: Nicht jedes Individuum strebt danach, sich zu vermehren, das gilt auch für Heterosexuelle. Viele von ihnen könnten sich, selbst wenn sie wollten, aus organischen Gründen gar nicht vermehren; andere wollen es nicht, obwohl sie vielleicht dazu in der Lage sind. Katholische Priester sind ein gutes Beispiel dafür (wenn sie es auch nicht immer ganz freiwillig sind). Ist ihre Haltung unnatürlich? In Bezug auf den „Vermehrungsauftrag", den die Natur – angeblich – an uns alle richtet, handelt es sich bestimmt auch bei der sexuellen Abstinenz dieser geistlichen Herren um einen Fehler im natürlichen System. Oder nicht?

Zweitens: Das, was die Mehrheit in einem System tut, muss nicht unbedingt das „Natürliche" sein. Die Mehrzahl der Menschen spielt z.B. nicht Violine. Ist Violinespielen daher unnatürlich? (Natürlich ist Instrumentengebrauch insgesamt nicht „natürlich", sondern eine Form von Kultur, da kein Tier ein Instrument spielt und Violinen auch nicht auf Bäumen wachsen; aber das lassen wir hier unberücksichtigt.) Nun könnte eingewendet werden, Violine zu spielen ist vielleicht nicht natürlich, aber der Gebrauch von Musikinstrumenten (und sei es nur von MP3-Playern) ist unter Menschen weit verbreitet. Die Erzeugung und der Konsum von Musik ist also nicht unnatürlich in Bezug auf die Mehrheit der Menschen und damit auf seine „kulturelle Natur". Dann ließe sich aber auch sagen, dass es der menschlichen Natur zwar entspricht, sexuell aktiv zu sein; ob das nun aber nur in Gestalt von hetero-, oder aber auch bi- oder homosexuellem Kontakten geschieht, ist keine Frage von „unnatürlich".

Konservative Menschen berufen sich in Bezug auf die „Natürlichkeit" gerne darauf, was Tiere tun; sie schieben homosexuelles Verhalten unter Menschen auf eine Form von kulturellem Verfall, also auf ein Abweichen von den ursprünglichen Zielen unserer Natur. Wer wissen möchte, wie er sich dem natürlichen Urzustand gemäß zu verhalten habe, müsse nur ins Tierreich blicken: Dort herrsche noch biologische Zucht und Ordnung. Das ist allerdings schlichtweg falsch, denn das liebe Vieh treibt es ganz schön bunt. Bi- und homosexuelles Verhalten, Gruppensexorgien und Selbstbefriedigung sind nur die harmlosesten Beispiele für „unnatürliches" Sexualverhalten unter den „natürlich" lebenden Tieren (wer mehr darüber wissen möchte, möge sich mit dem Buch „Das bizarre Sexualleben der Tiere" von Michael Miersch befassen).

Wenn sich, wider den Einwand David Humes, dass aus einem „Sein" logisch kein „Sollen" abzuleiten ist, irgendetwas aus dem aktuellen Zustand der Natur an Vorgaben für die Zukunft holen lässt, dann nur das: Anscheinend will die Natur, dass es nicht nur Heterosexualität gibt, sondern auch diverse andere Spielarten. Es ließe sich – so scheint es – aus dem Sein (falls überhaupt) bloß ableiten, wie die Natur auch hinkünftig die prozentuelle Verteilung aller Varianten haben möchte. Aber auch das ist, ganz ohne Humes Einwand, logisch inkonsistent, da sich der Ist-Zustand ja mit jeder Geburt und jedem Todesfall verändert. Eine Momentaufnahme ist also immer relativ, was sollte sich daher aus ihr ableiten lassen?

Dass sich Bi- und Homosexuelle durch die Verteufelung, „unnatürlich" zu sein, die sie durch viele Menschen erfahren, nicht davon abbringen lassen werden, so zu empfinden, wie sie empfinden, ist sehr wahrscheinlich. Auch wenn es sich bei einigen von ihnen sogar selbst um konservative Katholiken handeln mag. Sie werden sich gemäß ihrem Glauben möglicherweise als Sünder fühlen, trotzdem aber auch in Zukunft bi- oder homosexuell sein.

Bleibt nur die Frage, warum es Heterosexuelle eigentlich stört, dass es auch andere sexuelle Vorlieben gibt. So lange kein Heterosexueller von einem Homosexuellen belästigt oder gar vergewaltigt wird, gibt es aus rechtlicher Sicht kein Problem. Das gilt aber selbstverständlich auch für Heterosexuelle. In Bezug auf die Moral lässt sich aus der Natur, diesbezüglich zumindest, nichts ableiten. Dass die Bibel Homosexualität explizit verdammt (AT, Levitikus 20,13: „Schläft einer mit einem Mann, wie man mit einer Frau schläft, dann haben sie eine Gräueltat begangen; beide werden mit dem Tod bestraft; ihr Blut soll auf sie kommen."), bringt weniger die Homosexuellen, als Gott selbst in Rechtfertigungsnot. Hat doch er selbst es zugelassen, dass auch Homo- und Bisexualität in der Natur vorkommen.

Gerade bei solch einem umstrittenen Thema ist es stets angebracht, sich selbst die kritische Frage zu stellen: Ist die eigene Überzeugung Ausdruck einer vernünftig argumentierbaren Position? Oder handelt es sich dabei um ein Vorurteil, etwa um eine geschmackliche Präferenz? Solche Vorlieben wiederum haben, nach meinem Dafürhalten, keinerlei Recht, auf moralische Fragen Einfluss zu nehmen. Ob es jemandem gefällt oder nicht, wenn sich zwei Männer oder zwei Frauen küssen und miteinander ins Bett steigen, entscheidet nicht darüber, ob dieses Verhalten moralisch richtig oder falsch ist. Tatsächlich hat es mit Moral überhaupt nichts zu tun, wenn alle Betroffen dies aus freien Stücken machen.

Eine weitere beliebte Variante, Moral aus den vermeintlich klaren Vorgaben der Natur abzuleiten, fand ihren Ausgang in einer bestimmten Art der Interpretation der Evolutionstheorie von Charles Darwin. Maßgeblich dafür war der berühmte Begriff des „Überlebens des Stärksten" (eigentlich des „Fittesten", „am besten Angepassten"). Die Originalformel lautet: „Survival of the fittest" und stammt nicht von Darwin, sondern vom englischen Sozialphilosophen Herbert Spencer; später übernahm Darwin diese Aussage allerdings für die fünfte Auflage seines Werks „Über die Entstehung der Arten". Die übliche Interpretation der „Selektion" innerhalb der Evolution, auf die zum Beispiel auch die Nationalsozialisten setzten, besagt, salopp formuliert: „Nur die Harten kommen durch!" Diese Lesart behauptet die Zulässigkeit einer rücksichtslosen „Moral des Stärkeren" (um des Zieles einer „Höherentwicklung" der Gattung „Mensch" willen, was Evolutionsbiologen heute aber nicht mehr annehmen). Sie übersieht dabei allerdings, dass Stärke sich nicht unbedingt in individueller physischer Kraft ausdrücken muss. Wer etwa „nur" die größeren intellektuellen Fähigkeiten besitzt, mag seinen Konkurrenten zwar körperlich unterlegen sein. Wenn er es jedoch geschickter anstellt, als der dümmere Starke, mit anderen Schwachen Verträge auszuhandeln, kann er am Ende als Sieger aus möglichen Konflikten hervorgehen. Die gesamte Geschichte der Menschheit ist genau genommen nichts anderes als die Anwendung des Prinzips „Kooperation" – unterbrochen leider immer wieder von mehr oder weniger sinnvollen kriegerischen Auseinandersetzungen.

Besonders neu ist diese Debatte übrigens nicht. Bereits Platon hatte den Sophisten Kallikles im Dialog „Gorgias" mit der Meinung auftreten lassen, es gebe eine Art von „Gesetz der Natur", das darin bestünde, dass es „gerecht ist, dass der Stärkere mehr habe, als der Schwächere". Kallikles will das dezidiert nicht als bloße Bestandsaufnahme der Natur, also als Beschreibung des Ist-Zustandes sehen, sondern leitet daraus sowohl politische, als auch individuelle Handlungsanweisungen ab. Herrschaftsverhältnisse und soziale Ordnungen seien nur dann gerecht, wenn sie dem Starken ermöglichen, das zu bekommen, was ihm „von Natur aus" zustünde. Das ist natürlich Sozialdarwinismus pur – und das rund 1500 Jahre vor dem Erscheinen von Darwins Werk über die Entstehung der Arten!

Als Grundlage für eine vorschreibende Ethik eignet sich die Beobachtung der Natur meiner Meinung nach nicht. Dennoch wurde und wird sie immer wieder dafür herangezogen. Der Verdacht ist groß, dass Verweise auf die „Natur" und ihre angeblichen Ziele im höchsten Maße willkürlich sind. Wir sollten uns daher immer die Frage stellen: Wer profitiert von einer bestimmten Annahme, wem schadet sie und ist sie überhaupt vernünftig begründbar?

Ist es prinzipiell unzulässig, durch die systematische Erforschung der Natur (vor allem: des Menschen) herauszufinden, welche Kriterien eine Moral berücksichtigen muss, um nicht fundamentalen menschlichen Bedürfnissen zu widersprechen? Diejenige moderne Teildisziplin der Ethik, die sich den Fragen der Moral aus biologischer Perspektive nähert, ist die so genannte „evolutionäre Ethik". Sie behauptet, dass die aktuell geltenden moralischen Normen selbst einer Entwicklung entsprungen sind und – so lange sie sich halten können – den Anforderungen ihrer Umstände entsprechen. Diese Ansicht klingt, setzt man die Evolutionstheorie als Basis voraus, zwar nicht unrealistisch, sie verleugnet aber eine wichtige Tatsache: In der Geschichte der Menschheit gab es oft und über längere Zeiträume hinweg nahezu unverändert gültige soziale und hierarchische Strukturen, die nicht für alle Teilnehmer vorteilhaft waren. Die Sklaverei ist ein Beispiel dafür, die nicht vorhandenen Rechte von Frauen (das allgemeine Wahlrecht für Frauen gibt es in Österreich erst seit 1919, für Männer dagegen schon seit 1907) ein anderes. Dass gesellschaftliche Zustände, die uns heute unmoralisch erscheinen, früher aus „natürlichen Gründen" erklärt und gerechtfertigt worden sind (die Sklaverei wurde etwa von Aristoteles damit begründet, dass es „von Natur aus" solche gäbe, die herrschen und solche, die beherrscht werden), zeigt, dass die Natur ein schlechter Ratgeber in moralischen Fragen ist.

Auch die Hedonisten (vom griechischen „hedone", das heißt „Lust") erliegen einem unzulässigen Sein-Sollen-Fehlschluss. Sie konstatieren die allgemein geltende Tatsache, dass jedes Lebewesen nach Lust strebe und im Gegenzug Unlust zu vermeiden trachte. Daraus leiten sie die moralische Forderung ab, alle Menschen **sollen** nach Lust streben und Unlust vermeiden. Abgesehen von der logischen Inkonsistenz dieser Spielart der evolutionären Ethik, ist es fraglich, ob wirklich jedes Lebewesen primär nach Lust strebt. Viele Menschen würden es vielleicht nicht als ihr vordringliches Lebensziel ansehen, ihr Dasein am maximalen Lustgewinn auszurichten, sondern daran, ein moralisch gutes Leben zu führen – was auch immer sie darunter verstehen mögen.

So lange die evolutionäre Ethik bloß Beobachtungen beschreibt und keine Forderungen daraus ableitet, wie es sein soll, hat sie durchaus ihre Berechtigung. Sie kann mit ihrer Erklärung der Entstehung und des Wandels von Moral hilfreiche Forschungsarbeit leisten, deren Erkenntnisse Grundlage für politische Entscheidungsprozesse über die Gestaltung des Zusammenlebens bieten können. Sie kann den Menschen wertfrei über sich selbst aufklären. Zu berücksichtigen wäre dabei aber stets auch der Einfluss der Sozialisation, also der kulturellen Einflüsse durch Eltern, Lehrer und Freunde auf die Entwicklung des Individuums, das nie bloß das Resultat seiner Gene ist.

Abschließend wäre noch zu bemerken, dass sich aus der Beobachtung der Natur sehr widersprüchliche Erkenntnisse ableiten lassen. Altruistisches, ja geradezu liebevolles Verhalten unter Tieren lässt sich ebenso finden, wie asoziales bis hin zu gewalttätigem, uns böse erscheinendem Agieren. Die Palette an Möglichkeiten spannt sich dabei zwischen zwei Extremen auf. An einem Ende des Spektrums befindet sich das „egoistische Gen" (die Bezeichnung geht auf den Buchtitel des englischen Biologen Richard Dawkins zurück), am anderen die „Spiegelneuronen". Während unsere Gene auf egoistische Weise danach trachten (natürlich betreiben sie das nicht mit willentlicher, bewusster „Absicht"), sich so oft wie möglich zu vermehren, ermöglichen die vom italienischen Neurophysiologen Giacomo Rizzolatti entdeckten Spiegelneuronen im Gehirn nicht bloß die Imitation von Bewegungen durch Beobachtung; sie sind wahrscheinlich auch für die Empathiefähigkeit (also das Einfühlungsvermögen) des Menschen von Bedeutung. Derzeit wird darüber diskutiert, ob die Spiegelneuronen nicht vielleicht sogar die biologische Grundlage von Sprachfähigkeit und – noch allgemeiner – von Kultur überhaupt sein könnten.

Aus der Analyse der Naturphänomene verbindliche Vorgaben für eine Moral zu gewinnen, ist nicht möglich. Bei der Ausgestaltung von Normen sollten sie aber dennoch berücksichtigt werden. Denn nur, wenn wir unsere eigene Natur (und die unserer tierischen und pflanzlichen „Mitbewohner") kennen und wissen, wozu wir in der Lage sind und was wir brauchen, können wir die entsprechenden Rahmenbedingungen für ein gedeihliches Zusammenleben finden. Dass zu dem, was unsere Natur ausmacht, auch unsere Gefühle gehören, können wir nicht verleugnen. Liebe, Hass, Freude, Trauer, all das macht uns ebenso aus, wie unsere Vernunftfähigkeit. Ob Gefühle ein brauchbares Instrument bei der Suche nach dem moralisch Guten sein können? Es gab tatsächlich Philosophen, die eine solche Meinung vertraten. Ihnen möchte ich mich jetzt zuwenden.

Feel good

Mit der Aktion „Licht ins Dunkel" werben der österreichische Rundfunk ORF und seine Partner jedes Jahr zu Weihnachten um Spenden für behinderte Kinder. Trotz der Wirtschaftskrise stiegen die Einnahmen bis zum Jahreswechsel 2008/2009 auf knapp über zehn Millionen Euro an. Die Spendenfreudigkeit der Österreicherinnen und Österreicher ist durchaus beeindruckend und erschöpft sich nicht nur in der Hilfe für bedürftige Menschen im Inland. Über zehn Millionen Euro an Hilfsgeldern spendeten sie den Opfern der Tsunami-Katastrophe im Jahr 2004 bereitwillig.

Trotz des Nutzens solcher Aktionen für die dadurch unterstützten Menschen, regt sich immer wieder Kritik, etwa an der Grundeinstellung der Organisatoren von „Licht ins Dunkel". Diese würden, so lauten die Vorwürfe, die auch von Behindertenorganisationen selbst vorgebracht werden, die so genannte „Mitleidsmasche" anwenden. Menschen mit Behinderungen würden nicht als vollwertige Mitglieder der Gesellschaft angesehen, sondern als Hilfsbedürftige, die unser Mitleid brauchen. Aber ist es wirklich verwerflich, anderen Menschen Gutes zu tun, indem wir uns auf unsere Gefühle, in diesem Fall: auf unser Mitleid, berufen? Gefühle können uns dazu veranlassen, anderen Menschen zu helfen, aber geben sie verlässlich in jeder Situation darüber Auskunft, was wir tun sollen? Dürfen wir in jedem Fall davon ausgehen, dass das, wozu unsere Gefühle uns drängen, auch moralisch gut ist?

Charles Darwin, der „Erfinder" der modernen Evolutionstheorie, feiert heuer (2009) seinen 200. Geburtstag. In seinem zweiten Hauptwerk, „Die Abstammung des Menschen" aus dem Jahr 1871, greift er auf einen, wie er das nennt, „Instinkt der Sympathie" zurück, um das menschliche Sozialverhalten zu erklären. Er knüpft damit an die englische und schottische Moralphilosophie an, die bereits ab dem Ende des 17. Jahrhunderts versucht hat, moralisches Verhalten durch „Gefühl" zu begründen. Der Fachbegriff dafür lautet „moral sense"-Ethik.

Die abendländische Moralphilosophie ist durch ihre Orientierung an der Rationalität gekennzeichnet. Das bedeutet, dass sie auf der Suche nach dem moralisch Richtigen der Vernunft den höchsten Stellenwert beimisst. Ein Problem rationaler Ethik besteht jedoch, nicht nur aus Sicht der Anhänger einer „Gefühlsethik", darin, dass die Motivation zu moralischem Handeln durch Vernunftgründe schwieriger zu erreichen ist, als durch Emotionen. Wir mögen etwas als moralisch richtig erkennen, aber sind wir deshalb auch schon geneigt, es zu tun? Oder bedarf es dazu nicht eines emotionalen Anstoßes, des Gefühls, das als richtig Erkannte auch tun zu wollen? Der scheinbare Vorteil einer emotionalen Grundlage von Moral besteht darin, dass die Gefühle in uns selbst angesiedelt sind, während rationale moralische Forderungen gleichsam von außen an uns herangetragen werden. Wenn wir unangenehme Pflichten zu erledigen haben, drücken wir uns gerne davor oder schieben diese so lange vor uns her, bis sie sich entweder von selbst erledigt haben oder wir ihnen nicht mehr entkommen können und sie – etwa aus Termindruck – erledigen müssen. Bei all jenen Dingen, die wir mit Freude tun, fällt es uns wesentlich leichter, sie anzupacken. Der Gang zum Chef, der von uns wissen möchte, warum uns ein Fehler unterlaufen ist, scheint einer Tour durch die Hölle zu gleichen, die wir so lange wie möglich hinauszögern, obwohl sein Büro im selben Stockwerk liegt. Das Errichten eines Baumhauses für unsere Kinder ist zwar mit wesentlich mehr Arbeit und Schweiß verbunden, bereitet aber ungleich mehr Spaß und daher machen wir uns so bald wie möglich darüber her.

Selbst Immanuel Kant, Inbegriff des Vertreters einer auf Vernunft basierenden Ethik, erkennt die Notwendigkeit einer emotionalen Zustimmung zu dem als richtig Erkannten an, indem er von einem „Gefühl der Achtung" vor dem als vernünftig erkannten Sittengesetz spricht. An dieser Stelle wäre außerdem zu erwähnen, dass Kant in früheren Jahren eine gewisse Sympathie für die „moral sense"-Philosophie gehegt hatte.

Was meinen wir überhaupt, wenn wir von Gefühlen sprechen? Zunächst fallen uns wahrscheinlich ganz alltägliche Beispiele ein, wie „Liebe", „Hass", „Eifersucht", „Neid", „Zorn", „Traurigkeit" und so weiter. Die Philosophen der „moral sense"-Ethik machen jedoch nur solche Gefühle zum Thema, die aus ihrer Sicht Bedeutung für moralische Fragen besitzen. Dabei lassen sich grob zwei Arten von „moralischen Gefühlen" unterscheiden: Diejenigen, die auf Normen ausgerichtet sind, also etwa „Scham", „Achtung" usw. und somit indirekt den anderen Menschen zugute kommen und jene, die sich unmittelbar auf die Anderen beziehen, wie beispielsweise „Mitleid". So schämen wir uns etwa, wenn wir dabei ertappt werden, am Sonntag die Zeitung aus dem Zeitungsständer zu klauen und empfinden Mitleid, wenn wir einen Bettler, dem ein Bein fehlt, am Straßenrand sitzen sehen.

Anthony Ashley Cooper, dritter Graf von Shaftesbury, war einer der ersten, der sich der Aufgabe stellte, Gefühle als Grundlage von Moral zu erforschen. Der Lord selbst kam bereits in jungen Jahren in einen besonderen Genuss: Der englische Philosoph John Locke durfte ihn unterrichten und war dabei anscheinend sehr erfolgreich, da Shaftesbury bereits mit elf Jahren Griechisch und Latein fließend lesen konnte. 1699 erschien seine Schrift „Eine Untersuchung über Tugend oder Verdienst". Wie schon sein französischer Vorgänger Pierre Bayle (1647 bis 1706), der nicht nur das Wissen seiner Zeit in ein Buch zu packen versuchte („Historisches und kritisches Wörterbuch"), sondern auch ein Werk über den Halleyschen Kometen verfasste, war Shaftesbury vom Geist der Aufklärung beseelt. Er wollte zeigen, dass sittliche Begriffe von religiösen Geboten unabhängig sind. Im Unterschied zu Bayle, der die Sittlichkeit auf die Vernunft gründete, schrieb Shaftesbury sie jedoch einer natürlichen Neigung zu.

Kurz vor Shaftesbury hatte allerdings sein Landsmann Thomas Hobbes in seinem „Leviathan" von 1651 die moralischen Fähigkeiten des Menschen etwas weniger optimistisch eingeschätzt. „Homo homini lupus", „der Mensch ist dem Menschen ein Wolf", war die Grundannahme von Hobbes. Jeder ist zunächst einmal egoistisch am eigenen Überleben interessiert, koste es was es wolle – und wäre es auch das Leben eines anderen. Daraus ergäbe sich in einem ungeregelten Zusammenleben von Menschen zwangsläufig ein „Krieg aller gegen alle". Die einzige Möglichkeit für die Menschen, der wechselseitigen Vernichtung zu entkommen, besteht nach Hobbes' Ansicht darin, sich einem mit absoluter Macht ausgestatteten Staat, dem „Leviathan" (in Anlehnung an ein biblisches Seeungeheuer), zu unterwerfen. Erst durch diese Unterwerfung ist wechselseitiger Schutz vor einander garantiert. Von Natur aus jedenfalls hat kein Mensch das Wohl der anderen im Auge. Ein Optimist war Hobbes in Bezug auf sein Menschenbild gewiss nicht. Vielleicht lag das daran, dass er eine Frühgeburt war, ausgelöst durch den Stress seiner Mutter während des Angriffs der spanischen Armada auf England im Jahr 1588. In seiner Autobiografie schrieb Hobbes später, seine Mutter habe Zwillinge zur Welt gebracht, ihn und die Angst.

Graf Shaftesbury geht im Unterschied zu Hobbes von einer wesentlich optimistischeren Einschätzung seiner Artgenossen aus. In seinen Augen ist die Natur eine universal gute Ordnung, in die auch der Mensch sich einfügt. Verhält er sich gemäß dieser natürlichen Ordnung (und damit in Einklang mit der eigenen Natur, die ja auch ein Teil davon ist), ist er im moralischen Sinn „gut". Da die als böse zu bezeichnenden Affekte und die daraus entspringenden Handlungen der Menschen auch von Shaftesbury nicht geleugnet werden können, unterscheidet er zwischen „natürlichen", mit dem Wohl der Gattung „Mensch" übereinstimmenden und so genannten „unnatürlichen" Affekten, welche dem Gattungswohl entgegen stehen.

Als natürliche Affekte nennt Shaftesbury eine ursprünglich vorhandene Neigung zum Gemeinwohl und eine solche zum privaten Wohl, die in gemäßigter Form mit ersterer vereinbar ist. Ein wenig um sich selbst kümmern dürfen wir uns also, ohne uns gleich dem Verdacht auszusetzen, böse Egoisten zu sein. Unnatürliche Affekte wie z.B. Neid und Grausamkeit dienen aber weder dem allgemeinen, noch dem individuellen Wohl. Shaftesbury definiert Tugend als eine Ausgewogenheit der beiden Extreme, dem nur am Gemeinwohl und dem bloß am eigenen Wohl orientierten Streben. Diese Balance ist aber nicht das Ergebnis eines reflexiven Prozesses (also der Vernunfttätigkeit), sie entspringt vielmehr einer zweiten Gruppe von Affekten, den so genannten „reflektierten Empfindungen". Die richtige Balance zwischen „guten" und „bösen" Gefühlen wird also durch eine Art ästhetisches Empfinden gleichsam als „schön" erkannt. Dass wir gute Taten schön finden, ist eine Erfahrung, welche die meisten von uns bestimmt schon einmal gemacht haben. Wenn wir beobachten, wie ein Mensch einem anderen hilft, erfüllt uns das mit einem angenehmen Gefühl. Werden wir jedoch Zeugen einer Ungerechtigkeit, die anderen widerfährt, widert uns das an. Gibt es also eine Art von „ästhetischer Bewertung" innerhalb der Moral? Ich glaube nicht. So hat beispielsweise die Misshandlung und Ermordung von Juden während der Naziherrschaft nicht bei allen Nichtjuden Ekel hervorgerufen.

Shaftesburys Annahme klingt wohl etwas zu schön, um wahr zu sein. Seine Überlegungen wurden daher schon wenig später von mehreren Denkern kritisiert, am heftigsten von dem in den Niederlanden geborenen, aber in England lebenden Arzt und Philosophen Bernard Mandeville (1670 bis 1733) in seiner berühmten „Bienenfabel" (1705/1714). In diesem in Reimform verfassten Essay stellte der Autor die These auf, dass es nicht die Tugend sei, welche die menschliche Gemeinschaft zum Fortschritt bringt, sondern, im Gegenteil, das Laster. Der Untertitel der „Bienenfabel"-Version von 1714 lautete dementsprechend: „Private Vices, Publick Benefits", also: „Private Laster, öffentlicher Nutzen". Dass insbesondere die staatliche und geistliche Obrigkeit mit solchen Thesen nicht besonders glücklich sein konnten, liegt auf der Hand. Das erklärt wohl auch, warum das Obergericht von Middlesex die Bienenfabel für geeignet hielt, Religion und bürgerliche Herrschaft umzustürzen. Der liberale Niederländer Mandeville dürfte vielen seiner konservativen englischen Zeitgenossen insgesamt nicht sehr geheuer gewesen sein, veröffentlichte er doch auch weitere durchaus moderne Schriften, wie z.B. „Freie Gedanken über Religion, Kirche und nationales Glück" (1720) sowie „Zur Befürwortung öffentlicher Bordelle" (1724).

Der Ire Francis Hutcheson knüpfte an Shaftesbury an und kritisierte Hobbes und Mandeville. In seiner Schrift „Eine Untersuchung über den Ursprung unserer Ideen von Schönheit und

Tugend" (1725) erläuterte er Shaftesburys Thesen und griff für seine moralphilosophischen Überlegungen ebenfalls auf die Annahme einer harmonischen Naturordnung als System zurück. Das wichtigste moralische Gefühl ist für Hutcheson das „Wohlwollen". Weitere Gefühle, Hutcheson nennt sie „innere Sinne", sind für ihn unter anderem jene für Schönheit, Ehre und sogar für das Lächerliche. Obwohl er presbyterianischer Prediger war, kam auch er in Konflikt mit der Obrigkeit. Denn er behauptete, der Moralsinn sei dem Menschen angeboren, er verfüge über ihn schon bevor er Kenntnis von Gott erwerben würde. Solche Aussagen konnte man sich Mitte des 18. Jahrhunderts selbst dann nicht oder gerade dann nicht erlauben, wenn man Theologe war. Hutcheson beeinflusste mit seinen Gedanken unter anderen David Hume und Adam Smith (1723 bis 1790), der weniger durch seine ethischen Überlegungen als durch sein ökonomisches Hauptwerk „Der Wohlstand der Nationen" (1776) einem breiteren Publikum bekannt ist. Darin argumentiert Smith ähnlich wie Mandeville in seiner Bienenfabel und behauptet, dass der Egoismus der Einzelnen wie durch eine unsichtbare Hand gelenkt dazu führt, die Interessen der Gemeinschaft zu befördern. Eine ganz andere „unsichtbare Hand" lenkte wohl seine Geschicke, als Smith im Alter von drei Jahren vom Schloss seines Onkels von Zigeunern entführt wurde. Die Kidnapper dürften ihn unterwegs verloren oder vergessen haben, da er wieder frei kam. Viel Freude hätten sie allerdings mit dem bereits als Kind eher verträumten Adam nicht gehabt haben, über den ein Biograph in Anspielung an die Entführung schrieb: „He would have made a poor gypsie." („Er hätte einen armseligen Zigeuner abgegeben.").

Smith stellt in seinem gleichnamigen Buch eine „Theorie der ethischen Gefühle" (1759) auf, die darin besteht, dass Menschen in ihrem Empfinden von Lust und Leid miteinander übereinstimmen und daher auch beim tatsächlichen oder bloß vorgestellten Beobachten des Verhaltens anderer, dieses gefühlsmäßig billigen oder aber dem Gefühl nach als unmoralisch zurückweisen. Die Neigung zu Eigenliebe, die Smith zu den menschlichen Eigenschaften rechnet, kann durch die Beobachtung und emotionale

Bewertung überwunden werden. Smith führt als Repräsentanten einer allgemeingültigen, überindividuellen Betrachtungsweise den so genannten „unparteiischen Beobachter" ein, in dessen Rolle jeder von uns sich versetzen sollte.

David Hume, der mit Smith befreundet war, ging es nicht um eine normative Ethik, also darum, wie wir handeln sollen. Er analysiert in seinem Werk „Eine Untersuchung über die Prinzipien der Moral" (1751) vielmehr in rein beschreibender Hinsicht, wie Menschen das eigene Handeln und dasjenige der anderen bewerten. Gemäß der empiristischen Tradition erkennt er den Wert und somit unsere Anerkennung der (sozialen) Tugenden anhand ihrer Nützlichkeit für das Gemeinwesen. „Wohlwollen" und „Gerechtigkeitssinn" hängen außerdem vom jeweiligen Zustand einer Gesellschaft ab. Befindet letztere sich in großem Überfluss oder in extremem Mangel, verlieren diese Tugenden ihre Bedeutung. Wer kennt nicht das berühmte Wort des Dramatikers Bert Brecht: „Erst kommt das Fressen, dann kommt die Moral"?

Warum wir Menschen aber grundsätzlich die Gemeinschaft fördernde Affekte empfinden, erklärt Hume damit, dass wir von Natur aus aufeinander ausgerichtet sind und daher eine spontane Freude an allem haben, was der Gemeinschaft dient. Wir sagen nicht umsonst: „Geteiltes Leid ist halbes Leid, geteilte Freud' ist doppelte Freud'." Diese Emotion bezeichnet Hume als „Sympathie", ohne sie jedoch im Detail zu analysieren. Die sozialen Tugenden sind direkt auf diesen Grundaffekt der Sympathie zurückzuführen, ohne eine rationale Zwischenstufe als Vermittler. Obwohl das Humesche Konzept ein optimistisches Menschenbild voraussetzt, unterschlägt er dabei nicht, dass der Einzelne auch eigennützig bis hin zum puren Egoismus handeln kann. Es ist Aufgabe des Staates, die Menschen vor den negativen Auswirkungen der egoistischen Bestrebungen zu bewahren. Ein interessanter Teilaspekt der Moralphilosophie Humes besteht darin, dass für ihn nur solche Tugenden positiv besetzt sind, die der menschlichen Gemeinschaft dienen. Asketische, also etwa mönchische Tugenden (Zölibat, Fasten, …) fallen nicht darunter, da sie eher einzelgängerische und sowohl die

Gemeinschaft als auch den Einzelnen schädigende Effekte nach sich ziehen.

Gegenüber den Klassikern des „moral sense" stellt Arthur Schopenhauer in seiner Schrift „Die beiden Grundprobleme der Ethik" (1841) das Mitleid als die Triebfeder moralischen Verhaltens in den Mittelpunkt. Für Schopenhauer ist die Vernunft zwar scheinbar Herr im Haus, in Wahrheit ist sie aber nichts weiter als ein Mittel für die Zwecke eines in allem waltenden blinden Dranges, den er „Willen" nennt. Dieser Wille ist die Grundsubstanz allen Seins und instrumentalisiert auch die menschliche Vernunft bloß zur Verwirklichung seiner Zwecke. Die Idee, dass es nicht unser bewusstes, rationales Überlegen ist, das uns dazu bringt, bestimmte Dinge zu tun, sondern die in unserem Inneren für uns selbst unbewusst brodelnden Triebe, wird wenig später durch Sigmund Freud (1856 bis 1939) erneut aufgegriffen. Moralisches Verhalten kann für Schopenhauer aufgrund der Vorherrschaft des Gefühls vor der Vernunft nur auf Basis der Fähigkeit, mit anderen mitleiden zu können, entstehen. Das fremde Leid so zu empfinden, als wäre es das eigene, kann dazu führen, es überwinden zu wollen. Hilfsbereitschaft entspringt im Gegensatz dazu dem gleichen Affekt, aber unter umgekehrten Vorzeichen: Wir wollen den anderen glücklich machen, weil auch wir selbst glücklich sein wollen. Die bereits erwähnten, vor nicht allzu langer Zeit entdeckten „Spiegelneuronen" im menschlichen Gehirn, die uns möglicherweise in die Lage versetzen, uns in den Anderen hineinzufühlen, scheinen die Annahme Schopenhauers zu untermauern.

Was ist von der „moral sense"-Ethik in ihren verschiedenen Ausprägungen zu halten?

Bei den moralischen Gefühlen, die indirekt auf den Menschen zielen, direkt aber Normen (wie Achtung, Scham, Empörung usw.) ins Visier nehmen, müssten zunächst einmal diese Normen bestehen, bevor wir überhaupt Gefühle dafür (oder dagegen) entwickeln können. Die Gefühle selbst bringen diese Normen nicht hervor. Nach welchen Kriterien stellen wir diese Normen also auf? Gegen die unmittelbar auf andere Menschen gerichteten Emotionen muss kritisch eingewandt werden, dass sie nicht die Allgemeingültigkeit beanspruchen können, welche wir ihnen gerne zugestehen würden. Trifft es nicht vielmehr zu, dass die Art und das Ausmaß unserer „Gefühle" (wie beispielsweise Mitleid) sehr stark von der Situation und den jeweils Betroffenen abhängen? Für unsere Verwandten und Freunde empfinden wir wesentlich größeres Mitleid als für uns völlig fremde Menschen. Ob wir einen Menschen bedauern, dem ein Unglück widerfährt, hängt davon ab, in welchem Ausmaß wir diese Person sympathisch oder unsympathisch finden. Einem Menschen, den wir für moralisch schlecht halten, weil er ein schweres Verbrechen begangen hat, würden wir vielleicht nicht einmal dann Mitleid entgegenbringen, wenn er ein grauenvolles Ende nimmt.

Viele der genannten Konzepte unterscheiden zwischen „guten" und „bösen" Gefühlen. Um eine solche Unterscheidung treffen zu können, würden wir jedoch eine über den Gefühlen stehende, nicht gefühlsartige und somit neutrale Instanz benötigen: die Vernunft. Damit ist sie die höhere Richterin über „gut" und „böse" und nicht die Gefühle, wie dies die „moral sense"-Ethiker doch gerade beansprucht haben. Das Argument der „moral sense"-Philosophie, Moral bedürfe nicht nur eines Inhaltes, sondern auch einer Motivation, also einer auf Gefühlen basierenden Zustimmung, scheint dennoch gerechtfertigt.

Wenn wir überlegen, was wir tun sollen (oder etwas getan haben, was wir nicht hätten tun sollen), fängt es tief in uns drinnen zu rumoren an: Ein ganz besonderes „Gefühl", das nichts mit Liebe oder Hass, aber auch nicht mit Mitleid oder Sympathie zu tun hat, meldet sich und beansprucht, Auskunft über „richtig" und „falsch" geben zu können: das Gewissen. Was es mit dieser inneren Stimme auf sich hat und ob sie uns bei unserer Frage „Was soll ich tun?" weiterhelfen kann, möchte ich im folgenden Kapitel untersuchen.

Mit gutem Gewissen?

Eine Diskussion über irgendeine Kleinigkeit, sagen wir darüber, wer diesmal an der Reihe ist, die Wohnung zu putzen oder zu Hause zu bleiben und auf die Kinder aufzupassen, während die Partnerin oder der Partner mit den Freunden um die Häuser zieht, wächst sich zum Streit aus. Ein Wort gibt das andere, Emotionen schaukeln sich hoch und irgendwann fliegen (hoffentlich nur) die ersten Schimpfwörter: „Du bist ein blöder Egoist, denkst immer nur an dich!", „Das musst ausgerechnet du sagen! Wie oft warst du denn in den letzten drei Wochen unterwegs und wie oft ich?" Verlässt einer der Beiden die Wohnung, ohne dass der Streit vorher gelöst worden ist, bleibt ein ungutes Gefühl beim Anderen zurück und die ersten bohrenden Fragen beginnen: „Habe ich überreagiert? Bin ich wirklich so egoistisch? Hätte ich sie/ihn nicht anschreien sollen?" Die „Stimme aus dem Untergrund" meldet sich und lässt uns nicht mehr zur Ruhe kommen.

„Ein gutes Gewissen ist ein sanftes Ruhekissen." sagt der Volksmund – aber verbirgt sich hinter dieser vermeintlich tiefen Erkenntnis auch die Wahrheit? Nicht alles, was der Volksmund von sich gibt, muss auch richtig sein. Gerade beim Versuch, die Entscheidung zwischen moralisch richtig und falsch einer Instanz wie dem Gewissen zu überantworten, sollten wir auf der Hut sein.

Woher stammt es überhaupt, unser Gewissen?

Sprachgeschichtlich lässt sich der Begriff leichter zurückverfolgen als in seiner philosophischen (und psychologischen) Bedeutung für die Moral: Notker Teutonicus (950 bis 1022), ein Schweizer Benediktiner-Mönch, hat in seinem Kommentar zu Psalm 68,20 den lateinischen Begriff der „conscientia" (der wiederum auf das altgriechische Wort „syneidesis" zurück verweist) mit dem althochdeutschen „gewizzani" übersetzt. Wobei die Vorsilben „con-", „syn-" und „ge-" alle drei „mit-" bedeuten und in Verbindung mit dem jeweiligen Wortstamm das „Mitwissen" (zunächst: „Mit anderen Mitwissen") bezeichnen. Aus dem „Mitwissen" mit anderen wurde das Mitwissen mit mir selbst bzw. mit dem, was ich denke oder tue. Der externe „Mitwisser" wurde sozusagen nach innen verlagert und somit zum „Gewissen" umgeformt.

In der griechischen Antike gab es mythische Gestalten, die so genannten „Erinyen" (bei den Römern wurden sie zu den „Furien"). Sie waren zunächst Rachegöttinnen, später auch Schutzgöttinnen der sittlichen Ordnung. Orest, den Sohn von Agamemnon und Klytaimnestra, verfolgen sie und treiben ihn in den Wahnsinn, nachdem dieser seine Mutter ermordet hat (die zuvor, dies zur Verteidigung Orests, seinen Vater und ihren ersten Ehemann Agamemnon getötet hatte, nachdem dieser mit ziemlicher Verspätung aus dem Trojanischen Krieg zurückgekommen war und Klytaimnestra zu diesem Zeitpunkt bereits einen neuen Mann an ihrer Seite hatte).

Für Platon und Aristoteles spielte das „Gewissen" keinerlei Bedeutung, taucht aber bei den Epikureern und in der Stoa auf, wo es insbesondere bei den römischen Stoikern Cicero (106 bis 43 v. Chr.) und Seneca (1 bis 65) als inneres Richtmaß und somit als höchste Autorität in Fragen der Moral angesehen wurde.

Bereits im Alten Testament bekommt das Gewissen seinen Wohnsitz im menschlichen Herzen zugewiesen, eine Position, die Paulus im neuen Testament übernimmt und auf die naturrechtliche Begründung des moralisch Richtigen anwendet. Gemäß dieser Annahme ist es auch den Heiden möglich, von Natur aus das Richtige zu tun, weil es ihnen „ins Herz geschrieben" (Röm 2,14-16) ist. Spätestens ab da ist das „Gewissen" fixer Bestandteil der abendländischen Tradition.

Was soll das eigentlich heißen: „ins Herz geschrieben"? Woher kommt es denn? Etwa von Gott? Interessant ist, dass zwar für Thomas von Aquin das Gewissen eine Art Nachhall des göttlichen Seins in uns ist, das den Sündenfall geschwächt überstanden hat und den Menschen zumindest dem Guten zuneigen lässt. Für Martin Luther hingegen ist das Gewissen Ausdruck von Gottesferne. Für ihn besteht der einzige Trost in der Stunde des (Selbst-)Zweifels im Vertrauen auf die im Evangelium zugesagte Gnade Gottes.

Die erste substantielle Erschütterung der Unfehlbarkeit des Gewissens brachten die Religionskriege der Neuzeit mit sich: Guten Gewissens schlugen sich die Vertreter unterschiedlicher Varianten des einen christlichen Glaubens gegenseitig die Köpfe ein; irgendetwas musste am Gewissensbegriff also falsch sein, wenn sich zwei (oder mehrere) einander widersprechende Positionen gleichermaßen darauf stützen und gegenseitig bekämpfen konnten. Die Philosophen zur Zeit oder in unmittelbarer Nachfolge der europäischen Glaubenskriege lösten das Gewissen zu Recht aus seiner konfessionellen Bindung, was die Religionen wiederum dazu veranlasste, es ins Innere des einzelnen Menschen zu verlagern.

Bereits für Immanuel Kant ist das Gewissen aber keine Stimme Gottes mehr, die aus unserem Inneren zu uns spricht. Kant erhebt das Gewissen in seiner Schrift „Die Metaphysik der Sitten" (1797) zu einem „idealen Ich", das gleichsam aus der Perspektive einer reinen Vernunft (die diese zweite, ideale Stimme erschafft) zu uns spricht und unsere Handlungen bewertet. Hier findet also ein Wandel vom reinen „Gefühl" zu einer „Vernunftinstanz" statt.

Spätestens im 18. Jahrhundert kommt das Gewissen in den Blick der psychologischen Bewertung, die bis in die Gegenwart hinauf bedeutsam ist. Eine zunächst äußerliche Instanz (in den meisten Fällen sind das an erster Stelle die Eltern) wird nach und nach ins Innere verlagert. Denken Sie etwa an das „Über-Ich" Sigmund Freuds. Wobei dieses „Über-Ich" nicht gleichgesetzt werden darf mit einem „autonomen", also eigenverantwortlichen, sondern bestenfalls mit einem „autoritären Gewissen". Innerhalb der Moralphilosophie wird übrigens zwischen diesen beiden Gestalten von Gewissen unterschieden. Die Einflüsse der Eltern, Lehrer, ja der Gesellschaft insgesamt sind maßgeblich für die Gestalt des (autoritären) „Über-Ichs", für Freud war ein Handeln gegen das „Über-Ich" mittels autonomem Gewissen nur als ein Prozess der Kompromissfindung zwischen den Ansprüchen der Gesellschaft (eben in Gestalt des „Über-Ich") und den eigenen Trieben (verkörpert durch das „Es") möglich. Ergebnis dieses Kompromisses ist das „Ich".

Für Friedrich Nietzsche (1844 bis 1900) ist das Gewissen keine eindeutig positive, sondern eine zweifelhafte, wenn nicht sogar negative Instanz. Einerseits gewinnt der Mensch durch das Gewissen an Tiefe und wird ein „interessantes Tier". Andererseits bezeichnet er das Gewissen in seiner Schrift „Zur Genealogie der Moral" (1887) auch als „unheimlichste Erkrankung". In ihm wenden sich die grausamen Instinkte gegen das eigene Ich. Dem Gewissen und der ihm zugehörigen „Sklavenmoral" stellt Nietzsche seine „Herrenmoral" eines „Jenseits von Gut und Böse" (1886) entgegen. Die Nationalsozialisten haben die Ansätze Nietzsches wenige Jahre später in ihrem Sinne ausgelegt und ihr Gewissen in eine ganz bestimmte Richtung entwickelt. Der Reichsführer-SS Heinrich Himmler, eine der maßgeblichen Gestalten für den Holocaust, hatte in seiner Rede vom 4. Oktober 1943 im Posener Rathaus vor der SS-Gruppenführertagung gesagt:

> *„Von Euch werden die meisten wissen, was es heißt, wenn 100 Leichen beisammen liegen, wenn 500 daliegen oder wenn 1000 daliegen. Dies durchgehalten zu haben, und dabei – abgesehen von Ausnahmen menschlicher Schwächen – anständig geblieben zu sein, das hat uns hart gemacht. Dies ist ein niemals geschriebenes und niemals zu schreibendes Ruhmesblatt unserer Geschichte, denn wir wissen, wie schwer wir uns täten, wenn wir heute noch in jeder Stadt – bei den Bombenangriffen, bei den Lasten und bei den Entbehrungen des Krieges – noch die Juden als Geheimsaboteure, Agitatoren und Hetzer hätten. (…) Wir hatten das moralische Recht, wir hatten die Pflicht gegenüber unserem Volk, dieses Volk, das uns umbringen wollte, umzubringen"* (Quelle: Deutsches Historisches Museum, online).

Es gab Widerstandskämpfer in der Zeit des Dritten Reiches, die ihrem Gewissen folgten, gegen den Naziterror auftraten und dabei ihr Leben aufs Spiel setzten. Auf der anderen Seite gab es aber leider auch jene Menschen, die es als ihre moralische

Pflicht ansahen, Juden, Roma, Sinti, Behinderte, Homosexuelle usw. zu töten – und das mit gutem Gewissen. Spätestens an dieser Stelle sollten wir hellhörig werden, wenn sich jemand bei seinen Handlungen auf diese Instanz beruft. Der Einwand, diese Menschen hätten ja gar nicht ihrem Gewissen gemäß gehandelt, sondern wären vielmehr Opfer der politischen Situation gewesen, kann nach aktuellem Forschungsstand nicht aufrechterhalten werden. Viele Mittäter hätten keinerlei Unterdrückung erwarten müssen, wenn sie nicht aktiv an zahlreichen Verbrechen der Nazis mitgemacht hätten. Sie haben sich aber dennoch freiwillig dazu entschieden, sich an den Gräueltaten zu beteiligen.

Das Gewissen mag als eine hilfreiche Instanz erscheinen. Losgelöst von jedweder Rückbindung an rational begründbare Normen und Verhaltensweisen ist es aber, ebenso wie die im vorigen Kapitel beschriebenen Gefühle, keine taugliche Richtschnur für moralisch gutes Verhalten. Der Willkür von Gefühlen, auch derjenigen des Gewissens, versuchen die Menschen daher schon seit Jahrtausenden eine brauchbare Alternative entgegen zu setzen. Sie haben eine Formel entdeckt, die überindividuelle Geltung beansprucht und glauben, damit die Lösung für unser Problem gefunden zu haben. Wie diese Formel aussieht und was sie zu leisten imstande ist, werden wir im folgenden Kapitel in den Blick nehmen.

Wie du mir, so ich dir!

Stellen Sie sich vor, Sie sitzen auf einer Bank im Park. Plötzlich hören Sie einen lauten Schrei. Ein kleiner Bub steht heulend in der Mitte einer Sandkiste und blickt Hilfe suchend zu einer jungen Frau, die von einer der Bänke aufgesprungen ist. „Was ist denn jetzt wieder los?" ruft sie dem Kind entnervt zu. „Taktor!" antwortet der Kleine mit von Tränen erstickter Stimme. „Taktor!" und zeigt mit dem Finger auf einen anderen Buben, der vollkommen unbeeindruckt in einer Ecke der Sandkiste mit einem kleinen roten Plastiktraktor spielt. „Hat er ihn dir weggenommen?" fragt die Frau, wahrscheinlich seine Mutter, den Kleinen. Er nickt. „Das ist aber gar nicht nett!" Sie geht auf den im Sand sitzenden Buben zu und pflanzt sich vor ihm auf. „Du, Daniel, hast du den Peter gefragt, ob du mit seinem Traktor spielen darfst? Nein? Dann gibst du ihn bitte sofort wieder zurück!" Der Kleine hält im Spiel inne, macht einen Schmollmund, greift nach dem Spielzeug und versteckt es hinter seinem Rücken.

Das ist eine Szene, wie sie sich jeden Tag wohl unzählige Male ereignet: Kinder streiten um ihre Spielsachen. Das haben Sie bestimmt schon einmal beobachten können. Sehen wir uns an, wie es weitergeht: „Daniel", sagt die Frau, nun mit betont sanftem Klang in der Stimme, „was würdest du sagen, wenn der Peter dir dein Feuerwehrauto wegnimmt? Das würdest du doch auch nicht wollen, oder?" Der Schmollmund des Buben beginnt zu zucken. Daniel bewegt die Lippen hin und her, so als hätte er einen Kaugummi im Mund, dann legt er die Stirne in Falten. Man kann förmlich sehen, wie es in seinem Gehirn rattert. Plötzlich nimmt er den Traktor und wirft ihn Richtung Peter, der ihn sich sofort schnappt und damit in die gegenüberliegende Ecke der Sandkiste verschwindet, möglichst weit weg von Daniel. „So ist es richtig, Daniel. Aber trotzig brauchst du trotzdem nicht sein!" sagt die junge Frau zu dem Buben und tätschelt seinen Kopf. Ein älterer Herr auf der Bank, der den Vorfall beobachtet hat, hebt die Hand, streckt den Zeigefinger nach oben und sagt, ein wenig belehrend:

„Was du nicht willst, dass man dir tu', das füg' auch keinem andern zu!"

Das Gedankenexperiment, zu welchem die junge Mutter Daniel aufgefordert hat und das der alte Mann in die uns bekannte Formel gebracht hat, wird als „Goldene Regel" bezeichnet. In fast jedem Kulturkreis ist sie bekannt. In den altägyptischen Weisheitslehren taucht sie genau so auf, wie im indischen Mahabharata und in persischen Schriften. Auch Buddhismus und Hinduismus sind mit ihr vertraut. Sie ist Teil der Lehre des Konfuzius, genauso wie des Jainismus. In den heiligen Schriften von Judentum, Christentum und Islam ist sie selbstverständlich enthalten. Sie findet sich sowohl im Alten, als auch im Neuen Testament. Antike Philosophen und Schriftsteller berufen sich auf sie, so etwa Platon und der Stoiker Epiktet (50 bis 135) oder Herodot (490/480 bis 424 v. Chr.) in seinen „Historien". Wobei die Formulierungen sich in den einzelnen Schriften unterscheiden, manchmal positiv („Alles nun, was ihr wollt, dass euch die Leute tun sollen, das tut ihnen auch!" – NT, Matthäus 7, 12), meistens aber negativ lauten, siehe unser Sprichwort – und damit ein Verbot ausdrücken. Zweck der Gedankenübung besteht darin, sich in den anderen hinein zu versetzen und die möglichen fremden Schmerzen zu den eigenen zu machen. Es scheint so, als wäre es leichter, moralisches Verhalten bei Menschen dadurch zu erreichen, wenn man sie auf die eigene Leidensfähigkeit hinweist.

Die „Goldene Regel" hilft Eltern auf der ganzen Welt dabei, ihre Kinder auf einfache Weise, also ohne die Hilfe einer komplizierten philosophischen Argumentation, in die Grundregeln moralischen Verhaltens einzuführen. Wer will schon, dass man ihm etwas wegnimmt? Wer möchte beleidigt, verletzt oder gar getötet werden? Für die meisten Menschen ist klar, dass sie all das nicht wollen. Von dieser auf einen selbst bezogenen Erkenntnis bis zur Übernahme der Perspektive jedes belieben anderen Menschen, der wahrscheinlich die gleichen, zumindest aber ähnliche Bedürfnisse und Empfindungen hat, ist es dann nur ein kleiner Sprung.

Ganz so einfach ist es aber leider nicht. Tatsächlich reicht die

„Goldene Regel" ganz und gar nicht aus, um moralisches Verhalten unter allen Menschen zu bewirken.

Am 15. Juli 2008 verunglückte einer der besten Südtiroler Extrembergsteiger, Karl Unterkircher, bei einer Tour auf den Nanga Parbat, tödlich. Unter Extrembergsteigern gilt es als ungeschriebenes Gesetz, dass Rettung durch die Kameraden nur unter nicht riskanten Bedingungen stattfindet. Jeder, der einen Achttausender besteigt, weiß, dass er (oder sie) im Zweifel auf sich alleine gestellt ist. Menschen, die zu solch lebensgefährlichen Abenteuern bereit sind, sind meistens Einzelgänger. Ihr Credo lautet oft, dass jeder selbst seines Glückes Schmied ist und auf sich aufpassen muss. Unter Extrembergsteigern gibt es diesbezüglich auch kein Missverständnis. Obwohl sie insgesamt wohl eher einzelgängerisch sind, darf daraus nicht abgeleitet werden, sie würden anderen Menschen in Gefahrensituationen prinzipiell nicht helfen. Aber wenn es hart auf hart geht, muss jeder selbst schauen, wo er bleibt.

Das Interessante an diesem Beispiel: Es lässt sich widerspruchsfrei ein Mensch denken, der sagt: „Ich will in einer Notsituation nicht, dass mir geholfen wird. Denn entweder schaffe ich es alleine oder ich war eben nicht hart genug, nicht überlebensfähig." Wenn diese Position zwar kaum sehr weit verbreitet sein dürfte, möglich ist sie durchaus. Jemand der eine solche Überzeugung hat, wird mit Hilfe der „Goldenen Regel" problemlos (durch logisch konsequente Ableitung) zu dem Ergebnis kommen, anderen Menschen nicht helfen zu müssen, wenn diese sich in Schwierigkeiten befinden.

Der 1961 in Essen geborene Armin Meiwes suchte bereits seit 1999 übers Internet Menschen mit kannibalistischen Neigungen. 2001 kam er mit dem damals 43jährigen Diplom-Ingenieur Bernd Jürgen Armando Brandes in Kontakt, der ähnlich veranlagt war wie Meiwes. Brandes wollte, dass Meiwes ihm den Penis abtrennen und anschließend mit ihm gemeinsam verspeisen sollte – was auch geschah. Anschließend ließ Brandes sich von Meiwes töten, um später von diesem zur Gänze aufgegessen werden zu können. Teile des grauenhaften Rituals zeichneten die beiden Männer auf Videoband auf. Die Tat hatte sich mit dem Einverständnis beider Beteiligten ereignet. Meiwes wurde dennoch zu lebenslanger Haft verurteilt (wegen Mordes und Störung der Totenruhe).

Auch wenn in diesem sehr speziellen Fall „Täter" und „Opfer" einander gefunden hatten und, man könnte sagen, einen fairen Deal miteinander eingegangen waren, ist durchaus eine leicht abgewandelte Version der Geschichte vorstellbar: Warum sollte jemand, der Lust daraus bezieht, geschlagen zu werden (ein Masochist also), nicht daraus das Recht ableiten, anderen Menschen ebenso Schmerzen zuzufügen?

Die „Goldene Regel" ist als alleiniges Prinzip für die Klärung unserer Frage nach dem moralisch richtigen Handeln untauglich. Als Erstorientierung kann sie eventuell hinreichen, denn sie macht hellhörig und liefert eine wichtige moralische Intuition: Was auch immer ich zu tun beabsichtige, ich sollte mich in die Rolle derjenigen Menschen versetzen, die von meinem Handeln betroffen sein könnten und fragen, wie es mir dabei ginge, würde mir das gleiche Schicksal widerfahren. Hier schimmert bereits das Prinzip der Reziprozität, also der Gegenseitigkeit durch, das uns auf den folgenden Seiten immer wieder begegnen wird. Die Frage „Was soll ich tun?" müsste ich mir nicht stellen, gäbe es niemanden um mich herum, auf den mein Handeln sich (positiv oder negativ) auswirken könnte. Eine Moral für den letzten Menschen auf der Welt gibt es nicht (das stimmt natürlich nicht ganz, da es ja dann immer noch Tiere und Pflanzen geben könnte, deren Interessen vielleicht zu berücksichtigen wären) – so wie es (nach Ludwig Wittgenstein) auch keine „Privatsprache" gibt, in welcher sich ein Mensch mit sich selbst unterhält. Moral ist, so wie Sprache, ein Phänomen, das auf dem Austausch von mindestens zwei Menschen beruht. Wie Menschen miteinander umgehen, hängt nicht zuletzt davon ab, welchen Charakter sie aufweisen und in welchen Werten ihrer jeweiligen Gesellschaft sie groß geworden sind. Ein Philosoph, der die Frage dieser Werte in den Mittelpunkt seiner moralphilosophischen Betrachtungen gestellt hat, ist Aristoteles. Seiner „Tugendethik" möchte ich mich im folgenden Kapitel zuwenden.

Tugendhaft

Bernie Laplante ist ein Verlierer, er stiehlt und er lügt. Seine Frau Evelyn verachtet ihn, sein Sohn Joey hält nicht viel von seinem Vater. Als dieser seinen Jungen eines Tages zu einem gemeinsamen Kinobesuch abholen will, stürzt ein Flugzeug ab – mitten vor Bernies Nase. Obwohl er zuerst abhauen will – was geht ihn das schon an? – nähert er sich schließlich doch dem Wrack. Er befreit nacheinander sämtliche Passagiere, obwohl das für ihn nicht ungefährlich ist, denn das Flugzeug steht kurz vor der Explosion (und explodiert tatsächlich, als der letzte Passagier in Sicherheit ist). Bis zum Schluss erfährt die Öffentlichkeit nicht, dass es Bernie war, der die Insassen des Flugzeugs gerettet hat. Ein anderer, wesentlich attraktiverer und TV-tauglicherer Mann, John Bubber, übernimmt die Rolle des gefeierten Helden. Nur die Reporterin Gale Gayley, die ebenfalls an Bord war und von Bernie gerettet wurde sowie sein Sohn erfahren die Wahrheit. Endlich kann Joey stolz auf seinen mutigen Vater sein.

„Ein ganz normaler Held" (1992 von Stephen Frears mit Dustin Hoffman in der Hauptrolle gedreht) ist ein liebenswerter Kinofilm, der den Helden als einen ganz normalen Typen wie du und ich präsentiert. Dass Bernie ein Held ist, steht außer Frage. Denn tatsächlich wäre es wohl nicht für jedermann vorstellbar, in ein Flugzeug zu klettern, das jeden Moment in Flammen aufgehen könnte. Eine solche Tat erfordert eine ziemlich große Portion Mut. Und: Wer von uns verfügt in Zeiten wie diesen schon über diese leider selten gewordene Tugend? Apropos Tugenden: Diese scheinen überhaupt rar geworden zu sein. Wer ist heute schon großzügig, wer gerecht und wer aufrichtig?

Der griechische Philosoph Aristoteles hat eine Ethik ausgearbeitet, bei der sich alles um Tugenden dreht. Sie wird gerne als eine dritte Variante neben teleologischen (z.B. dem Utilitarismus, der auf ein bestimmtes Ergebnis abzielt) und deontologischen (z.B. der Ethik Kants, die auf Pflicht beruht) Konzepten angesehen: Die so genannte „eudämonistische Tugendethik". Das moralphilosophische Hauptwerk des Aristoteles ist die „Nikomachische Ethik", benannt entweder nach seinem Sohn

Nikomachos oder nach seinem Vater. Roter Faden durch die Schrift ist das Thema „Glück", eine wesentliche Rolle spielt der bereits erwähnte Begriff der „Tugend" bzw. die verschiedenen ethischen Tugenden, die Aristoteles detailliert behandelt. Sie gelten ihm als unverzichtbar für ein gelungenes Leben in der menschlichen Gemeinschaft.

Gleich zu Beginn des 1. Kapitels stellt Aristoteles eine Behauptung auf: Alles Streben, sei es in technischer, sei es in wissenschaftlicher oder in praktischer Hinsicht, aber auch jede Entscheidung ist auf ein „Gut" hin ausgerichtet. Dieses Gut wird als Ziel allen Strebens angenommen. Zwei Arten von Zielen gibt es laut Aristoteles: Einerseits ein Tätigsein, andererseits das Ergebnis eines solchen Tätigseins, also ein Werk. So kann der schöpferische Prozess selbst, beispielsweise das Malen eines Bildes, ein Ziel sein oder aber das Bild als Endprodukt dieses Prozesses. Ziele gibt es vielerlei, etwa Gesundheit (dies ist das deklarierte Ergebnis der Medizin) oder ein fertiges Haus (das Ziel des Architekten). Die Schritte bis zur Verwirklichung des endgültigen Zieles können als Teilziele angesehen werden. Damit das Streben nicht in alle Ewigkeit weiter geht, müssen wir so etwas wie ein letztes, als gut verstandenes Ziel annehmen, um dessen Willen wir alle andere (Teil-)Ziele als Etappen auf dem Weg dorthin erreichen wollen. Dieses letzte oder oberste Ziel bezeichnet Aristoteles als das „Glück", die „Eudämonie". Der aus dem Griechischen stammende Begriff bedeutet so viel wie „einen guten Dämon haben", wir kennen heutzutage eine ähnliche Formel: „Eine Sache steht unter einem guten Stern".

Glück ist nicht gleich Glück, denn eine hedonistisch argumentierende Ethik bestimmt Glück als das Erreichen von Lust. Epikur ist ein bekannter antiker Vertreter einer solchen Ethik. Der Glücksbegriff wie ihn Aristoteles denkt unterscheidet sich davon jedoch. Er ist an der menschlichen Seele und ihrem spezifischen Tätigsein ausgerichtet. Für Aristoteles zerfällt die menschliche Seele in einen rationalen und in einen nicht rationalen Teil. Der rationale ist Sitz der „Verstandestugenden", der nicht rationale wird durch Emotionen und Begierden gelenkt, kann aber auch durch Einsatz der Vernunft gelenkt werden. Über eine vortreffliche Seele verfügt derjenige, dessen Verstandestugenden und jene des nicht rationalen Seelenteils richtig eingesetzt werden, wobei es beim nicht rationalen Teil eigentlich um die richtige Haltung diesem Seelenteil gegenüber geht. Die Emotionen sollen nicht vollkommen abgestellt werden, sondern im richtigen Maß zum Einsatz kommen. Die Entwicklung der Tugenden und ihre lebenslange Einübung befähigen den Einzelnen dazu, sich in konkreten Situationen moralisch korrekt zu verhalten.

Platon hatte nur vier Tugenden gekannt (Gerechtigkeit, Weisheit, Tapferkeit und Besonnenheit) und ihr ausgewogenes Verhältnis zueinander als „gerechte Seele" beschrieben, die sich an der höchsten aller Ideen, der Idee des „Guten" zu orientieren habe; sein Schüler Aristoteles beschreitet einen anderen Weg. Er kennt mehr Tugenden als Platon, sie weisen einen größeren Bezug zur Praxis der menschlichen Gemeinschaft auf; die theoretische Erkenntnis der Idee des Guten genügt nicht, um die Tugenden in Einklang miteinander und die Seele des Menschen in Harmonie zu bringen. Die Tugenden des Aristoteles müssen durch Praxis erlernt und eingeübt werden. Salopp formuliert könnte man den Unterschied zwischen den beiden Betrachtungsweisen von Tugend so beschreiben: Um ein guter Jazzsaxofonist zu werden, schlägt Platon vor, die Kompositionen Charlie Parkers zu studieren. Für Aristoteles hingegen führt kein Weg daran vorbei, das Saxofon in die Hand zu nehmen und darauf zu spielen.

Wenn das oberste Ziel allen menschlichen Strebens das Glück ist, wie Aristoteles meint, muss er natürlich auch zeigen, worin dieses Glück besteht. Bereits Platon hatte darauf hingewiesen, dass die Qualität einer Sache daran erkennbar ist, in welchem Maß sie ihrem Zweck gerecht wird. Ein gutes Auge ist eines, das gut sieht (während ein kurz- oder weitsichtiges als ein schlechtes Auge gilt). Aristoteles greift diese Bestimmung auf und wendet sie auf den Menschen insgesamt an. Wenn jedes Ding seinen Zweck hat, so muss das auch für den Menschen gelten. Das Spezifische des Menschen ist seine Vernunftseele, sie findet sich nur beim ihm, nicht bei Tieren und schon gar nicht bei Pflanzen.

Obwohl beide, in minderer Form, jeweils auch über eine Seele verfügen. Zwei Teile der menschlichen Seele haben mit Vernunft zu tun. Der eine ist selbst vernünftig, der andere zumindest in der Lage, auf die Vernunft zu hören.

Es reicht nach Aristoteles nicht aus, bestimmte Fähigkeiten zu besitzen, sie müssen auch angewendet werden. So unterscheidet er in sämtlichen Bereichen seiner Philosophie zwischen „Möglichkeit" und „Wirklichkeit", zwischen einer Anlage und ihrer Verwirklichung. Der Zweck des Menschen besteht nicht darin, Vernunftfähigkeit zu besitzen, er muss diese Vernunft auch leben und zwar aktiv. Aristoteles präzisiert, indem er die Verwirklichung des dem Menschen eigenen Zweckes noch erweitert: Es geht nicht darum, gelegentlich oder nur kurzfristig vernünftig zu handeln oder ein einmaliges festes Ziel zu erreichen. Ein gelungenes, wir dürfen sagen: ein glückliches Leben besteht vielmehr darin, die Vernunft andauernd und möglichst lange (in einem möglichst lange während dem Leben) zur Anwendung zu bringen.

Gemäß den beiden mit Vernunft in Verbindung stehenden Teilen der menschlichen Seele bestimmt Aristoteles die beiden Arten von Tugenden. Diejenigen, die unmittelbar dem vernünftigen Teil angehören, sind die bereits erwähnten „Verstandestugenden", er nennt sie „dianoetische Tugenden". Diejenigen, die dem vernunftfähigen, aber nicht von selbst vernünftigen Teil entsprechen, sind die „ethischen Tugenden" oder „Charaktertugenden". Zu den dianoetischen Tugenden, die durch theoretische Schulung erlernbar sind, rechnet Aristoteles zunächst diejenigen der „Wissenschaft", der „Weisheit" und des „Geistes". Sie befassen sich mit der unveränderlichen Wirklichkeit. Auf die veränderliche Wirklichkeit werden die dianoetischen Tugenden der „Kunst" (zur Herstellung von Dingen) und der „Klugheit" oder „praktischen Vernünftigkeit" (abzielend auf das richtige Handeln) angewandt. Die Charaktertugenden oder ethischen Tugenden, die sich auf den auf die Vernunft hören können den nicht rationalen menschlichen Seelenteil beziehen, befinden sich dann im richtigen Zustand, wenn sie die Mitte zwischen zwei negativen Extremen einnehmen.

Es gibt laut Aristoteles zwei Möglichkeiten, ein gelungenes Leben zu führen, die höherwertige ist die rein theoretische Betätigung: ein Leben in philosophischer (oder theologischer) Kontemplation. Weil die Vernunft die höchste Fähigkeit des Menschen und diese theoretische Tätigkeit mit einem gewissen Grad an Lust verbunden und unabhängig von den veränderlichen Dingen der Welt ist, bekommt sie von Aristoteles diesen besonderen Stellenwert verliehen. Ein Philosoph, der den ganzen Tag in seiner Bibliothek zubringt, kluge Bücher liest und über das Wesen der Welt nachdenkt, kommt diesem Ideal sehr nahe.

Weil der Mensch aber nicht nur aus Vernunft besteht, sondern auch einen Körper hat und mit anderen Menschen zusammen lebt, gesteht Aristoteles ihm auch noch eine weitere Form des gelungenen, wenn auch nur des zweitbesten Lebens zu: das politische, soll heißen: gemeinschaftliche Dasein mit seinen Artgenossen. Damit meint Aristoteles natürlich nicht, dass jeder Mensch Politiker in unserem modernen Sinn des Wortes werden soll. Es geht ihm vielmehr darum, dass der Mensch gemäß einer weiteren wichtigen Eigenschaft lebt. Er ist ein „Gemeinschaftstier", ausgerichtet auf Kooperation mit Seinesgleichen. Die Charaktertugenden sind daher für den Umgang mit den Mitmenschen von großer Bedeutung.

Eine ausführliche Beschreibung der dianoetischen Tugenden bleibt Aristoteles schuldig, er konzentriert sich auf die ethischen. Wir dürfen sie als positive, gewissermaßen reif ausgebildete Charakterzüge verstehen, die sich von den beiden verfehlten Leidenschaften an den zwei Enden des Spektrums unterscheiden. So ist beispielsweise „Mut" die Einstellung, weder „feige", noch „tollkühn" zu sein. Die ethischen Tugenden sind nicht von Natur aus im Menschen angesiedelt, allerdings hat er die Fähigkeit, sie zu erweben und sie sich auf Dauer zu Eigen zu machen. Dazu lernt er sie zunächst von seinen Erziehern oder durch Gesetze und verinnerlicht sie über Jahre hinweg; dadurch gelingt es ihm immer besser, sich freiwillig für Handlungen zu entscheiden, die diesen Tugenden entsprechen.

Haben die Tugenden des Aristoteles für uns heute noch Bedeutung? Den „Mut" könnten wir für unsere Zeit am ehesten in

„Zivilcourage" übersetzen. Wir lernen von unseren Eltern und in der Schule, dass wir Menschen in Not beistehen sollen. Sind wir in der U-Bahn Zeuge eines Übergriffes auf einen Mitfahrenden, sollten wir unserer Zivilcourage entsprechend handeln und dem Angegriffenen zu Hilfe eilen. Leider ist Zivilcourage keine sehr weit verbreitete Tugend, was wahrscheinlich darin begründet ist, dass Angreifer immer brutaler werden und auch vor dem Einsatz von Waffen nicht mehr zurückschrecken. Die Entscheidung für die Tugend der Zivilcourage ist also immer mit einem gewissen Risiko verbunden, selbst Schaden zu nehmen. Dennoch: Wer von klein auf gelernt hat, sich für Schwächere und Menschen in Not einzusetzen, wird es als ganz selbstverständlich empfinden, nach seinen Möglichkeiten Hilfe zu leisten. Er wird nicht lange überlegen, wenn er sieht, wie ein Mann in der U-Bahn eine Frau sexuell belästigt. Als Prüfstein dafür, ob wir die Tugenden tatsächlich verinnerlicht haben, gilt das Gefühl, das wir bei ihrer Anwendung empfinden. Wer Tugenden rein äußerlich befolgt, sich dabei aber unwohl fühlt, dem sind sie noch nicht vollständig „in Fleisch und Blut" übergegangen, er ist noch nicht wirklich tugendhaft im umfassenden Sinne des Aristoteles. Ein tugendhaftes Leben ist nämlich eines, das Eudämonie bewirkt: Glückseligkeit im Vollzug.

Die Mittelposition, welche die jeweilige Tugend zwischen zwei negativen Leidenschaften einnimmt, ist keine leidenschaftslose Haltung. Sie ist gekennzeichnet durch das richtige Maß an Leidenschaft, das wiederum die objektive Wirklichkeit in den Blick nimmt. Im Falle der Zivilcourage oder des Mutes bei Aristoteles sieht das folgendermaßen aus: Wer sich keines Risikos bewusst ist, wird tollkühn handeln und sein Leben sinnlos riskieren. Wer sich in der U-Bahn, um bei unserem Beispiel zu bleiben, unbewaffnet einem Angreifer entgegenstellt, der ein Messer hat, wird möglicherweise unklug handeln; vor allem, wenn er dem Aggressor auf aggressive Weise begegnet. Der Mutige hingegen wird das Risiko und seine Möglichkeiten korrekt einschätzen und den Umständen und Gefahren entsprechend handeln. Er wird vielleicht versuchen, den Angreifer durch gutes Zureden davon zu überzeugen, sich friedlich zu verhalten. Zumindest aber wird er versuchen, die Stationsaufsicht oder gleich die Polizei zu verständigen.

Eine arithmetische Berechenbarkeit von „Mitte" hat Aristoteles übrigens nicht im Blick. Es geht ihm um die richtige Mitte „für uns". Was für den Einen noch lange nicht Ausdruck von Mut ist, mag für den Anderen bereits tollkühn erscheinen; entsprechend seiner Möglichkeiten und den Rahmenbedingungen der jeweiligen Situation, in der er sich befindet, kann dies durchaus variieren. Dass eine Spende von ein paar wenigen Euro eines Mindestpensionisten genau so großzügig ist, wie diejenige von ein paar tausend Euro eines Wohlhabenden, liegt auf der Hand.

Die Liste der ethischen Tugenden, die Aristoteles behandelt, ist lang, hier seien nur ein paar Beispiele genannt: Die richtige Mitte zwischen „Stumpfsinn" und „Unmäßigkeit" (es geht um „Lust") ist die „Mäßigkeit". Jemand der sich selbst verbietet, auch nur ein einziges Glas Wein zu trinken, vertritt hier die eine von zwei möglichen Extrempositionen. Die andere nimmt jener ein, der es nicht bei einer überschaubaren Menge Weins belässt, sondern sich bis zur Besinnungslosigkeit betrinkt. Genuss ist möglich und darf es sein, erfordert aber auch ein gewisses Maß an Selbstkontrolle. Vollkommene Askese ist ebenso falsch, wie totaler Exzess. In Bezug auf den Umgang mit Geld, stellt Aristoteles zwei Dreiergruppen auf, eine für das Verhalten „im Großen", eine für jenes „im Kleinen". Im Großen gelten „Kleinlichkeit" und „Protzerei" als die beiden schlechten Alternativen. Der richtige Weg der Mitte wäre hier die „Großzügigkeit". Beim „kleinen Geldausgeben" sind „Geiz" und „Verschwendung" die falschen Haltungen, „Freigebigkeit" ist die gesuchte Tugend. Geht es um die Geselligkeit des Menschen, so prangert Aristoteles etwa „mürrisches Verhalten" auf der einen, „Schmeichelei" auf der anderen Seite an, um mit der „Freundlichkeit" die perfekte Tugend der Mitte zu finden.

Besonderes Augenmerk richtet Aristoteles auf die Tugend der „Gerechtigkeit". Mit ihr befasst sich das gesamte fünfte Buch der „Nikomachischen Ethik". Die Gerechtigkeit nimmt eine Sonderstellung ein, da sie auch bei der Anwendung aller übrigen Tugenden zur Anwendung kommt. Von „allgemeiner Gerechtigkeit" spricht Aristoteles dort, wo die verschiedenen Tugenden zum Wohl und Nutzen der Allgemeinheit eingesetzt werden. Als einzelne Tugend kommt die „Gerechtigkeit" dort zum Einsatz, wo es um den fairen Tausch („austauschende Gerechtigkeit") und die Verteilung von Gütern („austeilende Gerechtigkeit") geht. Um sie geht es aber auch dort, wo die Korrektur von ungesetzlichem Verhalten stattfinden soll („wiederherstellende Gerechtigkeit").

Eine der Verstandestugenden, die „Klugheit", hat besondere Bedeutung für die ethischen Tugenden. Sie hilft als eine Art „praktische Urteilskraft" dabei, in Einzelfällen richtig zu entscheiden und entsprechend zu handeln. Sie weist, auf Basis von Erfahrungen mit ähnlich gelagerten Fällen, auf den besten Weg hin, einer Tugend gemäß zu handeln und somit das gute Leben zu verwirklichen.

Es gibt gegenwärtig mehrere Philosophen (etwa Philippa Foot, Alasdair MacIntyre, Martha C. Nussbaum), die sich auf die Tugendethik des Aristoteles rückbesinnen und sie in mehr oder weniger stark gewandelter Form reaktivieren. Ein wesentlicher Grund dafür besteht in der Ablehnung der als zu abstrakt und vom konkreten Menschen losgelöst kritisierten Ansätze der „teleologischen" (z.B. Utilitarismus) und „deontologischen" (z.B. Kant) Ethiken. Es geht bei der Tugendethik nicht um die Bewertung von Handlungen und Handlungszielen, sondern um den Menschen selbst, um seine charakterliche Struktur. Anstatt in Fragen der Moral einem theoretischen Prinzip zu folgen, handelt er – aus Sicht der Befürworter der Tugendethik – gemäß einer festen Haltung, die durch jahrelange Übung so verinnerlicht ist, dass sie mit Freude zur Anwendung gebracht wird; zusätzliche externe Motivation durch irgendwelche moralphilosophischen Argumente ist daher – aus Sicht der Tugendethiker – nicht nötig.

Ein Vorzug der Tugendethik besteht in ihrer „Natürlichkeit": Tugenden sind Ausdruck einer bestimmten Gesellschaft, haben sich in ihr und aus ihr heraus entwickelt und entsprechen somit den geltenden Bedürfnissen dieser Gesellschaft. Sie weisen dadurch eine gewisse Stabilität und Verankerung innerhalb einer Gemeinschaft auf. Ihre Verinnerlichung im Individuum lässt sie, in Verbindung mit der praktischen Klugheit, die ihre korrekte Anwendung gewährleistet, ganz selbstverständlich zum Einsatz kommen, ohne dass vor jeder einzelnen Handlung lange überlegt werden muss.

Ein Problem, mit dem tugendethische Systeme jedoch zu kämpfen haben, ist die (mögliche) Relativität der Tugenden. Wenn sie nämlich in der Gemeinschaft, in welcher sie erlernt und eingeübt werden, entstanden sind, dann könnten sie, im schlechtesten Fall, auch nur für diese Gemeinschaft gelten. In anderen Kulturkreisen gelten dann ganz andere Tugenden. Welche sind die besseren? Nach welchem Kriterium soll das entschieden werden? Gibt es solche Tugenden, die, obwohl sie die Akzeptanz in einer bestimmten Kultur aufweisen, dennoch unsinnig (für den Einzelnen) sind? Können die Tugenden alleine, ohne vorherige kritische Reflexion des jeweiligen Einzelfalles, in dem sie zur Anwendung kommen, den richtigen Weg weisen? Ist etwa die Bereitschaft, für die eigene Überzeugung oder für das Vaterland in den Tod zu gehen wirklich „heldenhaft" oder sollten wir sie nicht doch lieber als dumm ansehen? Mutig (wenn auch nicht besonders klug) ist vielleicht auch der einzelne Neonazi, der eine Gruppe Schwarzer auf der Straße anpöbelt, aber deshalb ist seine Tat noch lange nicht moralisch gerechtfertigt.

Für Aristoteles gilt der Vorwurf der durch Kultur bedingten Relativität eher nicht. Seine ethischen Tugenden erheben einen allgemein menschlichen Anspruch und können daher ohne große Veränderung auch auf unsere heutige Zeit übertragen werden. „Mut" und „Freigebigkeit" beispielsweise haben immer Saison. Dass die Tugendethik des Aristoteles aber nicht zur Kritik von innergesellschaftlichen Missständen taugt, die ebenso gewachsen sind, wie die Tugenden selbst, ist evident. Sklaven, Metöken (das waren im Inland lebende Ausländer) und Frauen hatten im Athen zur Zeit des Aristoteles eingeschränkte oder überhaupt keine Rechte. Eine Tatsache, die der Philosoph auf abenteuerliche Weise als von Natur aus gewollt argumentierte.

Ein letzter Kritikpunkt lautet: Wie lässt sich logisch aus der Existenz gewisser Tugenden ableiten, dass sie auch weiterhin Geltung beanspruchen dürfen und daher an Kinder und Kindeskinder tradiert werden sollten? Auch hier kommt erneut die Kritik Humes zum Tragen: Aus dem Sein (bestimmter Tugenden) ist kein Sollen (ihrer weiteren Anwendung) zu schließen. Die Tatsache, dass sich gewisse Tugenden bisher bewährt haben, gibt ihnen nicht automatisch das Recht, auch in der Zukunft angewendet zu werden.

Die richtige Einstellung

Ich war schon lange kein Kind mehr, aber sicher noch in meinen späten Teenagerjahren, als ich einen seltsamen Traum hatte. Mir träumte, ich könnte fliegen. Das wäre nicht weiter beeindruckend gewesen, denn solche Träume hat wohl jeder schon einmal gehabt. Das Faszinierende bei meinem Traum war jedoch, dass ich bis kurz nach dem Erwachen fest davon überzeugt war, eine Formel gefunden zu haben, mit deren Anwendung jeder Mensch ganz selbstverständlich fliegen könnte. Es ging bei meiner Flugfähigkeit nicht um Flügel oder das Schweben durch durch Willenskraft, so wie Superman es kann. Nein, ich hatte **die** Formel schlechthin geträumt, sie angewandt und war dadurch zum Selbstflieger geworden. Leider entfiel mir das „Rezept" unmittelbar nach dem Aufwachen, wer weiß, was gewesen wäre, hätte ich es mir gemerkt.

Nein, Scherz beiseite, ich glaube nicht wirklich daran, dass ich fliegen hätte können. Dazu bin ich viel zu nüchtern und ein zu großer Anhänger der Naturwissenschaften. Ich glaube überhaupt nicht an „Übernatürliches" – und Fliegen (ohne Flügel) gehört eindeutig dazu. Aber in diesem Moment, kurz vor und nach dem Aufwachen, war ich fest davon überzeugt, die Formel fürs Fliegen gefunden zu haben.

Es gibt bzw. gab vor etwas mehr als zweihundert Jahren einen Philosophen, der ebenfalls davon überzeugt war, eine wichtige Formel gefunden zu haben. Diese sei vollkommen selbstständig und aus ihr lasse sich mit hundertprozentiger Sicherheit ableiten, wie wir handeln sollen, um das moralisch Richtige zu tun. Obwohl diese Formel auf den ersten Blick der „Goldenen Regel" ähnlich zu sein scheint, hat sie nicht wirklich viel mit ihr gemeinsam. Der Philosoph, von dem ich spreche, war Immanuel Kant und seine Formel heißt „der kategorische Imperativ".

Der Anspruch Immanuel Kants ist groß: Er will die Moral auf eine vernünftige Basis stellen und zwar so, dass sie Geltung für alle Vernunftwesen beanspruchen kann, unabhängig von persönlichen Vorlieben und Emotionen. Dadurch soll sie eine sämtliche Kulturen, Zeiten und Traditionen übergreifende

Geltung erlangen. Damit stellt Kants Ethik innerhalb der Geschichte der Philosophie des Abendlandes einen fundamentalen Neuansatz dar. Waren die bisherigen Konzepte (sehen wir von der „Goldenen Regel" ab) stets inhaltlich bestimmt, denken wir etwa an das „Glück" oder die „Lust" oder an die Pflicht zur Befolgung bestimmter, von Gott gegebener „Gebote", versucht Kant eine Revolution. Die Vorgabe der konsequenten Allgemeingültigkeit, deutet bereits an, dass es sich bei dieser Formel, dem „kategorischen Imperativ", um ein abstraktes Prinzip handeln muss. Worin besteht er und wie soll er gewährleisten, dass jeder, der sich an ihm orientiert, das moralisch Richtige tut oder zumindest erkennen kann, was er tun sollte?

Zwei Schriften sind es, in welchen Kant seine Moralphilosophie entfaltet: Die „Grundlegung zur Metaphysik der Sitten" (1785) und die „Kritik der praktischen Vernunft" (1788). Seine beiden Werke „Die Religion innerhalb der Grenzen der bloßen Vernunft" (1793) und die „Metaphysik der Sitten" (1797) ergänzen die zwei ethischen Hauptwerke.

Traditionen, seien sie weltlich-politischer, seien sie religiöser Natur, fallen als Grundlage für Moral weg. Die historischen Erfahrungen der gewalttätigen Auseinandersetzungen verschiedener Religionen, insbesondere im Zuge des 30jährigen Krieges, machten Kant skeptisch in Bezug auf die Begründung von Moral auf Basis des Glaubens. Auch die persönlichen Überzeugungen und Gefühle von Menschen sind ungeeignet, eine solche Begründung zu leisten. Jeder von uns hat seine eigenen, subjektiven Bedürfnisse und Vorlieben. Wie sollten diese jemals zur Grundlage einer für alle gleichermaßen geltende Moral werden? Die „moral sense"-Philosophie lehnt der „kritische" Kant daher ebenso ab wie die Ethik der Religionen, welche das moralisch Richtige durch Hinweis auf die Offenbarungen des Willens Gottes bestimmen wollen.

Was „gut" ist, muss sich vielmehr durch die Vernunft selbst als „gut" erweisen lassen. Alles, was ihren Kriterien nicht entspricht, kann nicht als gut gelten, selbst wenn es ein göttliches Gebot wäre. Kant will ein „Sittengesetz" finden, das – ähnlich wie das Gravitationsgesetz Newtons für den Bereich der theoretischen Wissenschaft, hier: der Physik – allgemeine und ausnahmslose Gültigkeit für das Handeln aller Menschen besitzt. Allerdings muss es (im Unterschied zum Gravitationsgesetz, das ja durch Beobachtung gefunden wurde) vor aller Erfahrung erkennbar sein, also aus der Vernunft selbst entnommen werden können. Denn nur so ist verbürgt, dass es nicht durch fehlerhafte Wahrnehmung verzerrt und für alle Menschen, unabhängig von ihren individuellen sinnlichen Unterschieden, verbindlich ist.

Kant beginnt seine Überlegungen mit der Suche nach dem „höchsten Gut", dem „Guten", das Aristoteles bekanntlich als „Eudämonie", als „Glück" definiert hatte. Im Gegensatz zu seinem antiken Vorgänger kommt er jedoch zu der überraschenden Erkenntnis, dass das Einzige, was wirklich als uneingeschränkt gut gelten kann, ein „guter Wille" sei. Was meint Kant damit? Was auch immer wir tun, als in der realen Welt Handelnde sind die Ergebnisse unserer Taten nicht immer das Ergebnis unserer Absichten. Was am Ende des Tages heraus kommt, ist laut Kant für die Frage „Was soll ich tun?" überhaupt nicht von Bedeutung. Auch unsere persönlichen Ziele, wenn wir sie inhaltlich konkret bestimmen, können bloß Ausdruck unserer subjektiven Wünsche sein. Somit sind sie nicht zwingend das Ergebnis allgemeingültiger Ansprüche. Ein guter Wille ist das Einzige, was durch und durch gut ist. Was aber ist ein guter Wille? Um das herauszuarbeiten, untersucht Kant zunächst die Gründe, warum Menschen so handeln, wie sie handeln. Als der physischen Welt angehörig sind sie ihren natürlichen Bedürfnissen unterworfen. Der Mensch ist aber auch ein „intelligibles" Wesen. Kant meint damit, dass er vernunftfähig ist. Mit Hilfe dieser Vernunft können wir untersuchen, ob das, was wir tun wollen, ebenfalls vernünftig ist oder bloß Ausdruck unserer körperlichen Bedürfnisse oder reiner Beliebigkeit, also Willkür.

Als natürliche Wesen, die wir uns nur von unseren Trieben, nicht aber von unserer Vernunft bestimmen lassen, sind wir dem Kausalgesetz unterworfen. Wir sind Gefangene des Schemas von Ursache und Wirkung und moralisch nicht höher stehend als Tiere, die instinktiv handeln und dabei ihren animalischen Bedürfnissen folgen. Um Freiheit zur Anwendung zu bringen und unseren Willen moralisch zu bestimmen, müssen wir hingegen unsere zweite, bessere „Natur", nämlich unsere Vernunft einsetzen. Wir müssen davon absehen, unseren Willen durch konkrete Inhalte zu gestalten. Kant sucht die Orientierung des Willens in der reinen Form des moralischen Gesetzes. Das Gebot selbst bzw. seine Form des Gebietens ist gleichsam der „Inhalt" des Sittengesetzes. Wir unterwerfen uns der reinen Pflicht, die uns in der nackten Gestalt dieser Formel begegnet. Das mag auf den ersten Blick sehr abstrakt klingen, wird jedoch auf den kommenden Seiten aufgeklärt.

Es gibt laut Kant mehrere Möglichkeiten, wie wir beim Handeln auf unsere Vernunft hören können. Dazu unterscheidet er zwischen hypothetischen und kategorischen Imperativen. Hypothetische Imperative verlangen von uns, etwas Bestimmtes zu tun, vorausgesetzt, wir wollen damit etwas Bestimmtes erreichen. Innerhalb der Gruppe dieser hypothetischen Imperative differenziert Kant wiederum zwischen „Imperativen der Geschicklichkeit" und „Ratschlägen der Klugheit". „Imperative der Geschicklichkeit" sind all jene, die wir befolgen sollten, wenn wir ein bestimmtes, persönliches Ziel vor Augen haben. Die Vernunft lehrt uns in diesem Fall, was das beste Mittel zum Erreichen dieses Zieles ist. Wer bei seinem Pensionsantritt eine gewisse Mindesthöhe an Rente kassieren will, sollte während seiner beruflich aktiven Zeit entsprechend hohe Beiträge einzahlen. Wem die Höhe egal ist, der ist natürlich nicht dazu angehalten, das zu tun. Von Moral ist hier laut Kant nicht die Rede. „Die Ratschläge der Klugheit" haben zwar ebenfalls nichts mit Moral zu tun, beanspruchen aber bereits einen gewissen Grad an Allgemeingültigkeit, der sich der übereinstimmenden Natur aller Menschen verdankt. Wer gesund bleiben will, um auch in Zukunft – welche Ziele auch immer – verwirklichen zu können, sollte keine harten Drogen konsumieren. Auch diese Forderung ist noch nicht kategorisch, sondern „nur" hypothetisch, obgleich sie wohl für nahezu alle Menschen gilt.

Um den „kategorischen Imperativ" zu bestimmen, der nicht von unseren privaten Vorlieben abhängt, sondern ausnahmslos, eben „kategorisch", gültig ist, macht Kant einen Umweg über die höchsten subjektiven Handlungsmaßstäbe des Einzelnen. Dazu zieht er den Begriff der „Maxime" heran und definiert ihn als einen höchsten subjektiven Grundsatz, nach dem jeder von uns handelt. Menschen haben verschiedene Maximen, für den einen mag gelten, dass er sich verpflichtet sieht, allen Menschen, die in Not sind, zu helfen. Ein anderer wiederum, etwa ein professioneller Taschendieb, mag es sich zur Maxime gemacht haben, jede gute Gelegenheit zu nützen, wertvolle Gegenstände aus fremden Taschen zu stehlen. Es geht bei einer Maxime also nicht um die Entscheidung in einer bestimmten Situation, sondern um die grundsätzliche Haltung eines Menschen, die in Einzelsituationen zur Anwendung kommt.

Kant will nun überprüfen, welche unserer Maximen als moralisch angesehen werden können. Dazu verwendet er ein Verfahren, in welchem die reine Vernunft selbst zum Einsatz kommt. Der kategorische Imperativ ist, wie bereits gesagt, so etwas wie eine mathematische Formel, in die sich verschiedene Maximen einsetzen lassen. Führt das Ergebnis zu einem Widerspruch, ist die Maxime nicht vernünftig, das heißt nach Kant: Nicht gut im moralischen Sinn.

Die Basisformulierung des kategorischen Imperativs, wir finden sie in der „Grundlegung zur Metaphysik der Sitten", lautet:

> *„Handle nur nach derjenigen Maxime,*
> *durch die du zugleich wollen kannst,*
> *dass sie ein allgemeines Gesetz werde."*

Wenn ich der oben genannte Taschendieb wäre und die entsprechende Maxime hätte, fordert Kant mich dazu auf, diese Maxime zur Überprüfung in den kategorischen Imperativ einzusetzen und sie in einer Art mathematischer Rechnung zu verallgemeinern. Was wäre, würden alle Menschen es sich zur Maxime machen, immer dann zu stehlen, wenn es ihnen nützlich erschiene? Die Institution des Eigentums wäre ad absurdum geführt, was wiederum auch mir selbst schaden würde. Denn dann würde selbstverständlich auch ich bestohlen werden können. Ich würde also ein allgemeines Gesetz fordern, das ich eigentlich nicht fordern kann, weil es gegen meine eigenen Interessen verstößt. Somit scheidet eine Maxime wie diejenige des Taschendiebes aus. Sie ist definitiv nicht vernünftig und daher nicht moralisch.

Die zweite Formulierung des kategorischen Imperativs (ebenfalls in der „Grundlegung" enthalten) rückt den bereits erwähnten Charakter dieses Imperativs als eine Art „Gesetz" in den Mittelpunkt:

„Handle so, als ob die Maxime deiner Handlung zum allgemeinen Naturgesetz werden sollte."

Um diese Version zu erläutern, bringt Kant vier berühmte Beispiele, die für vier Arten von Pflichten stehen, die der Philosoph in die moralphilosophische Diskussion einführt:

Kant unterscheidet zunächst zwischen Pflichten, die wir uns selbst und solchen, die wir anderen gegenüber haben. Weiters untergliedert er beide in vollkommene und unvollkommene Pflichten. Um vollkommene Pflichten handelt es sich dort, wo ich die Verallgemeinerung einer Maxime nicht einmal widerspruchsfrei denken kann. Bei den unvollkommenen Pflichten ist das etwas anders. Hier kann ich die entsprechende Maxime zwar widerspruchsfrei gedanklich verallgemeinern, wollen kann ich sie aber – genau genommen – nicht.

Als Beispiel für eine vollkommene Pflicht gegen mich selbst nennt Kant das Verbot des Selbstmords. Die entsprechende Maxime würde lauten: Wann immer ich mich so elend fühle, dass ich nicht mehr leben will, darf ich aus Selbstliebe meinem Leben ein Ende bereiten. Die Verallgemeinerung dieser Maxime lautet: „Jeder, der sich elend fühlt, darf aus Selbstliebe sein Leben beenden." Die Einführung der Formulierung „aus Selbstliebe" ist essentiell, denn Kant geht es nicht darum, auf das mögliche Ergebnis zu schielen, dass durch ein allgemeines Gesetz zur Legalität des Selbstmordes die Menschheit aussterben könnte. Das mögliche Resultat interessiert Kant überhaupt nicht. Er will nur prüfen und darin bestimmt die Faszination seines Konzeptes, ob die Verallgemeinerung einer Maxime in einen logischen Widerspruch führt.

Im Falle des Selbstmordes aus Selbstliebe sieht der Widerspruch in Kants eigenen Worten (aus der „Grundlegung") so aus:

> *„Ich mache es mir aus Selbstliebe zum Prinzip, wenn das Leben bei seiner längeren Frist mehr Übel droht, als es Annehmlichkeit verspricht, es mir abzukürzen. Es frägt sich nur doch, ob dieses Prinzip der Selbstliebe ein allgemeines Naturgesetz werden könne. Da sieht man aber bald, dass eine Natur, deren Gesetz es wäre, durch dieselbe Empfindung, deren Bestimmung es ist, zur Beförderung des Lebens anzutreiben, das Leben selbst zu zerstören, ihr selbst widerspreche und also nicht als Natur bestehen würde, mithin jene Maxime unmöglich als allgemeines Naturgesetz stattfinden könne (...)."*

Die „Selbstliebe", von der Kant hier spricht, zielt einmal darauf ab, Leben zu erhalten, das andere Mal, es zu zerstören. Selbstliebe in Gestalt des Selbstmordes kann also kein allgemeines Gesetz (und damit Ausdruck von Moral) sein, da sie zu einem logischen Widerspruch führt!

Als Beispiel für die „vollkommene Pflicht gegen andere" nennt Kant das Leihen von Geld im Wissen, es nicht zurückzahlen zu können. Jemand, der einen anderen um Geld bittet und ihm verspricht, es sobald wie möglich zurückzuzahlen, aber schon jetzt weiß, dass er das niemals zu tun gedenkt, handelt entgegen dieser Pflicht. Warum ist das nun eine vollkommene Pflicht? Kant geht es auch hier nicht darum, die allgemeine Konsequenz eines gebrochenen Versprechens als Rute ins Fenster zu stellen. Ob alle Menschen sich gegenseitig falsche Versprechen geben und die Welt dadurch zu einem ziemlich ungemütlichen Ort werden würde, ist Kant zwar nicht egal. Für sein Ziel, die rein logische Widersprüchlichkeit einer entsprechenden Verallgemeinerung aufzuweisen, ist das aber nicht von Bedeutung.

Nehmen wir an, die Maxime lautet: „Wann immer ein Mensch Geld leihen will, im Wissen, er wird es niemals zurückzahlen, darf er das tun und ein entsprechendes falsches Versprechen abgeben." Ein Versprechen, das jemand abgibt, ist eine Selbstverpflichtung: „Ich verpflichte mich, wenn ich dir etwas verspreche, dieses Versprechen einzuhalten." Ein falsches Versprechen läuft darauf hinaus, sich nicht selbst zu verpflichten. Würde man diese Nicht-Selbstverpflichtung zum Naturgesetz (also in den Status der Allgemeingültigkeit) erheben, hieße das, eine Selbstverpflichtung zur Nicht-Selbstverpflichtung zu fordern. Das ist aber ein logischer Widerspruch – und zwar bereits im Denken. Daher handelt es sich hier um eine vollkommene Pflicht.

Die zwei anderen Beispiele, die Kant ausführt, behandeln unvollkommene Pflichten gegen mich selbst und gegen andere. Die Verallgemeinerungen der entsprechenden Maximen zum Status von Naturgesetzen sind zwar widerspruchsfrei denkbar, können aber nicht gewollt werden.

Mit dem dritten Beispiel zielt Kant auf unsere Anlagen als Mensch ab und meint, dass wir diese verkümmern lassen können. Dieses Vorhaben können wir auch verallgemeinernd für alle Menschen als allgemeines Gesetz denken. Es handelt sich hier um eine unvollkommene Pflicht mir selbst gegenüber. So wäre es vorstellbar, dass wir alle, statt uns selbst und damit die Welt insgesamt technisch und kulturell weiterzuentwickeln, lieber faulenzen. Aber wollen können wir das eigentlich nicht. Warum? Kant meint, der Widerspruch besteht in diesem Fall darin, dass ich mich selbst um meine Möglichkeiten betrüge. Wenn ich etwa, um ein Beispiel zu konstruieren, erkenne, dass ich über eine gewisse bautechnische Begabung verfüge, aber nicht Architektur studiere und diese Befähigung zur Anwendung bringe, dann tritt – bei Verallgemeinerung meiner Maxime („Niemand soll seine Naturanlagen befördern.") – folgender Widerspruch ein: Eine Naturanlage (eine bestimmte Begabung), also Ausdruck der Natur, etwas Bestimmtes zu „wollen" (mindestens aber zu können) kollidiert mit dem von mir durch gedankliche Verallgemeinerung zum Naturgesetz erhobene Forderung, Begabungen nicht zu fördern. Die Natur käme also mit sich selbst in Widerspruch.

Das letzte von Kants Beispielen soll eine unvollkommene Pflicht anderen gegenüber illustrieren. Es geht dabei um die Hilfe, die ich anderen anbiete oder eben verweigere. Der moderne Begriff der Pflicht zur „Ersten Hilfe" ist hierfür ein gutes Beispiel.

Ist es logisch widersprüchlich, eine Verweigerung der „Ersten Hilfe" als allgemeines Naturgesetz zu denken? Nein, denn ich könnte ohne Widerspruch denken, dass niemand anderen Menschen, die in Not geraten, helfen soll. Die Welt wäre zwar wesentlich brutaler, kälter, egoistischer, aber denkbar wäre dies durchaus. Ob ich es aber auch wollen kann, ist eine andere Frage. Dabei geht es wiederum nicht darum, dass ich selbst in die missliche Lage geraten könnte, Erste Hilfe zu benötigen und bei Existenz eines allgemeinen Gesetzes, dass niemand anderen Menschen in Not helfen soll, ernsthaft in Schwierigkeiten wäre. Auf den ersten Blick sieht es so, und Kant hat bei diesem Beispiel wirklich große Probleme, diesen Verdacht abzuwehren. Aber die Konsequenzen dürfen eben nicht der Bestimmungsgrund sein, da Kant rein aus der Vernunft selbst die moralische Zulässigkeit einer Maxime ableiten will.

Im Fall der „Ersten Hilfe" könnten wir daher sagen: Es ist ein allgemeines Faktum der Natur, also gleichsam eines ihrer „Gesetze", dass Menschen Zwecke verfolgen. Ihr Weiterleben ist ein solcher Zweck, einerseits für sich genommen, andererseits deshalb, weil es die unbedingte Voraussetzung für die Verfolgung aller anderen Zwecke darstellt. Ein Naturgesetz, das es untersagt, die Möglichkeit, auch künftig Zwecke setzen zu können, zu unterstützen, würde die Natur in einen Widerspruch stürzen. Es kann von uns also nicht gewollt werden.

Eine weitere wichtige Formulierung des kategorischen Imperativs ist diejenige vom „Selbstzweck" des Menschen. Kant bringt damit zum Ausdruck, dass jeder von uns als Vernunftwesen, das in der Lage ist, sich selbst (gemäß der Orientierung am kategorischen Imperativ) vernünftig zu bestimmen und frei

Zwecke zu setzen, einen schützenswerten Zweck an sich darstellt.

Die entsprechende Version aus der „Grundlegung" lautet:

> *„Handle so, dass du die Menschheit, sowohl in deiner Person, als in der Person eines jeden andern, jederzeit zugleich als Zweck, niemals bloß als Mittel brauchest."*

Gemäß dieser Formulierung wäre das Anlügen im Falle eines Versprechens deshalb unzulässig, weil ich den Menschen, den ich belüge, bloß als Mittel für meine Zwecke instrumentalisiere, ihn aber nicht als Selbstzweck ansehe und behandle. Letzteres würde ich nämlich nur dann tun, wenn ich ihn nicht anlüge.

Für die Konzeption Kants spielt der Begriff der Freiheit eine fundamentale Rolle. Wie ich bereits weiter oben ausgeführt habe, ist Freiheit nicht beweis-, aber auch nicht widerlegbar. Für Kant ist sie dennoch ein wesentliches Element seiner Ethik. Denn alles, was in ihr nach Fremdbestimmung klingt, ist Ausdruck von Unfreiheit: Meine subjektiven Gefühle und Leidenschaften, mir äußerliche Gesetze, wie etwa göttliche Gebote usw. Die Selbstgesetzgebung mittels der Vernunft, die so genannte Autonomie, ist für Kant hingegen der Ausdruck maximaler Freiheit. Nur wer sich mittels der reinen Form der Vernunft, unbeeinträchtigt von irgendwelchen inhaltlichen Verunreinigungen, selbst bestimmt, handelt frei und damit moralisch.

Die Faszination dieses Ansatzes liegt auf der Hand: Es sieht so aus, als würde er damit alle Streitigkeiten der verschiedenen (inhaltlich bestimmten) Moralkonzepte ein für allemal beseitigen. Ob das tatsächlich so ist, ist fraglich. Sehr abstrakt und abgehoben ist die Ethik Kants, für den Normalbürger nur schwer nachvollziehbar. Sie erfordert jedenfalls einen hohen intellektuellen Einsatz. Und selbst wenn die Menschen bereit wären, ihn zu erbringen: Würden sie gemäß ihrer Erkenntnis handeln?

Die wesentliche Frage, die über Sinn und Unsinn des kategorischen Imperativs entscheidet, lautet aber ganz anders: Besteht die Möglichkeit, dass seine Anwendung zu widersprüchlichen

Ergebnissen führt? Sollte das der Fall sein, hat Kant ein Problem.

Es gibt ein berühmtes Beispiel, in welchem ein Mensch auf der Flucht vor einem Mörder bei einem Freund Unterschlupf sucht. Der Mörder klopft an die Tür und fragt, ob der Flüchtige sich hier versteckt hält. Kant tritt hier vehement dafür ein, dass der Hausbesitzer zur Wahrhaftigkeit verpflichtet sei, den Mörder also nicht anlügen darf.

An dieser Stelle gerät der kategorische Imperativ meiner Meinung nach an seine Grenzen; aber nicht nur er. Vielleicht ist die ausnahmslose Allgemeingültigkeit, nach der Kant (und mit ihm viele andere Moralphilosophen der Vergangenheit und teilweise noch der Gegenwart) so verzweifelt sucht, prinzipiell unerreichbar? Vielleicht lässt sich das moralisch Richtige eben nicht unbesehen der realen Bedürfnisse und ohne Berücksichtigung der Umstände der jeweiligen Situation entfalten?

Norbert Hoerster führt in seinem Buch „Ethik und Interesse" ein weiteres Beispiel an: Wenn ich in einem kommunistischen Land lebe und mich gegen Privateigentum ausspreche, ist diese meine Maxime widerspruchsfrei denkbar. Das Umgekehrte ist aber genau so der Fall: Als Einwohner eines wirtschaftsliberalen Landes kann ich ebenso widerspruchsfrei für Privatbesitz eintreten. Kann es sein, dass mit dem kategorischen Imperativ einander ausschließende Ergebnisse zustande kommen? Wenn dem so ist, dann kann es sich bei ihm wohl kaum um das gesuchte höchste Prinzip handeln.

Dem kategorischen Imperativ wurde immer wieder vorgeworfen, durch seine abstrakte, inhaltsleere Form den realen Bedürfnissen der Menschen nicht gerecht zu werden. Diesen Vorwurf kann ich nicht teilen. Gerade weil er es möglich macht, die eigenen Maximen einzusetzen, die ja insofern konkret sind, als sie bereits existieren, ist er sehr realitätsnah. Denn unsere Maximen entspringen unserer jeweiligen Lebenswirklichkeit. Der kategorische Imperativ würde allerdings (falls er überhaupt funktioniert) nicht dazu dienen, die Frage „Was soll ich tun?" zu beantworten. Er kann – wenn er nicht zu Widersprüchen (siehe Hoerster) führt – bestenfalls dazu heran gezogen werden, bereits existierende Maximen in unmoralische und moralisch korrekte zu unterscheiden.

Dem Vorwurf, dass Kant den Einzelnen einem einsamen, inneren Rechnen überlassen würde, an dessen Ende – vielleicht – ein vernünftiges, nach Kant: moralisch richtiges Ergebnis steht, das in seinem Ergebnis aber für andere bedrohlich sein könnte (siehe oben genanntes Beispiel mit dem Flüchtigen) begegnen die Philosophen der Diskursethik. Sie beziehen sich zwar auf Kant, wollen sein „monologisches" Vorgehen beim Auffinden des moralisch Richtigen aber durch einen Dialog aller potenziell Betroffenen korrigieren.

Reden wir übers Reden

Standen Sie schon einmal vor Gericht? Ich hoffe nicht! Denn das ist nicht besonders angenehm, nicht einmal dann, wenn man nur als Zeuge geladen ist. Ich selbst hatte einmal das „Vergnügen", als Zeuge aussagen zu „dürfen" und habe mich nicht sonderlich wohl dabei gefühlt, obwohl ich nach bestem Wissen und Gewissen auf alle Fragen der Richterin geantwortet und so hoffentlich der Wahrheitsfindung gedient habe.

Bei einer Gerichtsverhandlung gibt es einen genau geregelten Ablauf, wer, wann, was sagen darf bzw. muss. Ziel dieses strukturierten Gesprächs von Richter, Staatsanwalt, Verteidiger, Angeklagtem und Zeugen ist es, die Wahrheit herauszufinden und Recht zu sprechen. Nun gut, werden Sie vielleicht denken, das Ziel des Angeklagten, die Wahrheit herauszufinden, ist nur dann gegeben, wenn er unschuldig ist. Wenn er die Tat, deretwegen er vor Gericht steht, begangen hat, liegt ihm sicher mehr daran, dass die Wahrheit im Verborgenen bleibt. Aber lassen wir diese Möglichkeit einmal beiseite und gehen davon aus, dass der Angeklagte tatsächlich unschuldig ist. Dann geht es bei der Verhandlung wirklich darum, die Wahrheit herauszufinden – und alle Beteiligten haben daran ein Interesse.

So manche private Streiterei, zum Beispiel die zwischen zwei Bauern, die sich nicht einigen können, wo die Grenze zwischen ihren Wäldern verläuft, endet vor Gericht. Dort wird dann in zivilisierter und vor allem strukturierter Weise ein Ergebnis gesucht, mit dem alle Beteiligten einverstanden sind, weil es für jeden gut ist. Wenn doch alle unsere Gespräche unter solchen „standardisierten" Bedingungen ablaufen könnten! Dann würde es auf der Welt vielleicht ein wenig friedlicher zugehen.

Die Vertreter der so genannten „Diskursethik" haben das strukturierte und nach bestimmten Regeln ablaufende Gespräch zur Grundlage ihres Konzepts gemacht. Für Immanuel Kant reichte es aus, wie wir vorhin gesehen haben, das moralisch Richtige in Form eines inneren Selbstgesprächs, eines geistigen Monologs zu finden. Im Unterschied dazu stellt die Diskursethik das dialogische Prinzip in den Vordergrund. Was richtig ist, kann sich laut ihren Vertretern nur aus einem Dialog sämtlicher Betroffener ergeben.

Die „eine" Diskursethik gibt es mittlerweile nicht mehr, da auch dieser Ansatz, der von den beiden deutschen Philosophen Karl-Otto Apel (geb. 1922) und Jürgen Habermas (geb. 1929) in den 70er und 80er Jahren des 20. Jahrhunderts entwickelt wurde, sich im Laufe der Jahre gewandelt und die unterschiedlichsten Ausprägungen gefunden hat. Auch Apel und Habermas selbst dürfen nicht in einen Topf geworfen werden, da sich auch ihre beiden Formen einer diskursiven Ethik voneinander unterscheiden. Meine folgende Darstellung konzentriert sich auf den Ansatz von Jürgen Habermas.

Dieser unterscheidet zunächst zwei Arten von sozialem Handeln, das heißt Handeln innerhalb einer Gemeinschaft: „kommunikatives" und „strategisches Handeln". Absicht des „strategischen Handelns" ist es, die eigenen Ziele zu verwirklichen, ohne dabei die Bedürfnisse und Absichten anderer zu berücksichtigen, geschweige denn, sich überhaupt mit diesen auseinanderzusetzen. Das „kommunikative Handeln" ist hingegen auf Verständigung mit den Anderen ausgerichtet. Diese werden als Gleiche bzw. Gleichberechtigte respektiert, als Zweck an sich, so könnten wir Kant zitieren und nicht als Mittel zu eigenen Zwecken. Es geht also darum, das eigene Handeln mit dem der anderen zu koordinieren.

Eine wesentliche Grundannahme der Diskursethik lautet, dass jeder, der in einen Diskurs eintritt, ein bestimmtes Moralprinzip „immer schon" als geltend anerkannt hat. Egal, ob wir Behauptungen aufstellen, sie hinterfragen oder gar verwerfen, wir tun dies stets auf Basis der Verbindlichkeit dieses Prinzips. Wer den Diskurs sucht, erhebt nämlich den Anspruch, Argumente vorbringen zu können, die auch dem Gegenüber einleuchten könnten. Er bedient sich also der Sprache als ein Mittel der Argumentation, anstatt Gewalt (auch mittels Sprache, etwa durch Drohungen) anzuwenden.

Das diskursethische Moralprinzip kann als eine Variante desjenigen von Immanuel Kant aufgefasst werden. Auch hier wird Allgemeingültigkeit angestrebt. Der Unterschied besteht jedoch darin, dass Kant dem Individuum empfiehlt, zu überlegen, ob es die Verallgemeinerung der eigenen Maxime wollen kann oder nicht, was sich aus rein logischer Überlegung erkennen lassen soll. Die Diskursethiker wollen hingegen alle Betroffenen einbeziehen und können das Ergebnis des Diskurses nicht logisch vorwegnehmen. Streng genommen begründen sie keine Moralnormen, sondern nur ein Verfahren, mit dessen Hilfe solche Normen überhaupt erst begründet werden sollen. Der diskursive Vorgang der Verallgemeinerung, in welchem im besten Fall alle zustimmen, soll ein gleich berechtigter, gewaltfreier sein, der sich außerdem durch Ehrlichkeit der Teilnehmer auszeichnet. Das heißt: Jeder sollte die Chance bekommen, offen zu sprechen und seine Positionen und Argumente vortragen zu können – so ähnlich wie das eben in einem (fairen) Gerichtsverfahren der Fall ist. Würde der eine Bauer mit der Schrotflinte in der Hand zum anderen Bauern gehen und ihn mit der Waffe im Anschlag fragen, wo denn seiner Meinung nach die Grenze zwischen den zwei Grundstücken verläuft, würde das eher nicht der Wahrheitsfindung dienen. Wenn beide vor Gericht die Möglichkeit bekommen, ihren Standpunkt sachlich und ohne Androhung von Gewalt durch den Anderen vorzutragen, stehen die Chancen auf eine vernünftige und faire Lösung wesentlich besser.

Kommunikation spielt sich immer schon in einer bestimmten Lebenswelt ab, die durch kulturelle Traditionen hinterlegt ist. Habermas spricht in seinen „Vorstudien und Ergänzungen zur Theorie des kommunikativen Handelns" (1984) davon, dass dieses kulturell überlieferte Hintergrundwissen gleichsam eine transzendentale Stellung gegenüber konkreten sprachlichen Äußerungen einnimmt. Der Begriff „transzendental" bekam von Immanuel Kant seine spezielle Bedeutung verliehen und bedeutet bei ihm „grundlegend sein für". Im Rahmen der Erkenntnistheorie Kants bezeichnet „transzendental" diejenigen Voraussetzungen im erkennenden Subjekt, die Erkenntnis überhaupt erst möglich machen. Die Traditionen und kulturellen Strukturen, von denen Habermas spricht, machen ein gesellschaftliches, hier: ein kommunikatives Handeln, erst möglich.

Kommt es innerhalb des gemeinsamen kulturellen Geschehens zu Konflikten zwischen individuellen Ansprüchen und den sozialen Üblichkeiten, dann und nur dann muss ein neues Einverständnis hergestellt werden. Dies erfolgt über den bereits genannten Diskurs.

Das formale Universalisierungsprinzip (hier begegnet uns wieder die „Verallgemeinerung", auf die wir schon öfters gestoßen sind), das Habermas in seiner Schrift „Moralbewusstsein und kommunikatives Handeln" (1983) aufstellt, lautet:

> *„Jede gültige Norm muss der Bedingung genügen, dass die Folgen und Nebenwirkungen, die sich aus ihrer **allgemeinen** Befolgung für die Befriedigung der Interessen **jedes** Einzelnen voraussichtlich ergeben, von **allen** Betroffenen zwanglos akzeptiert werden können."*

Mit dieser Regel ist keine inhaltliche Bestimmung geliefert, sondern nur ein Formalismus, ähnlich dem kantischen „kategorischen Imperativ". Habermas erläutert daher (1983):

> *„Alle Inhalte, auch wenn sie noch so fundamentale Handlungsnormen betreffen, müssen von realen (oder ersatzweise vorgenommenen, advokatorisch geführten) Diskursen abhängig gemacht werden. Der diskursethische Grundsatz verbietet, bestimmte normative Inhalte (z. B. bestimmte Prinzipien der Verteilungsgerechtigkeit) im Namen einer philosophischen Autorität auszuzeichnen und moraltheoretisch ein für allemal festzuschreiben."*

Das heißt niemand, auch kein Moralphilosoph, gilt vorab als Autorität vor allen anderen, wenn es darum geht, die für alle Betroffenen als verbindlich anzusehenden Normen zu bestimmen. Jeder hat innerhalb des erst abzuhaltenden Diskurses gleiche argumentative Rechte und Pflichten. Das sieht nach einer ziemlich demokratischen Konzeption aus und wirkt durchaus sympathisch, wenn man bedenkt, wie fragwürdig andere Ethiker die angebliche Autorität ihrer Ansätze begründen – etwa durch Verweis auf den offenbarten Willen Gottes oder angeblich „objektiv existierende (und irgendwie erkennbare) Werte" oder solche, die sich durch Beobachtung aus der Natur ableiten ließen.

Als Grundlage für einen erfolgreichen Diskurs im Sinne eines „kommunikativen", anstelle eines „strategischen Handelns" definiert Habermas bestimmte Bedingungen, die eingehalten werden sollten. Es geht dabei zunächst darum, formal korrekt zu argumentieren, logische und semantische Regeln sollten beachtet werden. Semantik ist die Lehre von der Bedeutung von Zeichen. Nur solche Zeichen, die tatsächlich Bedeutung tragen und für alle Beteiligten am Diskurs verständlich sind, sollen verwendet werden. So könnte niemand sagen: „Alle Brzk gehören Georg Schildhammer. Grundstück a ist ein Brzk, also gehört Grundstück a Georg." Das wäre zwar ein logisch korrekter Schluss, was „Brzk" sind, ist damit aber nicht geklärt. Daher würde ein Diskurs in dieser Frage nichts bringen. Weiters werden von Habermas Zurechnungsfähigkeit und Wahrhaftigkeit der Diskursteilnehmer gefordert sowie eine faire Verteilung der Argumentationslasten. Die „ideale Sprechsituation", die Habermas für das „kommunikative Handeln" in einem solchen Diskurs definiert, besagt, dass auf Symmetrie zu achten ist. Es soll also weder Machtausübung, noch Zensur erfolgen. Der Bauer mit der Schrotflinte hat mehr Macht als der ohne Gewehr in der Hand, er herrscht über seinen Kontrahenten. Es geht jedoch um herrschaftsfreie Kommunikation, bei der Chancengleichheit für alle Teilnehmer besteht.

Die Möglichkeit zur Durchführung solcher Diskurse in einer „idealen Sprechsituation" beruht aus meiner Sicht jedoch auf der Existenz einer bestimmten Gesellschaftsform, die sich bereits durch ein gewisses Maß an Herrschaftsfreiheit auszeichnet. Damit gerät der Anspruch der Diskursethik in der Praxis in eine Sackgasse. Denn gerade dort, wo fairer Diskurs dringend nötig wäre, etwa um Normen zu etablieren, die für alle Betroffenen gleiche soziale Chancen bringen würden, ist er aufgrund von Machtgefälle nicht möglich. Welches Sprachrohr, welche Chance auf Mitteilung haben beispielsweise die Bewohner der so genannten „Dritten Welt", um ihren Standpunkt hörbar und mit dem Anspruch auf Berücksichtigung zu vertreten? Dort wiederum, wo gleich berechtigter Diskurs möglich ist, ist er wahrscheinlich gar nicht mehr nötig.

Das scheint ein unlösbares Problem der Diskursethik zu sein. Warum sollten jene, die von der Nicht-Existenz des herrschaftsfreien Zustandes profitieren, also die Herrscher, sich auf eine Veränderung der für sie günstigen Zustände einlassen? Warum sollen die Bewohner der „Ersten Welt" sich die Probleme der „Dritten Welt" nicht bloß anhören, sondern etwas daran ändern, wenn sie die Macht dazu haben, darauf zu verzichten und weiter günstige Rohstoffe zu bekommen sowie ihre eigenen Produkte zu verkaufen? Sind nicht auch schon innerhalb unserer eigenen Gesellschaft jene mächtiger als andere, die in der sprachlichen Artikulation ihrer Anliegen fähiger sind, nämlich die Angehörigen der Bildungsschichten? Der Einwand gegen diesen Kritikpunkt, es ginge im Diskurs als „kommunikativem Handeln" gerade nicht ums „Überreden" im Sinne des „strategischen Handelns", sondern ums „Überzeugen" mittels Argumenten, führt jedoch die Notwendigkeit des Diskurses ad absurdum. Denn wann, wenn nicht im Diskurs selbst bzw. aus seinen Ergebnissen, lässt sich ableiten, was nun das Richtige ist, weil es allgemeine Zustimmung gefunden hat? Stünde bereits im Vorhinein fest, was als rhetorischer Bluff, als Überredung statt als Überzeugung gilt und damit den Bedingungen der idealen Sprechsituation widerspricht, ist der Diskurs doch gar nicht erst notwendig.

Wie steht es um jene, die an dem Diskurs nicht teilnehmen können? Wer vertritt ihre Position und vor allem wie? Die Annahme, dass von bestimmten Personen stellvertretend für jene mit entschieden werden darf, die ihre Interessen gar nicht äußern können, ist fragwürdig. Sie lässt den Verdacht aufkommen, diejenigen, die nicht selbst mitreden können, würden durch die Überzeugungen ihrer Vertreter bevormundet. Auch dann ginge es nicht mehr um Regeln, die erst noch diskursiv gefunden werden müssen, sondern um eine „moralische Wahrheit", die den „Wissenden" bereits vorab bekannt ist. Warum sollten sie, wenn sie schon vorher wissen, wie die Wahrheit aussieht, diese überhaupt noch argumentativ begründen?

Kann es nicht auch vorkommen, dass sich zwei Positionen unvermittelbar gegenüberstehen und diese Kluft auch durch einen Diskurs nicht geschlossen werden kann? Wie ist in diesem Fall zu verfahren? Was gilt hier als besseres Argument, dem laut Habermas der Vorzug zu geben ist? Müssten nicht die Kriterien dafür, was als gutes und was schlechtes Argument zu gelten hat, ein eigenes Moralprinzip sein und sei es nur ein Hilfsprinzip? Wie wird es begründet? Kommen wir hier nicht wieder in einen unendlichen Regress (siehe Hans Alberts „Münchhausen Trilemma"), wenn wir das Prinzip mit Hilfe eines neuen Prinzips und dieses wiederum mit einem dritten zu begründen versuchen? Wann endet ein Diskurs bzw. was geschieht mit dem Problem, weswegen er überhaupt begonnen wurde, wenn es zu keinem Konsens kommt? Wird es in diesem Fall nicht zwangsläufig dazu kommen (müssen), dass jeder Dialogpartner versucht, den anderen, den er bisher mit seriöser Argumentation nicht überzeugen konnte, mit rhetorischen Tricks zu überreden, wenn nicht gar zu zwingen? Das „bessere" Argument, von dem Habermas hier spricht, und dem der Vorzug gegeben werden sollte, gibt es ja in einer solchen „Pattsituation" nicht. Denn gäbe es ein solches, wäre es ja keine Pattsituation. Lässt sich wirklich in jeder Konfliktsituation ein Diskurs abhalten? Übersteigt hier nicht der durchaus ambitionierte Anspruch dieses Konzeptes die realen Möglichkeiten?

Habermas verzichtet zwar auf eine absolut gültige Begründung von Moral, wie dies etwa bei religiösen Ethiken oder auch bei Kant mit seinem formalen Prinzip des „kategorischen Imperativs" der Fall ist. Eine solche absolute Letztbegründung kann und will Habermas mit seinem Universalisierungsprinzip nicht liefern. Er macht aber zumindest plausibel, dass jeder, der auf der Grundlage von Argumenten diese Basis selbst bestreitet, sich in einen so genannten performativen Widerspruch begibt. Das heißt, dass die Aussage ihrem eigenen Inhalt bzw. ihrer eigenen Absicht widerspricht. Jemand, der so redet, will kommunizierend die Unmöglichkeit von Kommunikation erweisen.

Dass aber jemand, der die Macht hat, auf einen Konsens verzichten zu können, also beispielsweise ein Diktator, sich in einen solchen Widerspruch verwickeln muss, ist deshalb noch lange nicht gesagt. Denn ein derart mächtiger Mensch könnte ganz einfach das tun, was er will, ohne auch nur einen einzigen Moment daran denken zu müssen, in einen Diskurs einzutreten, um seine Ansprüche zu argumentieren.

Aufs Ergebnis kommt's an

Am 14. April 1912 um 23:40 Uhr geschah das Unglück: Die RMS Titanic krachte gegen einen Eisberg und versank innerhalb von weniger als drei Stunden im kalten Wasser des Nordatlantik. Von den über 2000 Passagieren starben wahrscheinlich rund 1500 und das, obwohl genug Zeit gewesen wäre, alle zu retten. Aber warum? Weil es zu wenig Rettungsboote gab!

Versetzen Sie sich zurück ins Jahr 1912. Stellen Sie sich vor, Sie klammern sich an ein Geländer auf der Titanic, alle Rettungsboote sind bereits voll. Ein kleines Holzboot ist noch verfügbar, aber darin haben nur fünf Personen Platz. Außer Ihnen befinden sich noch fünf weitere Menschen an Bord der Titanic, die in den nächsten Minuten in den dunklen Fluten versinken wird: Eine junge Frau mit ihrer kleinen Tochter (klein genug, um nicht als eigener Passagier zu gelten), ein Priester, ein sehr alter Mann und ein gesuchter Verbrecher, der bei einem Banküberfall einen Polizisten erschossen hat. Sie selbst haben zufälligerweise eine Pistole, können also darüber entscheiden, wer von den sechs Personen ins Boot darf und wer als Einziger draußen bleibt und geopfert werden muss. Würden alle einstiegen, würde das Boot kentern und untergehen – der sichere Tod für sechs Menschen.

Wen lassen Sie zu sich ins Boot (ich gehe davon aus, dass Sie selbst auf jeden Fall einsteigen werden)?

Die Mutter mit der kleinen Tochter auf jeden Fall, werden die meisten wohl sagen, schon alleine deshalb, weil es grausam wäre, eine der Beiden zusehen zu lassen, wie die andere stirbt. Den alten Mann werden viele als nächsten auswählen. Warum? Weil er alt ist und es grausam wäre, gerade ihn sterben zu lassen, nur weil er alt ist. Wie steht es mit dem Priester? Er ist ein guter Mensch, Sie haben gesehen, wie er Kranke an Bord der Titanic liebevoll umsorgt hat. Außerdem könnte er Ihnen in den bevorstehenden Stunden der Angst im Boot Trost spenden, bis Sie gerettet werden. Was ist mit dem Verbrecher? Er hat – so scheint es jedenfalls – die schlechtesten Karten. Während Sie noch überlegen, versucht jeder an ihr gutes Herz zu appellieren, doch ihn bzw. sie mitzunehmen. Auch der Verbrecher versucht, sich einen Platz im Boot zu sicher, indem er beteuert, dass er den Polizisten nicht absichtlich getötet hätte. Der Schuss habe sich von selbst gelöst. Der alte Mann versucht den Priester davon zu überzeugen, dass es sein Pflicht wäre, sich für die anderen zu opfern.

Wie würden Sie entscheiden?

Der Utilitarismus ist ein Ethik-Konzept, das auf das (tatsächliche oder erwartbare) Ergebnis unseres Handelns abzielt. Ist das Ergebnis gut, ist auch die Handlung, die dazu geführt hat, gut. Mit dem Sprichwort „Der Zweck heiligt die Mittel." könnte man dies auf den Punkt bringen. So gesehen wäre es akzeptabel, dass Opfer gebracht werden (ein Passagier stirbt), um größeren Schaden zu verhindern (es müssen nicht alle sechs Passagiere sterben, denn fünf von ihnen können überleben).

Der Utilitarismus ist eine der wichtigsten neuzeitlichen Ethiken. Im Unterschied zum Entwurf Kants, bei dem es um die moralisch richtige Handlung geht, ist er daran interessiert, was „am Ende des Tages" übrig bleibt. Das lateinische Wort „utilis" (übersetzt bedeutet es „nützlich") steckt im Namen dieses Ansatzes. Der Utilitarismus ist zwar eine weit verbreitete Theorie, vor allem im angloamerikanischen Raum findet er großen Zuspruch, er wird aber auch, teilweise heftig, kritisiert. Obwohl er seit seinen Anfängen im 18. Jahrhundert einer Weiterentwicklung und Ausdifferenzierung unterliegt, gibt es bestimmte Grundelemente, die in den meisten Formen enthalten sind.

Das Konsequenzprinzip etwa besagt, dass es bei der moralischen Beurteilung von Handlungen einzig darauf ankommt, welche Ergebnisse durch sie voraussichtlich erzielt werden. Sie alleine rechtfertigen eine Handlung, die sich eben nicht durch einen reinen, überempirischen Formalismus bestimmen lässt, wie das bei Immanuel Kant der Fall ist. Das Utilitätsprinzip wiederum bestimmt, nach welchen Konsequenzen Handlungen als gut bestimmt werden können. Sie müssen einen bestimmten Nutzen erzielen und zwar ein bestimmtes, an sich gutes Ziel. Die Handlungen sind Mittel zur Erreichung dieses Zieles bzw. Zweckes. Durch die Einführung eines höchsten Gutes, das

Zweck an sich selbst ist, wird der Vorwurf, es ginge dem Utilitarismus um Beliebigkeit, auf den ersten Blick abgewehrt. Nun stellt sich aber natürlich die Frage, worin dieser Zweck an sich besteht.

Als eine empiristische Ethik will der Utilitarismus sich auf in der physischen Welt erfahrbare Ziele beziehen. Der klassische Utilitarismus in der Version seines Gründers Jeremy Bentham und seines unmittelbaren Nachfolgers John Stuart Mill (1806 bis 1873) hat eine hedonistische Ausrichtung. Das Erreichen von Lust und im Gegenzug die Vermeidung von Schmerzen sind die beiden Koordinaten, an welchen der Mensch sich zu orientieren habe. Ganz im Sinne der Aufklärung und ihrem Denken in rationalen Lösungen gibt Bentham mehrere Kriterien an, nach denen sich in einem „hedonistischen Kalkül" (also einer Art mathematischer Formel) das Ausmaß des Glücks für ein Individuum errechnen lässt: „Intensität", „Dauer", „Eintrittswahrscheinlichkeit" und „zeitliche Nähe" des Eintretens. Weiters spricht Bentham davon, dass eine Befriedigung nach ihrer „Fruchtbarkeit" und „Reinheit" bewertet werden sollte. „Fruchtbar" ist sie dann, wenn sie weitere Befriedigungen nach sich zieht, „rein" hingegen, wenn sie mit möglichst wenig Schmerzen verbunden ist. Als letztes Kriterium führt Bentham noch die „Verbreitung" ein, also die Zahl von Individuen, die durch eine bestimmte Handlung Lust (oder Schmerz) erfahren.

So mag die Lust beim Sex größer sein (Intensität) als jene beim Verzehr eines Steaks, eine Motorradfahrt entlang der Französischen Riviera länger Freude bereiten (Dauer), als ein zweistündiger Kinobesuch, der Spaß, den man für 10 Euro in eben diesem Kino bekommt, mit höherer Wahrscheinlichkeit eintreten (Eintrittswahrscheinlichkeit) als ein Lottogewinn, selbst wenn man den gleichen Betrag in die Annahmestelle trägt und dort in 10 Tipps zu je 1 Euro investiert. Der für das Wochenende geplante Besuch des Wiener Praters mit den Kindern wird früher zustande kommen, als eine Reise nach Disneyland (Nähe des Eintretens), für die erst noch gespart werden muss. Der Kauf eines Whirlpools zieht bestimmt weitere Befriedigungen, nicht nur gesundheitlicher Natur, nach sich (Fruchtbarkeit), eine Wanderung in den Bergen ist, vorausgesetzt, man geht kein Risiko ein und das Wetter bleibt stabil, bestimmt gesünder als eine Alkohol- und Drogenparty, vor allem aber mit weniger (Kopf-) Schmerzen verbunden (Reinheit). Die Entscheidung eines Bürgermeisters, statt eines Golfplatzes doch lieber einen Fußballplatz zu errichten, wird unterm Strich einer größeren Zahl von Menschen (Verbreitung) Freude bereiten, da die Ausübung dieses Sportes wesentlich einfacher und vor allem billiger ist.

Die Orientierung am Glück als höchstem Ziel lässt eine individuelle inhaltliche Bestimmung zu. Nicht jeder hört gerne Mozart, nicht jedem rinnt bei der Vorstellung, im Gasthaus ein Wiener Schnitzel serviert zu bekommen, das Wasser im Mund zusammen. Was für jeden von uns das Lust Erzeugende bzw. das zum Glück Beitragende ist, bleibt dem subjektiven Geschmack überlassen. Es geht nicht um die Qualität des durch verschiedene Handlungen zu erwartenden Glücks (wie könnte sie auch bestimmt werden?), sondern um die Quantität, die gemessen und verglichen werden soll. Als eine weitere wichtige Annahme hat der Utilitarismus das gesellschaftliche Ganze im Blick. Er fragt nicht auf egoistische Weise, welche die für den Einzelnen beste Handlung zur Erfüllung seines Glücksstrebens ist, sondern danach, was für die größte Zahl von Betroffenen zum bestmöglichen Ergebnis führt; er hat also eine altruistische Grundfärbung.

Ein besonders interessanter, ja geradezu modern anmutender Aspekt dieses Altruismus: Bereits die Klassiker nahmen ihn ernst, indem sie ihn auch auf Tiere ausweiteten, da diese ja auch zwischen den rein empirischen Größen Lust und Schmerz unterscheiden können. So schreibt Jeremy Bentham in seinem Werk „Einführung in die Prinzipien der Moral und der Gesetzgebung" (1789):

„Es mag der Tag kommen, da man erkennt, dass die Zahl der Beine, der Haarwuchs oder das Ende des os sacrum (das ist das Kreuzbein, ein Teil der Wirbelsäule. GS) gleichermaßen unzureichende Gründe sind, ein fühlendes

Wesen dem selben Schicksal zu überlassen. Was sonst ist es, das hier die unüberwindbare Trennlinie ziehen sollte? Ist es die Fähigkeit zu denken, oder vielleicht die Fähigkeit zu sprechen? Aber ein ausgewachsenes Pferd oder ein Hund sind unvergleichlich vernünftigere Lebewesen als ein Kind, das erst einen Tag, eine Woche oder selbst einen Monat alt ist. Aber selbst vorausgesetzt, sie wären anders, was würde es nützen? Die Frage ist nicht: können sie denken? Oder: können sie sprechen?, sondern: können sie leiden."

Bei Bentham ist der Glücks- bzw. Lustbegriff noch auf die physische Befriedigung konzentriert, bereits Mill kritisiert jedoch seinen Vorgänger und will eine Ordnung des Glücks aufstellen, welche den intellektuellen Freuden einen höheren Stellenwert zumisst als den rein körperlichen. Er fasst diese Ansicht in das berühmt gewordene Zitat aus seiner Schrift über den „Utilitarismus" (1863):

„Es ist besser, ein unzufriedener Mensch zu sein als ein zufriedenes Schwein; besser ein unzufriedener Sokrates als ein zufriedener Narr. Und wenn der Narr oder das Schwein anderer Ansicht sind, dann deshalb, weil sie nur die eine Seite der Angelegenheit kennen. Die andere Partei hingegen kennt beide Seiten."

Ob ein Mehr an Möglichkeiten, das Mill hier diagnostiziert und als wertvoll auszeichnet, allerdings wirklich mit einem Zugewinn an Lebensqualität einhergeht, bleibt dahingestellt. Trotz aller kultureller Hochgenüsse, an denen wir uns erfreuen können, gibt es Menschen, die eher zur gegenteiligen Meinung neigen: Zu viel Wissen macht unglücklich, weil wir dadurch permanent an den Grausamkeiten der Welt mitleiden und zitternd unserem eigenen unausweichlichen Tod entgegensehen.

Fast scheint es so, als würde Mill den so genannten Präferenzutilitarismus vorwegnehmen. Er nimmt aber noch eine Zwischenposition auf dem Weg dorthin ein. Diese moderne Form des Utilitarismus verzichtet zur Gänze auf eine allgemeingültige Bestimmung, also etwa im Sinne von „Lust" oder „Glück" und überlässt es dem Einzelnen, seine Präferenzen, also Vorlieben selbst zu wählen. Das heißt, selbst die Präferenz für Unlust, also etwa diejenige eines Asketen oder eines Menschen, der anderen zuliebe auf etwas verzichtet, ist möglich und legitim. Diese Erweiterung des Lust-/Unlust-Kalküls kommt der Realität des Menschen als eines Kultur- und Gemeinschaftswesens mit Sicherheit näher, als eine bloße Reduktion auf seine rein animalischen Bedürfnisse und deren Befriedigung. Der Nutzen besteht bei dieser differenzierten Version des Utilitarismus darin, dass möglichst viele Präferenzen bzw. Ziele einer möglichst großen Zahl von Menschen verwirklicht werden. Leider ist dadurch aber nur scheinbar etwas gewonnen. Denn wonach richtet sich die Qualität einer Präferenz? Wer entscheidet darüber, welches Ziel einen höheren Stellenwert einnimmt? Treffen zwei Präferenzen, die sich gegenseitig ausschließen, aufeinander, muss es zwangsläufig zum Konflikt kommen. Wie soll er entschieden werden?

Der klassische, aber auch der Präferenzutilitarismus kämpfen mit einem weiteren Problem: Dass sie jede Handlung einer Prüfung entsprechend ihrer künftigen Ergebnisse in Bezug auf den zu erwartenden Nutzen unterziehen müssen, ist äußerst kompliziert. Wer hat schon die Möglichkeit, in einer konkreten Situation alle zu erwartenden Vor- und Nachteile für sämtliche potenziell Betroffenen in die Berechnung einzubeziehen? Die ursprüngliche Variante des Utilitarismus, die vor diesem Problem der schwierigen Entscheidung in einer konkreten Situation steht, wird als Handlungsutilitarismus bezeichnet. Diese Unzweckmäßigkeit zu überwinden versucht der so genannte Regelutilitarismus. Er unterwirft nicht einzelne Handlungen, sondern Handlungsregeln den bereits genannten Kriterien. Es geht also nicht mehr darum, vor jeder Handlung zu überlegen, ob sie das Gesamtmaß an Nutzen steigert. Vielmehr sollen jene Regeln oder Normen gewählt werden, die im Allgemeinen den größten Nutzen bringen. In konkreten Situationen orientiert man sich dann an diesen Regeln.

Ich kann als Handlungsutilitarist in verschiedenen Situationen die Frage stellen: Soll ich hier lügen oder nicht? Dabei könnten ganz unterschiedliche Ergebnisse zustande kommen. Als Regelutilitarist hingegen überlege ich, ob von einer allgemeinen Regel, etwa, nicht lügen zu dürfen, der größtmögliche Nutzen zu erwarten ist. Damit nähert sich der Regelutilitarismus aber deontologischen Ethiken, wie jener Immanuel Kants, an. Er ist damit streng genommen kein Konsequentialismus mehr, der auf das Ergebnis konkreter Handlungen achtet – mit all den damit verbundenen Problemen. Denn wenn die allgemeine Regel, nicht lügen zu dürfen, den größten Nutzen bringt und daher stets eingehalten werden soll, könnte in konkreten Einzelsituationen Schaden in Kauf genommen werden. Das erinnert an das Beispiel mit dem Freund, der sich in mein Haus flüchtet und dessen Aufenthaltsort ich, laut Kant, dem Verfolger mitteilen muss, wenn ich moralisch korrekt agieren will.

Die Kriterien Benthams, nach denen der Nutzen einer Handlung bewertet werden soll, erweisen sich als fragwürdig, zumindest in Bezug auf die Intensität. Mögen die anderen Kriterien des Nutzenkalküls berechenbar sein, das Ausmaß an Glück, das Menschen bei der Erfüllung einer Handlung (oder Präferenz) in ihrem Sinne erfahren, ist schwer bis überhaupt nicht messbar. Wie sollte hier verglichen werden können?

Als ein aktueller Vertreter des Präferenzutilitarismus gilt der australische Philosoph Peter Singer. Sein moralphilosophisches Hauptwerk trägt den Titel „Praktische Ethik" und erschien 1979 im englischen Original. Singer hat im Zusammenhang mit seinem Engagement rund um das Thema Tierethik („Die Befreiung der Tiere", 1975) unmittelbar an den Überzeugungen und Argumenten von Jeremy Bentham angeknüpft und die Fähigkeit, Glück und Schmerz zu empfinden als Kriterium für den Wert eines Lebewesens definiert. Damit verliert der Mensch seine Sonderstellung. Die – aus Sicht Peter Singers – unzulässige Bevorzugung des Menschen bezeichnet dieser (in Anlehnung an Begriffe wie „Rassismus" und „Sexismus") als „Speziesismus" (also die Bevorzugung einer bestimmten Spezies, sprich: Art). Einen „besonderen Wert" gesteht Singer dennoch allen Lebewesen zu, die sich über Vergangenheit, Gegenwart und Zukunft und darüber hinaus ihrer selbst bewusst sind. Auch das muss jedoch nicht nur für den Menschen gelten, sondern könnte auch auf höhere Tiere zutreffen. Im Umkehrschluss sieht er zwischen einem niederen Tier und einem schwer Behinderten (z.B. bei Anenzephalie, einem Entwicklungsdefekt, bei dem Teile des Gehirns fehlen) keinen Unterschied in Bezug auf den Wert des Lebens. In solchen Fällen plädiert Singer dafür, dass die behandelnden Ärzte zusammen mit den Eltern über Leben oder Tod des Kindes entscheiden dürfen. Singer sah sich in der Vergangenheit durch seine Positionen schweren Angriffen unter anderem von Behindertenverbänden und Religionsvertretern ausgesetzt, die seine Ansichten in die Nähe des nationalsozialistischen Euthanasieprogramms rückten.

Lässt sich nur aufgrund des zu erwartenden Nutzens jede Handlungsweise rechtfertigen? Mit diesem Problem hat der Utilitarismus am schwersten zu kämpfen, will er konsequent sein. Wenn er jedoch eine Art „Sicherheitsgurt" für schwierige Fälle einbauen möchte, um diesen Fehlern im System zu entgehen, rückt er von seinen eigenen Prinzipien ab und verwandelt sich in eine Mischung aus Konsequentialismus und deontologischer Ethik. Wirklich überzeugen kann der Utilitarismus, zumindest in seinen klassischen Varianten, daher wohl auch nicht.

Gleiches Recht für alle!

In Gestalt eines Stieres schnappte er sich die junge phönizische Königstochter Europa und entführte sie, ohne lange zu fackeln, nach Kreta. Als Schwan getarnt holte er sich Leda, die Ehefrau des Spartaner-Königs Tyndareos und schwängerte sie. Besonders wüst trieb er es jedoch mit Persephone, immerhin die eigene Tochter: Nachdem er sich in eine Schlange verwandelt hatte, kroch er in sie hinein, um sie zu befruchten. Man kann Göttervater Zeus viel nachsagen, nur eines nicht: dass er eine schöne Frau ausgelassen hätte. Nicht alle Männer der Antike konnten in Sexualangelegenheiten tun und lassen, was ihnen gerade einfiel. So führte etwa das (nicht ganz unfreiwillige) Kidnapping der schönen Helena, Ehefrau des Königs Menelaos von Sparta, durch Paris, Sohn des trojanischen Königs Priamos, zum Trojanischen Krieg – und dabei hatte immerhin Liebesgöttin Aphrodite zugunsten von Paris ihre Hand im Spiel.

„Quod licet Iovi, no licet bovi." („Was dem Jupiter [so der römische Name für Zeus] erlaubt ist, ist dem Rind [noch lange] nicht erlaubt.") brachte es der römische Komödiendichter Publius Terentius Afer, genannt Terenz (um 170 v. Chr.), auf den Punkt. Der britische Schriftsteller George Orwell (1903 bis 1950) erneuerte diese traurige Erkenntnis mit der berühmten Formulierung aus „Animal Farm": „All animals are equal, but some animals are more equal than others." („Alle Tiere sind gleich, aber einige Tiere sind gleicher.") und sogar Diners Club, das älteste Kreditkarten-Unternehmen der Welt, warb vor ein paar Jahren mit dem alles andere als Gleichheit verheißenden Slogan „Membership has its privileges" (frei übersetzt: „Mitgliedschaft bei Diners Club bedeutet Privilegien").

Apropos „Gleichheit": Sie ist es, auf die wir immer wieder zurückkommen, wenn wir die Frage „Was soll ich tun?" stellen. Wie das Ergebnis unserer Suche auch aussehen mag, wir haben vorab stets die Überzeugung, dass das Resultat, jenseits individueller Unterschiede, allgemein gültig sein muss. Die „Goldene Regel" kommt dieser Intuition auf einfache und wahrscheinlich deshalb weit verbreitete Weise nahe. Der „kategorische Imperativ" Kants bringt sie in wesentlich anspruchsvollerer Form zum Ausdruck. Auch die anderen ethischen Ansätze, die ich bisher behandelt habe, suchen in der einen oder anderen Weise diese Allgemeingültigkeit. Die eudämonistische Tugendethik des Aristoteles basiert auf der Annahme des allgemeinen menschlichen Glücksstrebens und dem Menschen als „Gemeinschaftstier". Für die Utilitaristen ist es die vermeintlich allen Menschen eigene Ausrichtung am Glück bzw. der Lust und an der Vermeidung von Schmerz sowie das (daraus abgeleitete) Bestreben, dies für alle empfindungsfähigen Lebewesen geltend zu machen. Die Diskursethik will die Allgemeingültigkeit über einen rational strukturierten Dialog aller Betroffenen und die dabei erzielten Normen gewährleisten. All diese Ansätze versuchen vom Individuum und einer bestimmten Situation abzusehen und etwas Verbindliches zu finden, das unter vergleichbaren Bedingungen für jeden und zu jeder Zeit gültig sein soll. Die Probleme, die all jene Konzepte aufweisen, haben wir bereits besprochen. Wie steht es aber um die immer wieder auftauchende Intuition der Allgemeingültigkeit selbst? Lässt sie sich vielleicht auf abstrakterer Ebene doch noch irgendwie fruchtbar machen? Oder führt Verallgemeinerung ohne korrigierende Begleitmaßnahmen zu unsinnigen Ergebnissen?

Der englische Philosoph Richard Mervyn Hare (1919 bis 2002), der unseren Weg bereits beim Nonkognitivismus gekreuzt hat, ging – wie die meisten anderen Moralphilosophen – davon aus, dass moralische Urteile vorschreibend sind. Darüber hinaus sind sie seiner Ansicht nach aber auch verallgemeinerbar und zwar in einem rein logischen Sinn. Hier finden sich Parallelen zu den Aussagen der empirischen Wissenschaften. Wenn ich von einem bestimmten physischen Objekt, also beispielsweise einer (alten) Straßenbahngarnitur der Wiener Linien sage, sie sei rot, dann muss ich diese Farbzuschreibung auch auf alle anderen Straßenbahngarnituren anwenden – vorausgesetzt sie gleichen der ersten Garnitur in jener Eigenschaft, wegen der ich die erste rot genannt habe. Es wäre ein Widerspruch, würde ich eine rote Garnitur als rot bezeichnen, eine zweite, welche die gleichen Farbeigenschaften hat, unter gleichen Bedingungen (also z.B. bei gleichen Lichtverhältnissen) jedoch als blau. Ich könnte mich gar nicht mit anderen Menschen, ja nicht einmal mit mir selbst sinnvoll verständigen, würde ich solche Widersprüche zulassen. In moralischen Aussagen gilt laut Hare dasselbe: Ich kann nicht eine Handlung als „gut" beschreiben und zu ihr auffordern, wenn ich nicht bereit bin, dies auch auf alle vergleichbaren Handlungen anzuwenden. Ein Beispiel, wie Hare selbst es in seiner Schrift „Freiheit und Vernunft" (1963) verwendet, lautet (frei wiedergegeben) folgendermaßen:

Wenn Peter es für richtig hält, dass Karl ins Gefängnis gehen muss, weil er Peter Geld schuldet und nicht bereit ist, es zurückzuzahlen, so muss das umgekehrt auch für das Schuldverhältnis zwischen Peter und Maria gelten. Peter schuldet nämlich seinerseits Maria Geld und muss daher ebenfalls akzeptieren, dass sie fordert, dass er, Peter, ins Gefängnis gesteckt wird, wenn er ihr den geschuldeten Betrag nicht rückerstattet.

Nach Hare ist es im Übrigen keine Bedingung, dass sich derjenige, der diese Verallgemeinerung vornimmt, gerade selbst in der gleichen Situation befinden muss. Das ist für die formale Korrektheit der Verallgemeinerung unbedeutend. Es geht um eine rein gedankliche Rollenübernahme, die logisch erzwungen wird, wobei das Ergebnis nichts über die moralische Korrektheit eines bestimmten Satzes aussagt. Ein Widerspruch gegen die Universalisierbarkeit ist also rein logischer und nicht moralischer Natur. Aus dieser Überlegung können allerdings seltsame Ergebnisse resultieren. Jemand, der eine Moralnorm vertritt, von der er selbst (negativ) betroffen ist, begibt sich nicht in einen (logischen) Widerspruch. So könnte etwa eine Katholikin die Ansicht vertreten, dass Frauen in der katholischen Kirche kein Recht darauf hätten, zu Priesterinnen geweiht zu werden. Dies könnte sie selbst auch dann vertreten, wenn es ihrem eigenen Wunsch, Priesterin zu werden, entgegengesetzt ist. Tatsächlich kenne ich ein, zwei Frauen, die das so sehen. Hare geht allerdings davon aus, dass die meisten von uns keine Normen vertreten würden, die gegen die eigenen Interessen gerichtet sind. Kommen wir aber mit dem Argument Hares, moralische Normen müssen verallgemeinert werden, weil wir uns sonst in einen Widerspruch verstricken, weiter?

Ähnlich wie schon bei der Diskursethik von Habermas ließe sich gegen Hares Argument der Universalisierbarkeit der Einwand erheben, derjenige, der sich Sonderrechte gegenüber anderen herausnehmen will, wird das tun und gar nicht erst versuchen, seine Forderungen zu verallgemeinern. Der Grund, warum sich trotzdem die wenigsten zu einer solchen egoistischen Haltung versteigen würden, besteht laut Hare darin, dass sie dann in anderen, für sie ungünstigeren Situationen mit ähnlicher Unfairness der Anderen rechnen müssten.

Die Sache mit der Verallgemeinerung ist nicht so einfach, wie unsere Intuition auf den ersten Blick vermuten lässt. Stellen wir dazu ein paar Überlegungen an. Es gibt einzelne Handlungen, welche Schaden verursachen können und daher bereits unmittelbar einer moralischen Bewertung unterliegen sollten – wir müssen sie also gar nicht erst verallgemeinern. Das Töten eines Menschen ist ein Beispiel dafür. Andere Handlungen wiederum werden erst dann zu einem echten Problem, wenn alle (oder zumindest viele) Menschen sie ausführen. Wenn ein einzelner Mensch seinen Müll im eigenen Garten verbrennt, mag die Natur das gerade noch verkraften, weil ihre Regenerationsfähigkeit groß genug ist für die geringe Menge an Giftstoffen, die dabei entsteht. Eine einzelne Müllverbrennung wäre somit moralisch unbedenklich. Steigen jedoch alle Menschen auf diese private Form der Abfallbeseitigung um, könnte das die Umwelt nachhaltig beeinträchtigen.

Wenn ich der Meinung bin, dass nicht alle Menschen Bäcker werden sollen, etwa deshalb, weil es dann niemanden mehr geben würde, der Schuhe herstellt oder Strom- oder Wasserleitungen installiert, werde ich wohl trotzdem nicht zu meinem Cousin, der diesen Beruf ergreifen will, sagen: „Du darfst nicht Bäcker werden. Stell' dir vor, was wäre, wenn alle Bäcker werden wollen." Das wäre völlig unsinnig und zwar schon alleine deshalb, weil es sehr unwahrscheinlich ist, dass tatsächlich plötzlich alle Menschen in die Backstuben strömen. Wieso sollte ich meinen Cousin überhaupt davon abhalten wollen, Bäcker zu werden? Dieser Wunsch ist ja an und für sich nichts Verwerfliches, ganz im Gegenteil, denn der Beruf des Bäckers bringt den Menschen etwas Positives: Brot und viele weitere Leckereien. Und mindestens einen Bäcker müsste es geben, denn wenn niemand Bäcker würde, wäre das genau so schlimm, wie wenn alle Menschen diesen Beruf ergreifen.

Eine Freundin von mir fährt regelmäßig mit den öffentlichen Verkehrsmitteln – schwarz, versteht sich. Das heißt, sie löst kein Ticket. Erwischt wurde sie zwar bisher noch nie, aber selbst das wäre ihr egal. Sie hat sich nämlich ausgerechnet, wie hoch die Wahrscheinlichkeit dafür ist, einem Kontrolleur in die Hände zu fallen und hat die dann zu erwartende Strafe mit dem Preis für die Tickets gegengerechnet. Da sie an jedem Arbeitstag mit der U-Bahn fahren muss, weil sie am Stadtrand von Wien lebt und ihr Büro im Zentrum liegt, geht die Rechnung für sie auf. Das gelegentliche Bezahlen der Strafe ist immer noch billiger, als eine Jahreskarte zu lösen, von Einzelfahrscheinen gar nicht erst zu reden. Als ich meine Freundin darauf aufmerksam machte, dass ihr Verhalten unmoralisch sei, wehrte sie ab: „Ich bin doch nicht verrückt und bezahle. Wenn die Wiener Verkehrsbetriebe wollen, dass ich ein Ticket kaufe, sollen sie stärker kontrollieren." Nun ist es natürlich so, dass Kontrolle für den Betreiber nur bis zu einem bestimmten Punkt leistbar ist. Wer darüber hinaus kontrollieren will, kann die öffentlichen Verkehrsmittel gleich gratis anbieten, da sich Einnahmen und Ausgaben (in Form der Gehälter der Kontrolleure) die Waage halten und sich der „normale" Betrieb dann nicht mehr lohnen würde.

(Natürlich gibt es Städte wie etwa Paris oder London, wo man ohne gültiges Ticket gar nicht in die U-Bahn gelangt, weil ein Drehkreuz dies verhindert. Hier ist es schwer, schwarz zu fahren oder sich, wie das in der moralphilosophischen Debatte genannt wird, als „Trittbrettfahrer" zu betätigen.)

Als ich meiner Freundin sagte, dass ihr Verhalten unmoralisch sei, sie das aber leichtfertig abwehrte, beschritt ich den üblichen Weg. Ich fragte sie, was wohl geschehen würde, wenn alle Bewohner Wiens Trittbrettfahrer wären. Ihre Antwort: „Es sind aber nicht alle Trittbrettfahrer.

Und so lange die meisten anderen zahlen, kann ich ruhig schwarzfahren."

Ob diese Haltung besonders sympathisch ist, sei dahin gestellt. Einen Widerspruch ergibt sie jedenfalls nicht. Denn wer aus der Forderung „Nicht jeder sollte das tun." den Satz „Niemand sollte das tun." ableiten will, hat ein logisches Problem, er lässt sich nämlich nicht daraus ableiten! Die Forderung „Nicht alle sollen schwarzfahren!" ist nicht das Gleiche wie „**Du** sollst nicht schwarzfahren!" Denn in einem Fall könnte der Schwarzfahrer, so wie meine Freundin, sagen: „Es fahren ja nicht alle schwarz. Daher fällt es nicht ins Gewicht, wenn ich schwarzfahre." Oder, falls das Gegenteil zutrifft, könnte sie sagen: „Die anderen fahren ja auch alle schwarz. Wieso sollte da ausgerechnet ich bezahlen?"

Die moralische Aufforderung an den Einzelnen, nicht schwarz zu fahren, indem wir auf die Konsequenzen eines allgemeinen Schwarzfahrens verweisen, funktioniert aus logischen Gründen leider nicht. Außerdem zeigt sich täglich, dass Trittbrettfahrer sehr wohl existieren können, ohne dass das System zusammenbricht. Letzteres würde erst dann geschehen, wenn sich das Verhältnis der Menschen, die Tickets kaufen, zu jenen, die das nicht tun, rapide verändert. Wenn die meisten Benutzer öffentlicher Verkehrsmittel nichts dafür bezahlen, werden diese Verkehrsmittel entweder so teuer werden (müssen), dass die wenigen Anständigen auf ihre Benutzung verzichten. Dann würden diese Verkehrsmittel eingestellt, was wohl nicht im Interesse der Benutzer, der zahlenden genau so wie der nicht zahlenden, wäre. Oder lückenlose Kontrollen würden eingeführt. Dies würde sich allerdings nur unter einer Bedingung lohnen: Wenn die Strafen so stark angehoben würden, dass damit mehr als der durch unbezahlte Tickets verlorene Gewinn plus die Gehälter der Kontrolleure eingenommen würde. Dann aber gebe es wohl kaum noch Schwarzfahrer, weil Ehrlichkeit in Gestalt des Ticket-Kaufs billiger wäre.

Die Frage, unter welchen Umständen das System sich in einem Gleichgewicht zwischen Trittbrettfahrern und Anständigen im Verhältnis zu Ticketpreisen und Kontrollen samt Strafen befindet, ist ökonomischer Natur. Ich will sie hier nicht weiter verfolgen. Bloße Verallgemeinerung ist, so scheint es zumindest, nicht der Weisheit letzter Schluss, um zu einer brauchbaren Beantwortung der Frage „Was soll ich tun?" zu gelangen. Aber selbst wenn wir die Antwort auf diese Frage bereits gefunden hätten: Würde sie ausreichen, damit wir entsprechend handeln? Bedarf es dazu nicht auch noch eines besonderen Anstoßes, eines Motivs, damit wir die Theorie in die Praxis umsetzen? Wie könnte so ein Anstoß aussehen, worin bestünden Motive für ein bestimmtes Handeln? Mit diesen Fragen will ich mich im folgenden Kapitel befassen.

Gute Gründe & hoch motiviert

Am 11. März 2009 um 9:30 Uhr betritt der 17-jährige Tim K. seine ehemalige Schule im deutschen Winnenden, rund 20 Kilometer nordöstlich von Stuttgart. Tim ist mit einer Pistole des Typs Beretta 92 und mehreren hundert Schuss Munition bewaffnet. Auf seinem Amoklauf, der um 13 Uhr mit dem Selbstmord des von der Polizei verletzten Täters endet, tötet Tim K. insgesamt 15 Menschen.

Was bringt einen jungen Menschen, der noch sein ganzes Leben vor sich hat, dazu, solch eine Tat zu begehen? Was ist der Grund für so ein Massaker? Welches Motiv hatte der Täter? Wir wissen es nicht und werden es wahrscheinlich auch nie wissen. Sämtliche Versuche, diese Tat zu verstehen, sind letztlich zum Scheitern verurteilt. Oft liest man nach einem Amoklauf in der Zeitung: „Er hatte eine schwere Kindheit.", „Er wurde vom Vater verprügelt." oder „Er wurde sexuell missbraucht." Manchmal erfährt man, dass ein Täter kurz vor der Tat seinen Job verloren oder dass ihn seine Frau samt Kindern verlassen hat. Das sind alles tragische Vorfälle und sie mögen einen gewissen Anteil an den Ursachen einer Gewalttat haben. Aber erklären sie zufrieden stellend, warum ein Mensch „ausrastet"? Nicht jeder, der als Kind geschlagen worden ist, wird zum Amokläufer. Scheidungen stehen bei uns auf der Tagesordnung und die wenigsten Geschiedenen ziehen los, um ihre Familie auszurotten.

Kann man einen Grund haben, so etwas zu tun, wie Tim K.? Dass er ein Motiv hatte, müssen wir wohl annehmen, jeder Amokläufer hat eines und sei es auch nur blanker Hass auf die Welt. Aber ist ein solches Motiv auch ein guter Grund dafür, 15 Menschen zu töten?

Wechseln wir den Schauplatz. Der österreichische Schauspieler Karlheinz Böhm (geb. 1928), der in den „Sissi"-Filmen mit Romy Schneider in der Hauptrolle den Mann von Elisabeth, Kaiser Franz Joseph I., spielte, gründete 1981 die Organisation „Menschen für Menschen". Seither engagiert er sich für arme Menschen in Afrika. Dass diese ganz dringend Hilfe benötigen, weiß jeder von uns, aber nur wenige wären bereit, ihr bisheriges Leben aufzugeben und sich der Entwicklungshilfe zu widmen. Ich kenne weder Karlheinz Böhm, noch andere Entwicklungshelfer persönlich. Aber ich bin mir sicher: Das Wissen um die Not anderer Menschen alleine kann nicht ausreichen, um solche scheinbar selbstlosen Taten zu erklären. Ist es nicht oft so, dass wir zwar wissen, was wir tun sollten, es aber dann – zum Beispiel aus Bequemlichkeit – trotzdem nicht tun?

Vielleicht sind beide Beispiele zu extrem. Die meisten von uns sind weder Amokläufer, noch zu solcher Selbstaufopferung fähig wie Mutter Teresa. Aber trotzdem tun wir hin und wieder wissentlich etwas Unmoralisches, obwohl es uns keine große Mühe kosten würde, es zu unterlassen. Warum ist das so und was wäre nötig, damit wir das Richtige tun?

Wir haben uns bereits damit beschäftigt, was unter einer „Handlung" zu verstehen ist: eine absichtsvolle, freiwillige Tat auf Basis von ausreichender Information über die zu erwartenden Folgen. Was sind die Gründe bzw. die Motive, die einen Menschen dazu bringen, etwas Bestimmtes zu tun? Gibt es einen Unterschied zwischen beiden? Wenn wir sagen, dass eine Tat einen bestimmten Grund hat, so zielen wir darauf ab, sie als rational begründet anzusehen. Sprechen wir hingegen von einem Motiv, so ist damit eine Ursache gemeint, die zwar auch in uns selbst liegen kann, der wir aber die Vernünftigkeit absprechen. Wer Gründe hat, etwas zu tun, hat vorher überlegt, Für und Wider gegeneinander abgewogen und sich schließlich entschieden. Er hat das voraussichtliche Ergebnis seines Handelns in Gedanken vorweg genommen. Wer hingegen ein Motiv hat, wird dazu veranlasst, etwas zu tun und das geschieht meistens nicht aufgrund rationaler Abwägung. So hat ein Mörder im Affekt, z.B. aus Eifersucht, ein Motiv: seine Eifersucht. Er hat nicht vorher lang und breit darüber nachgedacht, was das Beste für ihn wäre, ob er töten soll oder nicht. Denn dann hätte er es vielleicht unterlassen, weil er erkannt hätte, dass er nach seiner Tat ins Gefängnis wandern oder später bereuen würde, sie überhaupt verübt zu haben.

Die meisten Menschen werden stark von ihren Emotionen

beeinflusst. Motive sind, wie wir soeben gesehen haben, jene Ursachen von Handlungen, die in unseren Gefühlen gründen und nicht in unserer Vernunft. Das muss noch nicht heißen, dass alles, was wir aus einer Emotion heraus tun, falsch sein muss. Wer aus Mitgefühl einer alten Frau über die Straße hilft, tut allem Anschein nach etwas Gutes. Reichen vernünftige Gründe alleine jedoch aus, das moralisch Richtige zu tun? Oder muss hier ebenfalls eine Motivation hinzukommen, die ihre Basis im Gefühl findet?

Die Debatte darüber, ob die vernünftig erkannten Gründe für uns genügen, etwas Bestimmtes zu tun oder ob es dazu noch zusätzlicher Motive bedarf, wird über die beiden Begriffe des „Internalismus" und des „Externalismus" geführt. Konsequente Internalisten gehen davon aus, dass jemand, der eine moralische Überzeugung hat, notwendiger Weise auch Gründe hat, diese Überzeugung in die Tat umzusetzen. Dennoch muss es aus Sicht der Internalisten nicht dazu kommen. Denn es könnte ja sein, dass wir zu einem Zeitpunkt zwei verschiedene Motive haben, die einander ausschließen. So kann ich etwa heute Abend mit einem Freund, der private Probleme hat und meinen Rat braucht, auf ein Bier gehen wollen. Andererseits weiß ich, dass ich morgen einen wichtigen Termin habe, auf den ich mich vorbereiten sollte und habe somit ein starkes Motiv, zuhause zu bleiben.

Die Externalisten behaupten, dass der Zusammenfall von Gründen und Motiven, falls er denn überhaupt vorkommt, rein zufällig ist. Aus konsequent externalistischer Sicht bedarf es daher meistens zusätzlich eines Motivs, damit tatsächlich gehandelt wird. Die Frage „Was soll ich tun?" wird von den Externalisten durch die skeptische Zusatzfrage ergänzt: „Warum soll ich überhaupt moralisch sein?" So könnte ein Externalist zwar moralische Gründe für eine bestimmte Tat nennen, jedoch kein entsprechendes Motiv haben, sie auch auszuführen. Ich könnte sagen: Es wäre moralisch korrekt, für die Sonntagszeitung zu bezahlen, anstatt sie zu klauen, denn sie gehört nicht mir und kostet Geld. Aber ich klaue sie trotzdem, weil mich niemand dabei beobachtet.

Es gibt unterschiedliche Antworten auf die Frage nach möglichen externen Motiven, die uns zum Handeln gemäß unserer moralischen Erkenntnisse nötigen. Drohende Sanktionen wäre eine davon. Wer göttlichen Geboten nicht Folge leistet, muss mit Gottes Zorn und seiner Strafe rechnen. Eine Gesellschaft kann eine Missachtung ihrer Normen durch äußere Sanktionen ahnden, etwa durch Gefängnis- oder Geldstrafen. Nicht jede Norm innerhalb einer Gesellschaft ist aber durch ein Gesetz geregelt. Den im Gesetz verankerten Strafen kommen dann meist soziale Sanktionen zu Hilfe. So könnte ein Mensch, der immer wieder beim Lügen ertappt wird, von seinem Umfeld gemieden werden. Eltern könnten ihre Kinder zur Wahrhaftigkeit erziehen, indem sie zu ihnen sagen: „Du willst doch nicht so werden wie der! Keiner mag ihn, weil er dauernd andere Menschen belügt." Zu den äußeren sozialen Sanktionen treten in Folge innere Sanktionen, wie Scham oder Schuldgefühle hinzu. So übernimmt z.B. das Gewissen diese Rolle. Die Motivation, moralisch richtig zu handeln, resultiert daraus, die äußeren oder inneren Sanktionen zu vermeiden oder – bei entsprechendem Handeln gemäß dem Erwünschten – durch die Achtung der Anderen belohnt zu werden. Ebenso können altruistische Gefühle (Sympathie, Mitleid usw.) als externe Motive wirken.

Drehen wir die ganze Sache um: Ist die Überzeugung der Externalisten plausibel? Ist es nicht vielleicht doch so, dass die Internalisten Recht haben? Müssen wir nicht davon ausgehen, dass jemand, der (moralische oder wie auch immer geartete) Gründe hat, etwas zu tun, das auch tun wird, so lange keine besonderen Schwierigkeiten ihn daran hindern? Würden wir jemanden, der zwar weiß, was er tun sollte, es aber dennoch nicht tut, nicht für willensschwach oder irrational, im schlimmsten Fall (wenn er vorsätzlich das Falsche tut und anderen schadet) für böse oder verrückt halten? Oder müssen wir nicht davon ausgehen, dass derjenige, der sich nicht entsprechend unseren Erwartungen verhält, im Innersten nicht wirklich davon überzeugt ist, dass die von ihm als moralisch richtig erkannte Handlung wirklich die richtige ist?

Wie sieht die Begründung der Internalisten aus? Zwei Varianten bieten sich hier an: Die erste behauptet, dass der Grund selbst motivierenden Charakter aufweist. Grund und Motiv sind in diesem Fall identisch. Einige der nonkognitivistischen Theorien, die wir bereits kennen gelernt haben sind Beispiele dafür. Der Emotivist etwa behauptet, dass Moralnormen nur Ausdruck gewisser (emotional besetzter) Einstellungen sind. Hier fallen Grund und Motiv auf Seite des Motivs zusammen. Die Präskriptivisten wiederum glauben in den Normen Befehle zu erkennen. Und wer befiehlt, der verlangt, dass ihm gefolgt wird und versucht wahrscheinlich, seinen Willen notfalls mit Gewalt durchzusetzen. Die zweite Variante der Internalisten unterscheidet zwar zwischen Gründen und Motiven, behauptet aber trotzdem ihren zwingenden Zusammenhang. Immanuel Kants Moralphilosophie bietet ein Beispiel. Für Kant ist das moralische Gesetz sowohl der objektive Bestimmungsgrund, als auch die subjektive Triebfeder für eine bestimmte Handlung. Kant bringt, ohne deswegen mit den Emotivisten oder den „moral sense"-Philosophen verwechselt werden zu dürfen, ein vor jeder Erfahrung bestehendes „Gefühl der Achtung" vor dem Moralgesetz ein. So wird seiner Meinung nach die Frage, wie reine Vernunft praktisch werden könne, ausreichend beantwortet. Ob es dieses (so Kant) schon vor jeder Erfahrung existierende Gefühl tatsächlich gibt oder ob es nicht viel eher das Ergebnis einer bestimmten Erziehung und Sozialisation ist, ist umstritten.

Ein wichtiger Einwand des ethischen Skeptikers, der die Frage „Warum soll ich überhaupt moralisch sein?" stellt, lautet, dass moralisches Handeln mit individuellen Einbußen einhergeht. Wer moralisch handelt, muss (meistens) Abstriche bei der Verwirklichung der eigenen Interessen machen. Er kann nicht (immer) davon ausgehen, dass die durch Kooperation erzielten Gewinne diese Abstriche aufwiegen. Von diesen rein pragmatischen Gründen abgesehen, gibt es natürlich auch einen fundamentalen theoretischen Einwand gegen die ausreichende Motivationskraft moralischer Gründe: Die (vermeintliche) Unmöglichkeit, überhaupt endgültige, abschließende Gründe für ein bestimmtes Verhalten anführen zu können. Ist das moralische Projekt nicht gescheitert, wenn die Moralphilosophie keine allgemein verbindliche Antwort bieten kann, wie und warum gerade so und nicht anders gehandelt werden soll? Die Ethiker streiten sich über „die eine" richtige Begründung, dabei bringen sie viele verschiedene, einander teilweise widersprechende Konzepte ins Gespräch.

Ist es aber legitim, von der Ethik etwas zu verlangen, was von keiner anderen Wissenschaft gefordert wird? Absolute Gültigkeit in Bezug auf unsere theoretische Erkenntnis ist eine Illusion, es gibt sie ganz einfach nicht. Auch die Naturwissenschaften arbeiten auf Basis von Vermutungen und vorläufigem Wissen. Die heute noch gültigen Theorien können schon morgen überholt sein. Wieso sollte für die Ethik etwas anderes gelten? Warum darf hier kein pragmatischer Zugang erlaubt sein? Muss das gesamte Projekt der Ethik über Bord geworfen werden, nur weil kein einheitliches Prinzip zu finden ist, das ausnahmslose, absolute Gültigkeit für alle Zeiten beanspruchen kann? Selbstverständlich müssen die Argumente der Kritiker – und dazu gehören auch die radikalen Skeptiker – ernst genommen werden. So ist z.B. auch der Vorwurf des Kulturrelativismus (die Annahme, dass Normen bloß der Ausdruck einer bestimmten Kultur oder Epoche seien) ein Einwand, dem sich die Ethik bei der Beurteilung ihrer verschiedenen Ansätze stellen sollte.

Wenn wir uns auf die Suche nach vorläufigen moralischen Normen machen, könnte ein Skeptiker allerdings folgenden Einwand erheben: „Woraus leitet ihr ab, dass es moralisch zulässig ist, bloß vorläufige Normen zu akzeptieren, anstatt ein absolut gültiges Prinzip zu finden?" Dieser Einwand lässt sich meiner Meinung nach theoretisch nicht mehr bezwingen, aber dennoch sind wir nicht genötigt, ihn zu berücksichtigen. Wir werden immer irgendwelche Entscheidungen treffen müssen und selbst wenn wir uns nicht entscheiden, folgen daraus Konsequenzen. Unter dieser Perspektive scheint es legitim, jene vorläufigen Regeln zu etablieren, die wir nach Abwägen von jedem Für und Wider gefunden haben und die nach bisheriger Erfahrung den größten Nutzen bringen und den geringsten Schaden verursachen. Sich dafür zu entscheiden, solchen Regeln den Vorzug zu geben, lässt sich zwar wiederum nicht logisch befriedigend begründen. Ich sehe allerdings keine Alternative dazu, es einfach mit diesem Ansatz zu versuchen.

Wichtig ist dabei allerdings, dass wir jenen Normen (und den entsprechenden Sanktionen) den Vorzug geben sollten, deren Auswirkungen prinzipiell reversibel sind. Die Todesstrafe zu vertreten ist nach dem soeben Gesagten nicht akzeptabel. Denn es könnte sich herausstellen, dass ein vermeintlicher Täter, der hingerichtet wurde, doch nicht schuldig gewesen ist. Das gilt auch für das utilitaristische Argument der abschreckenden Wirkung, welche die Todesstrafe auf potenzielle Mörder haben könnte. Wir dürfen nie sicher sein, ob der Grund für den Rückgang der Kapitalverbrechen, vorausgesetzt sie werden bei Einführung der Todesstrafe tatsächlich weniger, auf die abschreckende Wirkung zurückzuführen ist. Vielleicht nehmen wir das eine Zeit lang an, kommen aber später durch präzisere Studien zur Einsicht, dass dies nicht der Fall war. So könnte es sein, dass sich zeitgleich mit Einführung der Todesstrafe die wirtschaftliche Gesamtsituation verbessert hat. Dadurch waren weniger Menschen gezwungen, bewaffnete Raubüberfälle zu begehen, in deren Folge es zu Tötungsdelikten kommen kann. Unter diesen Annahmen wären die von unserem Utilitaristen vertretenen Kollateralschäden in Gestalt von unschuldig Hingerichteten zum Zweck der Abschreckung noch weniger zu rechtfertigen.

Lassen wir den Anspruch, Moral objektiv, für alle Zeiten und für alle Menschen absolut gültig zu begründen, kurz fallen. Überlegen wir lieber, ob es nicht genügt, Normen, die für bestimmte Gruppen sinnvoll erscheinen, per Vertrag verbindlich zu etablieren. Der Versuch, die Moral durch (meist fiktive, das heißt: nur um der Argumentation wegen im Geist unterzeichnete) Verträge der davon Betroffenen zu regeln, wird als Kontraktualismus bezeichnet.

Versprochen ist versprochen

„Auch was Geschriebnes forderst du Pedant?
Hast du noch keinen Mann, nicht Manneswort gekannt?
Ist's nicht genug, dass mein gesprochnes Wort
Auf ewig soll mit meinen Tagen schalten?
Rast nicht die Welt in allen Strömen fort,
Und mich soll ein Versprechen halten?
Doch dieser Wahn ist uns ins Herz gelegt,
Wer mag sich gern davon befreien?
Beglückt, wer Treue rein im Busen trägt,
Kein Opfer wird ihn je gereuen!
Allein ein Pergament, beschrieben und beprägt,
Ist ein Gespenst, vor dem sich alle scheuen.
Das Wort erstirbt schon in der Feder,
Die Herrschaft führen Wachs und Leder.
Was willst du böser Geist von mir?
Erz, Marmor, Pergament, Papier?
Soll ich mit Griffel, Meißel, Feder schreiben?
Ich gebe jede Wahl dir frei.“

Der da so spricht ist Goethes Faust höchstpersönlich, der in seinem Studierzimmer (in der Tragödie erstem Teil) den Pakt mit dem Teufel in Gestalt des Mephistopheles eingeht. Dieser reagiert auf Fausts Aversion gegen einen Vertrag mit der dem neuzeitlichem Denken entsprechenden Nüchternheit eines Notars:

„Wie magst du deine Rednerei
Nur gleich so hitzig übertreiben?
Ist doch ein jedes Blättchen gut.
Du unterzeichnest dich mit einem Tröpfchen Blut.“

Mit Beginn der Neuzeit verlieren Gott und Naturrecht ihre Sonderstellung für die Begründung gesellschaftlicher Ordnung. Weder ein jenseitiger allmächtiger Herrscher, noch eine objektive Wertestruktur der Welt (wie etwa Platons „Idee des Guten") kann länger die Regeln vorgeben, nach denen die Gemeinschaft gestaltet werden soll. Dieser Verlust wird durch den Entwurf neuer Ordnungsmodelle korrigiert. Sie lassen den Menschen selbst darüber entscheiden, wie er das Zusammenleben mit Seinesgleichen vernünftig organisiert.

Der Kontraktualismus (das Wort „Kontrakt", das heißt „Vertrag", steckt in diesem Begriff) ist jener Ansatz innerhalb der praktischen Philosophie, der sich mit der Selbstverpflichtung bzw. Unterwerfung unter einen Herrscher mittels freiwillig eingegangenem (fiktiven) Vertrag befasst. Die Frage, welche Motivation die „Unterzeichner" haben, die damit einher gehenden Regeln zu befolgen, fällt weg. Denn das was ich tun soll, ergibt sich ja aus dem, was ich unterschrieben, wozu ich mich also freiwillig selbst verpflichtet habe. Würde ich die durch den Vertrag gebotenen Regeln nicht akzeptieren, hätte ich ihn ja nicht unterzeichnen müssen. Wer dem Vertrag zustimmt, bekennt sich zu seiner Einhaltung und nimmt außerdem in Kauf, bei eventueller Nichtbefolgung bestraft zu werden. Die ethische Frage „Was soll ich tun?" verlagert sich somit auf eine andere Ebene, nämlich nach außen und verwandelt sich dabei. Was aber sind die Gründe dafür, den Vertrag zu unterschreiben? Warum sollte ich mich einer externen, mir übergeordneten Macht unterwerfen?

Zwei Varianten der in der frühen Neuzeit entstandenen Vertragsidee lassen sich unterscheiden: Diejenige des Engländers Thomas Hobbes und jene, die auf seinen Landsmann John Locke und den Schweizer Jean-Jacques Rousseau zurückgeht. In der Version von Hobbes unterwerfen sich freie Individuen von sich aus einer absoluten Macht, dem Staat, den Hobbes mit dem biblischen Ungeheuer „Leviathan" (so auch der Titel seines Werkes von 1651) bezeichnet. Zweck dieser Unterwerfung ist der wechselseitige Schutz der Vertragspartner vor einander. Das bezieht sich sowohl auf die Individuen innerhalb eines Staates, als auch auf Staaten untereinander. Das Menschenbild, das Hobbes seinen kontraktualistischen Ideen zugrunde legt, ist ein pessimistisches. Für ihn sind die Menschen im Naturzustand (das heißt vor Abschluss jenes fiktiven Vertrages) vor allem durch rücksichtslosen Egoismus gekennzeichnet. Sie würden übereinander herfallen und sich gegenseitig umbringen, wenn sie nicht durch eine übergeordnete Instanz davon abgehalten würden. Das Delegieren der Macht, genauer gesagt: des Gewaltmonopols an den Staat soll diesen „Krieg aller gegen alle" verhindern und somit das Überleben jedes Einzelnen sichern. Die Machtübertragung an den Staat beschreibt Hobbes im „Leviathan" folgendermaßen:

„Ich autorisiere diese Menschen oder diese Versammlung von Menschen und übertrage ihnen mein Recht, mich zu regieren, unter der Bedingung, dass du ihnen ebenso dein Recht überträgst und alle ihre Handlungen autorisierst."

Die Unterwerfung unter den künstlich geschaffenen Souverän ist total, der Leviathan ist ein absoluter Herrscher. Allerdings gesteht Hobbes, das muss man zur Relativierung anmerken, den Einzelnen zu, den Gehorsam zu verweigern. Das ist dann zulässig, wenn der Herrscher seinen Schutzpflichten, deretwegen er überhaupt erst eingesetzt wurde, nicht gerecht wird. So gibt es laut Hobbes keine Pflicht des Einzelnen, sich selbst anzuklagen oder gar zu töten, sich verletzen, verstümmeln oder töten zu lassen, auf Nahrung, Medizin oder einen Platz zum Leben zu verzichten.

John Locke und Jean-Jacques Rousseau sehen den Menschen wesentlich positiver als Hobbes und kritisieren den absoluten Status des Herrschers, dessen Macht sich die Menschen im „Leviathan" unterwerfen sollen. Locke etwa beanstandet an dem Ansatz seines Landsmannes Hobbes, dass es absurd sei, sich der möglichen Willkürherrschaft eines in seiner Macht uneingeschränkten Herrschers auszuliefern. Locke trifft mit dieser Kritik tatsächlich einen wunden Punkt: Wenn der Ausgangszustand vor Vertragsabschluss der von lauter „Freien" und „Gleichen" ist, warum sollten diese sich, wie Hobbes das verlangt, ihrer Freiheit zur Gänze entledigen? Auch Rousseau sieht in der vollkommenen Unterwerfung einen Akt, der nicht zu rechtfertigen ist – nicht einmal durch das Schutzbedürfnis. Seiner Ansicht nach ist ein Leben in Unfreiheit kein Leben. War für Hobbes der vermeintliche Urzustand des Menschen ein ziemlich trister, so geht Locke für die Zeit vor Vertragsabschluss von einer Art primitiver Gesellschaftlichkeit aus, in der bereits eine gewisse Form der Kooperation stattfindet. So schreibt er in seinem Werk „Zwei Abhandlungen über die Regierung" (1689):

> „*Im Naturzustand herrscht ein natürliches Gesetz, das jeden verpflichtet. Und die Vernunft, der dieses Gesetz entspricht, lehrt die Menschheit, wenn sie sie nur befragen will, dass niemand einem anderen, da alle gleich und unabhängig sind, an seinem Leben und Besitz, seiner Gesundheit und Freiheit Schaden zufügen soll.*"

Nicht die Angst vor dem getötet Werden und somit der Schutz davor stehen für Locke und Rousseau im Mittelpunkt des Vertragsabschlusses, sondern der Interessensausgleich freier und gleicher Individuen. Sie nehmen also ebenso wie Hobbes an, dass die Menschen, bevor sie sich im (fiktiven) Vertrag wechselseitig verpflichten, frei und gleich sind, denn ohne diese Annahme könnten sie sich ja gar nicht zu diesem Schritt der Selbstverpflichtung entschließen. Der Vertrag, den sie vorschlagen, dient bei ihnen aber nicht zur totalen Unterwerfung, sondern nur dazu, die bereits existierende Zusammenarbeit in geregelte Bahnen zu lenken.

Beim (fiktiven) Vertragsabschluss prallen zwei Momente aufeinander: Einerseits der Verzicht der Einzelnen auf die vollständige Verwirklichung sämtlicher individueller Wünsche, was deutlich einer Einbuße an Freiheit entspricht; auf der anderen Seite ein Zugewinn an garantierter Sicherheit und Gerechtigkeit. Sollte man dem fiktiven Vertrag also zustimmen? Wohl nur wenn die Vorteile gegenüber den Nachteilen überwiegen, macht es Sinn, sich vertraglich zu binden. Dass dies für die von ihnen vorgeschlagenen Kontrakte zutrifft, liegt für Hobbes, Locke und Rousseau, aber auch für ihre Nachfolger auf der Hand.

Ob sich der Vertragsabschluss in der Version von Hobbes erreichen lässt, wenn dessen Menschenbild zutrifft, ist zu bezweifeln. Warum sollten Egoisten bereit sein, ihre individuelle Macht an eine höhere Instanz abzugeben? Würde das nicht ihrem Egoismus widersprechen? Und selbst wenn sie bereit wären das zu tun, um ihr Überleben zu sichern: Ist damit schon garantiert, dass sie nicht jede sich bietende Gelegenheit nutzen würden, den Vertrag zu brechen, wo es ihrem Vorteil dienen könnte? Der Grund, einen solchen (fiktiven) Vertrag einzugehen, ist zugleich auch der Grund dafür, dass er nicht zustande kommt. Nehmen wir aber an, er würde zustande kommen, dann wäre es fraglich, ob nicht der Souverän (der so wie alle anderen per Definition ein Egoist wäre) bald selbst in Versuchung gerät, seinen Egoismus maximal zu verwirklichen – ausgestattet mit der dazu nötigen absoluten Macht durch seine Untertanen.

Der Wille, der in Rousseaus „Gesellschaftsvertrag" zum Ausdruck kommt, ist ein gemeinsamer bzw. ein Gemeinwille („volonté générale"), keine Summe der Einzelwillen bzw. der Privatinteressen aller Staatsbürger („volonté de tous"). Insofern ist er im Interesse jedes Einzelnen der Vertragspartner. Allerdings ist für Rousseau Freiheit der Angelpunkt seines Kontraktualismus, ja, seiner gesamten Philosophie. Verträge, die nicht auf Freiheit abzielen, sind unzulässig. Die wechselseitige Verpflichtung ist für Rousseau eigentlich eine Selbstverpflichtung aller und damit kein Ausdruck von Unterwerfung:

„Schließlich gibt sich jeder, da er sich allen gibt, niemandem, und da kein Mitglied existiert, über das man nicht das gleiche Recht erwirbt, das man ihm über sich einräumt, gewinnt man den Gegenwert für alles, was man aufgibt, und mehr Kraft, um zu bewahren, was man hat."

Der US-amerikanische Philosoph John Rawls (1921 bis 2002) ist ein moderner Vertreter des Kontraktualismus, der bei Locke und Rousseau anknüpft. Für ihn ist es wichtig, dass der Vertrag Freier und Gleicher in einem Verfahren zustande kommt, das dieser Gleichheit gerecht wird und sie auch in Zukunft erhalten kann. Um dies zu gewährleisten, führt er als fiktive Voraussetzung im vorvertraglichen Zustand den so genannten „Schleier des Nichtwissens" ein. Diese Idee besagt folgendes: Menschen, die sich in einen Vertragszustand begeben wollen, sollten bei der Ausformulierung der Details so vorgehen, als wüssten sie zum gegenwärtigen Zeitpunkt noch nicht, welche Position sie in der künftigen Gesellschaft einnehmen werden. Rawls meint damit nicht nur die soziale Rolle (und somit ökonomische Situation), sondern auch Hautfarbe, Geschlecht, Religionszugehörigkeit, physische und intellektuelle Fähigkeiten, Interessen, Vorlieben, Überzeugungen usw., die in manchen realen Gesellschaften Benachteiligungen mit sich bringen würden. Das Nichtwissen um die später einzunehmende Rolle soll garantieren, dass alle bei der Gestaltung des Vertrags maximale Fairness walten lassen. Somit wird ein Ergebnis zustande kommen, das in Gestalt der Regeln des Zusammenlebens möglichst allen gleiche Rechte, Pflichten und Chancen garantiert.

Rawls stellt in seinem Buch „Eine Theorie der Gerechtigkeit" (1971) zwei Grundsätze vor, auf die sich Menschen – seiner Ansicht nach – einigen könnten. Das erste Prinzip versucht, den Gedanken, dass die eigene Freiheit zwar fundamental ist, aber dort endet, wo die Freiheit des anderen beginnt, in eine konkrete Form zu bringen und damit das Freiheitsbedürfnis jedes Einzelnen mit dem aller anderen zu versöhnen:

> *„Jedermann hat gleiches Recht auf das*
> *umfangreichste Gesamtsystem gleicher Grundfreiheiten,*
> *das für alle möglich ist."*

Mit seinem zweiten Grundsatz will Rawls (von Natur aus vorhandene) Unterschiede zwischen Menschen auf faire Weise ausgleichen:

> *„Soziale und wirtschaftliche Ungleichheiten müssen*
> *folgendermaßen beschaffen sein: sie müssen unter der*
> *Einschränkung des gerechten Spargrundsatzes den am*
> *wenigsten Begünstigten den größtmöglichen Vorteil*
> *bringen, und sie müssen mit Ämtern und Positionen*
> *verbunden sein, die allen gemäß fairer Chancengleichheit*
> *offen stehen."*

Die Überlegungen Rawls (und seiner kontraktualistischen Vorgänger) überschreiten das Gebiet der Ethik bereits in Richtung politischer Philosophie. Dennoch lässt sich der Grundgedanke, eine für alle akzeptable vertragliche Grundlage für moralisches Handeln in Gemeinschaften zu schaffen, auch für die Ethik fruchtbar machen. Insbesondere der Gerechtigkeitsgedanke im Entwurf von Rawls geht weit über die Idee des (egoistischen) Selbstschutzes hinaus. Der Anspruch auf wechselseitigen Schutz vor einander, auf die bestmögliche Verwirklichung der eigenen Ziele und auf eine möglichst umfassende Anwendung der eigenen Freiheit lassen den Vertrag seiner philosophischen Vorgänger hingegen egoistisch motiviert erscheinen – als einen strukturierten Plan zur Realisation des so genannten Eigeninteresses.

Ob der moralphilosophisch anspruchsvollere Ansatz von Rawls funktioniert darf allerdings bezweifelt werden. Diejenigen, die sich bereits in einer Machtposition bzw. -rolle befinden – und jeder befindet sich immer schon in einer bestimmten Position – werden das fiktive Spiel kaum mitspielen. Sie werden sich nicht freiwillig hinter den „Schleier des Nichtwissens" begeben.

Dass die „Vertragspartner" in den Entwürfen der Kontraktualisten auch dann noch gemäß dem Vertrag handeln, wenn sie sich außerhalb seiner Reichweite bzw. der des Souveräns befinden, ist ebenso fraglich.

Was ist mit jenen (beispielsweise Minderheiten), die dem Vertrag von Anfang an nicht zustimmen können bzw. wollen, weil die Details ihnen nicht fair erscheinen oder sogar zu aus ihrer Sicht zu unmoralischen Ergebnissen führen? Zumindest Rawls hat diese Gefahr in Betracht gezogen und durch seinen „Schleier des Nichtwissens" zu überwinden versucht.

Es ist interessant zu analysieren, wie Menschen in einer realen Situation des „Nichtwissens", wie sie durch den „Schleier" von Rawls fiktiv hergestellt wird, handeln, wenn ihre Aktionen sich wechselseitig auf das Schicksal des jeweils Anderen auswirken. Mit diesem Problem, das unter dem Titel „Gefangenendilemma" bekannt geworden ist, befasst sich die „Spieltheorie". Welche Anregungen die Ethik daraus beziehen kann, werden Sie im nächsten Kapitel erfahren.

Verspielte Theorien von Gefangenen und Bauern

Bestimmt haben Sie ein Mobiltelefon?! Wahrscheinlich haben Sie auch schon die eine oder andere Kurznachricht (SMS) damit verschickt und empfangen. Wenn ich Termine mit Freunden vereinbaren möchte, aber nicht telefonieren kann oder will, mache ich das gerne per SMS. So wie beim Kommunizieren über E-Mail fällt es mir auch hier schwer, den begonnenen Dialog abzubrechen. Es kommt eine nette Antwort als Abschiedsformel, ich schreibe noch einmal zurück. Daraufhin erhalte ich eine weitere Rückmeldung und so ginge das weiter und weiter, würden die Pflichten des Alltags uns nicht dazu zwingen, das Spiel irgendwann einmal abrupt zu beenden.

Einmal habe ich mir im Zuge eines solchen SMS-Pingpong-Spiels folgende Frage gestellt: Wie kann ich eigentlich jemals sicher sein, dass ein per SMS vereinbartes Treffen, bei Abbruch der Kommunikation an einer beliebigen Stelle tatsächlich stattfinden wird? Wie kann ich davon ausgehen, dass wirklich jeder Teilnehmer dieser SMS-Runde zum vereinbarten Termin erscheint?

Stellen Sie sich vor, Sie schreiben eine SMS mit der Botschaft: „Wollen wir uns heute um 20 Uhr im Kleinen Café treffen?" Als Antwort kommt: „Ja, super, gerne. Ich bestätige hiermit." Sie wollen bzw. müssen diese Bestätigung aber wieder rückbestätigen, damit der Mensch am anderen Ende der fiktiven Leitung weiß, dass Sie wissen, dass der Termin stattfinden wird. Sobald Sie diese Rückbestätigung verschickt haben, müssen Sie allerdings darauf warten, dass Ihr unsichtbarer Partner Ihnen wiederum bestätigt, diese erhalten zu haben und so weiter und so fort. Dieses Hin und Her hat – rein logisch betrachtet – kein Ende. Irgendwann verlassen wir uns darauf, dass wir einander treffen werden, aber korrekt bewiesen ist das bei Abbruch des SMS-Kontaktes (der irgendwann nötig ist, weil wir sonst bis ans Ende unserer Tage mit unserem Mobiltelefon beschäftigt sind) nicht. Gott sei Dank können wir im Zweifelsfall ja immer noch telefonieren.

Es gibt, wie wir gleich sehen werden, Situationen, in denen wir überhaupt nicht miteinander kommunizieren können. Dennoch haben die Handlungen die einer von uns (oder beide) setzen, Auswirkungen auf den jeweils anderen. Wir müssen uns daher vorab überlegen, was wir tun sollen und dazu miteinbeziehen, wie der jeweils Andere voraussichtlich handeln wird.

Oftmals treffen wir unsere Entscheidungen spontan, ohne lange zu überlegen, man könnte sagen: intuitiv. Natürlich müssen diese Entscheidungen deswegen noch lange nicht irrational oder gar falsch sein. Intuitives Handeln kann klappen, wenn wir auf einen großen Erfahrungsschatz unterschiedlicher Situationen, auf die Entscheidungen in diesen Situationen und die jeweiligen Konsequenzen zurückgreifen können. Denn aufbauend darauf können wir, ohne lange zu überlegen, in neuen, ähnlichen Situationen spontan das Richtige wählen. Wir können (und sollten) aber auch vorab bewusst überlegen, wofür wir uns entscheiden sollten, wenn wir ein bestimmtes Ziel verfolgen. Was dann das richtige Mittel zum Zweck ist, hängt nicht nur von unseren Zielen und den äußeren Umständen ab. Es wird auch davon beeinflusst, wie die Anderen handeln oder wie wir erwarten, dass sie wahrscheinlich handeln werden.

Es gibt zwei Theorien, die sich mit Entscheidungen und ihren möglichen Konsequenzen befassen: Die Entscheidungstheorie und die Spieltheorie. Im Unterschied zur Entscheidungstheorie, die sich ausschließlich mit den Entscheidungen einzelner Individuen beschäftigt und auf Basis des „Nutzens" für den Einzelnen optimale Entscheidungen sucht, beleuchtet die Spieltheorie das Problem, wie eine Person handeln soll, wenn auch noch andere mit im Spiel sind. Dabei kann der Einzelne zugunsten aller kooperieren oder auch nicht. In jedem Fall aber muss er versuchen, das Verhalten seiner Mitspieler vorherzusagen und daraus eine für sich optimale Strategie in Bezug auf seine Ziele abzuleiten. Da die Mitspieler genau dasselbe tun, muss er auch einberechnen, was die anderen von ihm erwarten und so weiter.

Das klingt nach blanker Zweckrationalität, hat also mit der Frage nach dem moralisch Guten als einem möglichst unverschmutzten Zweck an sich nichts zu tun. Aber vielleicht ist diese

Reinheit ja ohnehin nicht einlösbar und unser moralisches Handeln beruht zuletzt doch nur auf am Eigeninteresse ausgerichteten rationalen Entscheidungen? Hier geht es jedenfalls um die Verwirklichung der eigenen Interessen bzw. um ein möglichst gutes Abschneiden in Entscheidungssituationen mit anderen Beteiligten. Ich gehe im Folgenden von der einfachsten Annahme, nämlich einer Entscheidungssituation mit insgesamt zwei Spielern aus, obwohl in der Realität meistens mehrere Personen betroffen sind.

Das bekannteste Beispiel für die Spieltheorie ist das so genannte „einfache Gefangenendilemma": Zwei Kriminelle, die getrennt von einander in Untersuchungshaft sitzen, werden eines schweren Verbrechens beschuldigt. Die Beiden können nicht miteinander kommunizieren, ihre Strategien also nicht aufeinander abstimmen. Der mit dem Verhör befasste Polizist hätte gerne ein Geständnis – am besten von beiden. Wir, als Außenstehende, wissen, dass die beiden Verbrecher die Tat wirklich begangen haben; die Polizei weiß es jedoch nicht. Nachweisen kann die Staatsgewalt den beiden Gaunern ohne deren Geständnis nur ein leichtes Verbrechen. Wenn beide das schwere Verbrechen zugeben, würden sie zu gleich vielen Jahren Gefängnis verurteilt werden. Allerdings würde das Geständnis eine Strafminderung nach sich ziehen (die Haft würde statt 10 Jahren jeweils nur 8 Jahre betragen). Gesteht keiner von Beiden, würde jeder von ihnen nur für das leichte Verbrechen eine geringe Strafe ausfassen (1 Jahr). Würde nur einer der beiden Gangster das Verbrechen zugeben, so würde er das beste Resultat für sich selbst erzielen: 0 Jahre Haft, da er als Kronzeuge gegen seinen Mitangeklagten auftritt. Dieser wiederum würde, wenn er in diesem Fall nicht gestünde, zur Höchststrafe, also 10 Jahren Gefängnis, verurteilt werden.

Wir müssen davon ausgehen, dass beide Inhaftierten großes Interesse daran haben, so kurz wie möglich, am besten überhaupt nicht, eingesperrt zu werden. Daher werden sie überlegen, was die für sie beste Strategie ist. Die für beide gleichermaßen beste Lösung erzielen die Inhaftierten, wenn sie die Aussage verweigern: 1 Jahr Gefängnis. Das ist allerdings nur die zweitbeste Lösung für jeden Einzelnen von ihnen – aus der je subjektiven Sicht, da die zwei Verbrecher am liebsten kein einziges Jahr einsitzen würden. Das schlechtere Ergebnis für beide, aber immer noch nicht das am schlechtesten mögliche für jeden der zwei Gangster (letzteres würde im Falle seines Schweigens und des Geständnisses des anderen eintreffen), käme zustande, wenn beide gestehen. Da sich jeder der beiden mit der Möglichkeit konfrontiert sieht, dass der andere gestehen könnte, um straffrei zu gehen, werden wohl beide diesen Weg wählen und gestehen.

Das einfache Gefangenendilemma weist zwei Probleme auf, die in einer Realsituation nicht unbedingt vorkommen: Erstens die Unmöglichkeit, die Strategien aufeinander abzustimmen, sprich: Vor dem eigenen Handeln gemeinsam mit dem Mitspieler zu überlegen, was das für beide beste Ergebnis wäre und danach zu handeln. Zweitens die Tatsache, dass es sich um eine einmalige Entscheidung handelt, die nicht rückgängig gemacht werden kann. Es gibt also keine Chance zur Verbesserung, sollte ein unbefriedigendes Ergebnis erzielt werden.

Im Falle der Wiederholbarkeit (oder Korrektur) der Entscheidungen in künftigen Spielzügen, also der Möglichkeit, das eigene Handeln auf den Mitspieler abstimmen zu können, spricht man in der Spieltheorie vom so genannten „iterativen (das bedeutet: „sich wiederholenden") Gefangenendilemma". Diese Dilemma und die dafür möglichen Lösungsansätze sind für die Frage „Was soll ich tun?" von großer Relevanz. Ein Beispiel: Zwei Bauern stehen kurz vor der Ernte ihrer Felder. Da sie verschiedene Agrarprodukte angebaut haben, fällt die Ernte des einen Bauern etwa eine Woche früher aus, als die des anderen. Die beiden verhandeln ein Abkommen zur gegenseitigen Hilfe, denn nur dadurch kann jeder von ihnen seine gesamte Ernte einbringen. Der Vertrag sieht vor, dass in Woche 1 der erste Bauer dem zweiten hilft, in Woche 2 im Gegenzug Bauer zwei seinem Feldnachbarn Bauer eins. Was könnte Bauer zwei davon abhalten, dass er sich zwar helfen lässt, wenn sein eigenes Feld abgeerntet wird, die zugesagte Unterstützung eine Woche später jedoch nicht leistet? In der realen Situation könnte er gar nichts tun, zumindest nicht im Falle der Einmaligkeit der Situation. Bei Weiterbestehen der Nachbarschaft könnte er sich aber im darauf folgenden Jahr für den Betrug seines Kollegen rächen und diesem nicht mehr helfen bzw. einen entsprechenden Vertrag ebenfalls brechen – vorausgesetzt, diesmal käme sein Feld zuerst dran.

Als (langfristig) sinnvolle Strategie im iterativen Gefangenendilemma hat sich eine Strategie mit dem Namen „TIT FOR TAT" („Wie du mir, so ich dir") als sinnvoll erwiesen. Dabei geht derjenige Spieler, der die erste Handlung setzt (der Bauer, der als erstes dem anderen bei der Ernte hilft), kooperativ vor. Das heißt, er handelt vertragsgemäß und beginnt „nett". Im Unterschied zur „Kooperiere immer!"-Strategie, bei deren konsequenter Anwendung das langfristig schlechteste Ergebnis eingefahren wird (da jemand, der trotz Betrugs des Mitspielers weiter kooperiert, ein perfektes Opfer fortgesetzter Ausbeutung ist), reagiert ein „TIT FOR TAT"-Spieler auf Kooperationsverweigerung ebenfalls mit einer Verweigerung in der nächsten Partie. Unser enttäuschter Bauer, der „TIT FOR TAT" anwendet, wird also im kommenden Jahr selbst den Vertrag brechen oder gar nicht erst seine Hilfe anbieten. Allerdings führt das fortgesetzte Verweigern zu einem für beide Spieler schlechten bzw. schlechteren Ergebnis, als die Kooperation. „TIT FOR TAT"-Spieler handeln dieser Erkenntnis gemäß, indem sie auf Verweigerung nur durch einmalige eigene Verweigerung reagieren, in der nächsten Spielrunde jedoch wieder ihre Leistung erbringen – unter der Bedingung, dass der andere Spieler vorher zur Kooperation zurückgefunden hat.

Einem größeren Publikum bekannt wurde die „TIT FOR TAT"-Strategie durch den US-amerikanischen Politikwissenschafter Robert Axelrod (geb. 1943), der seine Untersuchungen 1984 in dem Buch „Die Evolution der Kooperation" veröffentlichte. Axelrod hatte zuvor Wissenschafter verschiedener Disziplinen sowie Computer-Programmierer dazu eingeladen, je ein Programm zu erstellen. Diese Programme sollten gleichzeitig in einem Turnier mit einander in Wettstreit treten, um so herauszufinden, welches von ihnen die meisten Punkte erzielt. „TIT FOR TAT" (Axelrods eigenes Programm) zeichnete sich dabei als die erfolgreichste Strategie aus, wobei sie laut ihrem Erfinder durch vier wesentliche Elemente gekennzeichnet war: Klarheit, Nettigkeit, Provozierbarkeit und Nachsichtigkeit. „Klarheit" bedeutet, dass die anderen Programme relativ leicht erkennen, wie „TIT FOR TAT" vorgeht: Prinzipiell kooperationsbereit, aber nicht naiv. „Nettigkeit" bringt diese Kooperationsbereitschaft im ersten Zug zum Ausdruck: Er ist durch Erfüllung der Kooperationsvereinbarung eine positive Vorleistung, die allerdings vom anderen ausgenutzt werden könnte. Auf einen solchen Missbrauch durch den zweiten reagiert der erste Spieler mit „Provozierbarkeit", das heißt, im nächsten Zug wird er die einmalige Strafsanktion anwenden und ebenfalls die Kooperation verweigern. Da ein permanentes Verweigern der wechselseitigen Hilfe jedoch beiden Spielern unter dem Strich mehr schadet als nützt, wendet „TIT FOR TAT" schlussendlich „Nachsichtigkeit" an: Pro Foul des Gegenübers gibt es eben nur genau ein „Revanche-Foul", anschließend kommt der Spieler also wieder aus dem Schmollwinkel zurück und gibt sich neuerlich kooperationsbereit.

Unter idealen Bedingungen (beide Spieler haben nur die Möglichkeit, durch ihren jeweils nächsten Spielzug zu belohnen oder zu bestrafen; beide wissen nichts von einander, sie sehen nur das Handeln des anderen), also bei gleicher „Macht" beider Spieler, zahlt sich diese Strategie eindeutig aus. Kooperatives Verhalten lohnt sich, ist also auch dann in Bezug auf das Eigeninteresse vernünftig, wenn nicht auf eine übergeordnete Instanz (Gott, der Staat etc.) zu seiner Durchsetzung zurückgegriffen werden kann. Es geht im Falle von spontaner Kooperationsverweigerung nicht um ewige Verdammung des Anderen, denn daraus lässt sich kein Nutzen für einen selbst ableiten.

Axelrod selbst sagt (zitiert nach Douglas R. Hofstadter, SPEKTRUM der Wissenschaften. Digest 1998) über sein Programm:

„TIT FOR TAT gewann das Turnier nicht, indem es den anderen Spieler schlug, sondern indem es ihn zu einem Verhalten ermunterte, das ihnen beiden zum Vorteil gereichte."

Das bedeutet, dass diese kooperative Einstellung dem Einzelnen dadurch nutzt, dass es auch den Nutzen des anderen zulässt, ohne sich dabei selbst als naiv zu erweisen und sich ausnutzen zu lassen. Warum sollte der erste Spieler trotz seines eigenen Gewinns dem Mitspieler nicht auch dessen Gewinn gönnen, vor allem, wenn eine egoistische Haltung hier zum eigenen Schaden führen würde? Axelrod stellt daher zu Recht fest (siehe Hofstadter):

> *„Es hat absolut keinen Zweck, neidisch auf den Erfolg des anderen zu sein, denn in einem iterativen Gefangenendilemma ist auf lange Sicht der Erfolg des anderen die Voraussetzung für das eigene gute Abschneiden."*

Wie lassen sich die Erkenntnisse der Spieltheorie nun für die Moralphilosophie fruchtbar machen? Zwei Ansätze sind hier zu unterscheiden: Der eine versucht zu erklären, warum und wie sich im Laufe der Zeit kooperatives Verhalten unter Lebewesen entwickelt haben könnte. Dieser rein beschreibende, wertfreie Ansatz findet unter dem Titel einer „evolutionären Spieltheorie" Anwendung. Unter normativer Perspektive wird der Versuch unternommen, die Einsichten der Spieltheorie für die Entwicklung von Handlungsleitfäden einzusetzen. Wie weit dieser Versuch dem Bestreben, moralisch korrektes Handeln als Selbstzweck zu bestimmen, nahe kommt, ist fraglich. Der Verdacht, dass es sich dabei (ähnlich wie bei manchen Formen des Kontraktualismus) um reine Zweckrationalität handelt, die ihren Ausgang bei den Interessen des Einzelnen nimmt und Zusammenarbeit mit anderen nur unter der Perspektive des Eigennutzes gutheißt, drängt sich auf. Die Erkenntnis, dass sich kooperatives, also nicht-egoistisches Verhalten langfristig für alle lohnt, lässt sich an den Ergebnissen der Spieltheorie aber dennoch ablesen. Mit Immanuel Kant ließe sich sagen, dass die Spieler zwar nicht „aus Pflicht", dafür aber „pflichtgemäß" handeln. Das sichtbare Ergebnis mag das Gleiche sein, aber es ist „gut", ohne „gut gemeint" gewesen zu sein.

Halten wir kurz inne: Ist es denn überhaupt unmoralisch, wenn sich unser Handeln an unseren eigenen Interessen orientiert, so lange andere Menschen dadurch nicht nur keinen Schaden, sondern sogar Nutzen erwarten können? Oder ist diese Vorgangsweise nicht vielleicht die einzige Möglichkeit, wie wir Moralnormen überhaupt begründen können, die wir als verbindlich akzeptieren? Der deutsche Ethiker und Rechtsphilosoph Norbert Hoerster behauptet genau das. Er versucht Moral ohne Metaphysik, ohne die Annahme objektiv existierender Normen auf Basis aufgeklärten Eigeninteresses wechselseitig zu begründen.

Sei ein Egoist!

Der 1914 von Coco Chanel gegründete Modekonzern „Chanel", der seit vielen Jahren Accessoires wie Handtaschen, Uhren, Schmuck verkauft, führt auch Parfums in seinem Angebot. Das berühmteste ist „Chanel No. 5". Vor ein paar Jahren kreierte Chanel einen neuen Duft mit dem viel sagenden Titel „Égoiste". Im dafür gedrehten Werbespot sieht man ein mehrstöckiges Haus (vielleicht ein Hotel), dessen Balkontüren sich erst nacheinander, dann im gleichen Rhythmus öffnen und schließen. Heraus treten wunderschöne Frauen, die „Égoiste!" rufen, bevor sie die Balkontüren hinter sich zuschlagen und wieder im Inneren des Hauses verschwinden. In der Großaufnahme des Gebäudes sieht man, dass eine einzige Balkontüre in der Mitte geschlossen bleibt. Nachdem die Frauen sich zurückgezogen haben, öffnet sich diese Türe einen Spalt breit. Ein behaarter, braun gebrannter Männerarm kommt zum Vorschein, die dazu gehörige Hand stellt einen Flacon auf das Geländer des Balkons: „Égoiste".

Der Titel dieses Kapitels stellt eine Provokation dar: Wie kann die moralische Frage „Was soll ich tun?" mit „Sei ein Egoist!" beantwortet werden? Ist das nicht ein Widerspruch in sich? Bereits in den Kapiteln über „Kontraktualismus" und über die „Spieltheorie" haben wir Ansätze kennengelernt, die nicht primär das Wohl der anderen um ihrer selbst Willen ins Auge fassen, sondern vielmehr danach fragen, warum jeder Einzelne aus Eigeninteresse bzw. aus Selbstschutz, Rücksicht auf andere nehmen sollte.

Machen wir eine kurze Pause und blicken zurück: Was haben wir bisher über Moral und Ethik herausgefunden, welche Antworten auf die Frage „Was soll ich tun?" hat unser Streifzug bis zu diesem Punkt geliefert?

All jene Ansätze, die behaupten, dass es „das Gute" oder Normen, die zu seiner Verwirklichung führen, in einem objektiven Sinn gibt, dass diese für uns existieren, unabhängig davon, ob wir an sie glauben und sie erkennen können oder nicht, sind gescheitert. Darunter fallen einerseits moralische Entwürfe von

Religionen, die gar nicht danach fragen, ob wir nicht vielleicht aus uns selbst heraus, aufgrund unserer Bedürfnisse und Interessen, das für uns Gute finden könnten. Sie behaupten vielmehr, dass es Regeln gibt, die von Gott stammen. Weder können noch dürfen wir ihre Qualität beurteilen, geschweige denn ihre Gültigkeit in Frage stellen. Als demütige Befehlsempfänger können wir nur glaubend darauf vertrauen, dass Gottes Wille schon irgendwie gut für uns sein wird. Unkritische Autoritätshörigkeit hat oftmals mehr Schaden als Nutzen gebracht. Gott scheidet als Stifter der Moral somit aus.

Auf der anderen Seite stehen Konzeptionen, wie jene Platons (oder auch die von Max Scheler), die behaupten, dass Werte und Normen in einer eigenen Dimension, unveränderlich und unzerstörbar, existieren. Wie diese „jenseitigen" Werte und Normen erkannt werden können, wird nicht befriedigend erklärt. Es wird auch nicht gezeigt, warum wir, wenn es diese „objektiven Werte" denn gäbe, sie auch befolgen sollten. Auch die Gruppe jener Ansätze, die dadurch „objektiv" werden wollen, indem sie Normen aus einem „objektiven Verfahren" konstruieren, haben ihr Ziel nicht erreicht. Dazu gehören sowohl die Entwürfe Immanuel Kants, als auch jene hier vorgestellten des Kontraktualismus und der Diskursethik.

Der Anspruch des deutschen Rechtsphilosophen und Ethikers Norbert Hoerster (geb. 1937) ist erklärtermaßen antimetaphysisch und daher wesentlich bescheidener. Er steht in der Entwicklungslinie der empiristischen Philosophie, also jener Denkschule, die sich auf die Erfahrung bzw. das, was sich allein aus der Erfahrung in der Wirklichkeit erkennen lässt, beruft. Hoerster bezieht sich direkt auf den australischen Philosophen Johne Leslie Mackie, indirekt auf David Hume. Die Existenz einer objektiv begründbaren Moral hält er für eine Illusion. In seinen ethischen Schriften versucht er daher konsequent eine „Moralbegründung ohne Metaphysik" (so auch der Titel eines Aufsatzes Hoersters, der 2003 in einem Sonderheft von „Aufklärung und Kritik", der deutschen „Zeitschrift für freies Denken und humanistische Philosophie", erschienen ist). Neben mehreren Büchern zu Themen der angewandten Ethik (so beschäftigt sich Hoerster etwa mit „Abtreibung" und „Euthanasie", aber auch mit „Tierethik") hat er auch zwei Werke vorgelegt, die sich mit allgemeiner Ethik befassen: „Ethik und Interesse" (2003) und „Was ist Moral? Eine philosophische Einführung" (2008).

Hoerster stellt sich die Frage, wie eine Norm aussehen muss, damit sie für mich selbst Verbindlichkeit beanspruchen kann und in weiterer Folge intersubjektiv, das heißt: wechselseitig für alle Menschen, begründet ist. Er gelangt dabei zu der Erkenntnis, dass Normen, die ich und die anderen einhalten würden, in unserem aufgeklärten Interesse liegen müssen. Was Hoerster unter „aufgeklärtem Interesse" versteht, lässt sich schnell anhand eines Beispiels zeigen: Wenn ich am Wochenende meinen Freund Herwig anlässlich seines Geburtstags in Paris besuchen will, sollte ich mir besser schon jetzt ein Flugticket besorgen, denn am Tag der Reise könnte es vielleicht keines mehr geben. Mit möglichst umfangreichem Wissen diejenigen Mittel zu wählen, die meinen Interessen am besten dienen, gilt dabei als vernünftig. Nicht jedes Interesse ist vernünftig, wie Hoerster in „Was ist Moral?" an folgendem Beispiel ausführt:

> „Wer etwa den Wunsch hat, nach einer durchzechten Nacht mit dem eigenen Auto nachhause zu fahren, und dies auch tut, handelt ganz gewiss nicht rational, da er an der Verwirklichung dieses Wunsches aus nahe liegenden Gründen kein aufgeklärtes oder wirkliches Interesse haben kann."

Obwohl er nicht an die objektive Existenz von Normen glaubt, meint Hoerster, dass eine Moralbegründung im umfassenden Sinne auch dann nicht erreicht wäre, wenn es diese „objektiven Normen" gebe. Er glaubt zwar, dass sich – würden solche Normen existieren – vielleicht ein Weg zu ihrer Erkenntnis finden ließe, auf den wir uns einigen könnten. Dass die Menschen aufgrund der Erkenntnis dieses „objektiv Gebotenen" es dann aber auch verwirklichen, ist nicht gesagt. Dazu müssten sie nämlich erst entsprechend motiviert sein. Hierfür reicht die Existenz objektiver Normen laut Hoerster aber nicht aus. Selbst wenn das als richtig Erkannte in sich eine gewisse Motivationskraft tragen würde, potentielle Konflikte aufgrund von egoistischen Antrieben wären damit keineswegs ausgeräumt. Um ausreichend motiviert zu sein, eine Norm zu befolgen, muss sie für mich begründet, nämlich in meinem Interesse sein. Wenn viele oder die meisten von uns ähnliche Interessen haben und Hoerster geht davon aus, dass dies so ist, ließen sich die darauf abzielenden Normen wechselseitig begründen. Ein Objektivitätsanspruch im absoluten Sinn ist also gar nicht notwendig, meint Hoerster und führt dies am Tötungsverbot aus.

Wenn ich ein Interesse daran habe, am Leben zu bleiben (alle weiteren Interessen, etwa morgen auf Urlaub zu fahren, in einem Jahr zu heiraten usw., beruhen selbstverständlich auf der Verwirklichung dieses Interesses), aber selbst uneingeschränkt die Möglichkeit besitzen möchte, jederzeit jeden anderen Menschen töten zu können, sollte ich zunächst versuchen, diesen Wunsch in eine Norm zu packen. Eine mögliche Formulierung könnte folgendermaßen aussehen: „Niemand darf Georg Schildhammer töten, Georg Schildhammer aber darf jeden töten." Lässt sich diese Norm durchsetzen? Wohl kaum, denn wer außer mir würde ihr zustimmen? Niemand! Denn der Einzige, der von dieser Norm profitieren würde, wäre Georg Schildhammer, also ich. Drehen wir den Spieß um: Könnte ich einer Norm zustimmen, die lautet: „Georg Schildhammer darf niemanden töten, aber alle dürfen Georg Schildhammer töten."? Unter äußerst sonderbaren Bedingungen mag es Menschen geben, die einer solchen Norm in Bezug auf ihre Person zustimmen würden (denken Sie bitte an das reale Beispiel des Kannibalen Armin Meiwes bzw. seines „Opfers"). Im Allgemeinen ist es jedoch eher unwahrscheinlich, dass Menschen einer Norm in Bezug auf das Tötungsverbot zustimmen würden, welche alle anderen begünstigt, sie selbst aber benachteiligt. Ich jedenfalls würde ihr meine Zustimmung verweigern.

Diese beiden, offensichtlich nicht für alle im gleichen Maße geltenden Normen (sie machen Ausnahmen für bestimmte, namentlich genannte Personen) lassen sich also nicht durchsetzen.

Ließe sich die Norm „Jeder darf jeden töten." installieren? In wessen Sinn sollte eine solche Norm sein? Wenn jeder jeden töten darf, bin ich permanent von allen anderen bedroht. Das Gleiche gilt natürlich auch für die übrigen Menschen. Eine solche Norm ließe sich also ebenfalls schwer etablieren. Sie würde den vermeintlichen vorvertraglichen Naturzustand im Sinne von Thomas Hobbes festschreiben. Wie sieht es nun aber mit „Niemand darf jemand anderen töten." aus? Diese Norm kommt im Falle ihrer allgemeinen Geltung auf jeden Fall einmal mir selbst zugute, insofern könnte ich sie vertreten. Sie ist aber auch sinnvoll für jeden anderen. Hoerster geht davon aus, dass das gelegentlich auftretende Bedürfnis, jemand anderen töten zu wollen in keinem Verhältnis zu dem Wunsch steht, selbst unter keinen Umständen getötet werden zu dürfen.

Der Wunsch, dass ich nicht getötet werden darf, begründet ein entsprechendes Tötungsverbot für mich. Wenn alle anderen auch nicht getötet werden wollen, ist für jeden Einzelnen von uns zwar noch nicht ein allgemeines Tötungsverbot begründet. Die Norm jedoch, dass man ihn selbst nicht töten darf, ist es. Wenn wir weiters davon ausgehen (und Hoerster tut genau das), dass die umfassende Sicherheit, nicht selbst getötet zu werden, für die meisten von uns wichtiger ist, als das Recht, gelegentlich andere töten zu dürfen, dann wird wohl jeder von uns aus aufgeklärtem Interesse nicht nur ein Tötungsverbot in Bezug auf sich selbst, sondern in Bezug auf alle vertreten. Denn nur dadurch, dass er allen anderen gegenüber auf sein Recht, sie zu töten, verzichtet, sind auch die übrigen zu diesem allgemeinen Verzicht bereit. Somit ist das Tötungsverbot intersubjektiv, also wechselseitig gültig, begründet.

Es liegt nicht nur in meinem, sagt Hoerster, sondern in jedermanns Interesse, dass sich alle daran halten. Es ist nicht notwendig, eine entsprechende moralische Forderung aus einem so schillernden Begriff wie der „Menschenwürde" abzuleiten, die uns verbietet, andere zu töten. Dennoch gibt es meistens äußere und innere Sanktionen, die uns bestrafen (und uns in ihrer Erwartung auch schon vor einer bösen Tat davon abhalten). Für jene Normen, die den Rang eines Gesetzes erreicht haben, sind das im allgemeinen Strafen. Aber auch für Normen, die nicht für jeden Fall per Gesetz geregelt sind (wie etwa das Verbot der Lüge), gibt es äußere und innere Sanktionen, die jeder von uns erleidet. Damit nicht nur die wechselseitige Begründung, sondern auch die Einhaltung von Normen funktioniert, wird jeder von uns auch auf die Etablierung und Aufrechterhaltung dieser äußeren und inneren Sanktionen in der Gesellschaft Wert legen. Wir maßregeln einander gegenseitig und erziehen bereits unsere Kinder unter Anwendung dieser Sanktionen.

Äußere Sanktionen fürs Lügen wären etwa Tadel und der Ausschluss aus einer Gemeinschaft. Wer von seinen Freunden wiederholt beim Lügen ertappt wird, muss damit rechnen, bald keine Freunde mehr zu haben oder aus dem Freundeskreis ausgestoßen zu werden. Ein Beispiel für eine innere Sanktion könnte das schlechte Gewissen sein. Wir erziehen unsere Kinder so, dass sie die für uns intersubjektiv begründeten Normen achten und im Falle eines Verstoßes zumindest innerlich darunter leiden, dies getan zu haben. Es ist also nach Hoerster nicht damit getan, diese Normen theoretisch zu verankern. Auch die entsprechende soziale Einbettung und wiederkehrende Anwendung, samt den Sanktionsmöglichkeiten durch die Gemeinschaft gehören mit dazu. Es wäre übrigens absurd, selbst einer Norm zu folgen, die von allen anderen nicht eingehalten wird. Wenn lügen allgemein verbreitet ist, also jeder lügt, wäre es widersinnig, als einziger ehrlich zu sein. Selbstverständlich kann es zu Situationen kommen, in welchen die strikte Einhaltung der Norm, nicht zu lügen (oder zu töten, etwa aus Notwehr), mehr Schaden anrichtet, als sie Nutzen stiftet (z.B. im Falle des verfolgten Freundes).

Natürlich zieht Hoerster die Möglichkeit in Betracht, dass es Menschen gibt, die mit so großer physischer Kraft oder Macht (zum Beispiel Diktatoren) ausgestattet sind, dass sie sich an ein Tötungsverbot nicht halten müssten, obgleich sie es allen anderen aufzwingen wollen. Die Leichtigkeit, mit der man selbst getötet werden kann, macht es Hoersters Meinung nach jedoch äußerst unwahrscheinlich, dass die Mächtigen einem Tötungsverbot zuwider handeln würden. Denn auch Diktatoren müssen sich, zumindest in ihrem unmittelbaren Umfeld, mit Menschen umgeben, denen sie vertrauen können. Dieses Vertrauen lässt sich aber nur dadurch gewinnen, dass sich auch der Diktator an fundamentale Regeln hält. Ein Mafiaboss, der jeden Tag willkürlich einen seiner Leibwächter erschießt, muss damit rechnen, dass sich die übrigen Leibwächter eines Tages gegen ihn verschwören und ihn ihrerseits umbringen werden. Und selbst unterdrückte Minderheiten könnten irgendwann revoltieren und ihre Herrscher stürzen. Damit scheint das Tötungsverbot aus Sicht Hoersters (zumindest weitgehend) intersubjektiv begründet zu sein.

Damit gibt Hoerster sich aber auch noch nicht zufrieden. Er ist davon überzeugt, dass sich weitere Normen nach demselben Schema intersubjektiv begründen lassen, etwa das Verbot der Lüge. So wie in Bezug auf das Töten, hat jeder von uns gelegentlich auch den Wunsch, andere zu belügen, um sich dadurch einen Vorteil zu verschaffen. Wichtiger als die Möglichkeit, dieses gelegentliche Bedürfnis ausleben zu können, ist für die meisten von uns jedoch die Garantie, selbst nicht angelogen zu werden. Lügen können wir hier im erweiterten Sinn als „Vertragsbruch" interpretieren. Wer statt der Wahrheit stets die Unwahrheit serviert bekommt, zumindest aber damit rechnen muss, dass vieles oder gar alles, was man ihm sagt, Lüge ist (die Ungewissheit ist noch viel schlimmer, weil man dadurch paranoid wird), kann nicht mehr uneingeschränkt an der Planung und Verwirklichung seiner Interessen arbeiten. Hoerster sagt es zwar nicht explizit, es liegt aber auf der Hand, dass auch das Zulassen der Lüge auf Umwegen zur Verkürzung meiner Lebenserwartung (und derjenigen aller anderen), sprich: zu meiner „Ermordung" führen kann. Wer vom Apotheker die vom Hausarzt verordneten Herzmittel abholen will und sich auf die Vertrauenswürdigkeit des Pharmazeuten verlässt, wäre nicht nur bitter enttäuscht, sondern vielleicht sogar bald tot, wenn dieser ihm absichtlich die falsche Arznei mit auf den Weg geben würde, bloß weil er ein teureres Produkt verkaufen will.

Weitere Normen, die sich nach Hoerster intersubjektiv begründen lassen, sind etwa ein Verbot, andere Menschen zu verletzen oder gar zu verstümmeln; sie zu bestehlen; ein Gebot für die Achtung eines gewissen, für das Überleben notwendigen Privateigentums; individueller Handlungs- und Bewegungsfreiheit usw. Hoerster schließt nicht aus, dass sich noch mehr Normen finden lassen, die sich auf die von ihm vorgeführte Weise intersubjektiv begründen lassen und fordert seine Leser dazu auf, solche Normen zu suchen. Die Menschenrechte bieten sich dafür an, Hoerster erwähnt sie ausdrücklich.

Das Konzept der intersubjektiv begründeten interessenfundierten Ethik sieht auf den ersten Blick ganz ähnlich aus, wie die egoistischen Versionen des Kontraktualismus. Norbert Hoerster möchte seinen Entwurf jedoch nicht damit in einen Topf geworfen sehen. Denn seine intersubjektive Begründung bestimmter Normen erfordert, im Unterschied zum Kontraktualismus, keine zusätzliche Legitimation des Vertrages, aus dem diese Normen schlussendlich abgeleitet werden können. Am Kontraktualismus kritisiert er außerdem den hypothetischen Vertragsabschluss, der ja nie wirklich stattgefunden hat. Tatsächlich meint Hoerster, dass sich für keine der aktuell geltenden, intersubjektiv begründeten Normen ein solcher Vertrag vorweisen lässt.

Er lehnt die Bezeichnung seines Ansatzes als „Vertragstheorie" aber nicht in Bausch und Bogen ab, sondern schreibt in „Ethik und Interesse":

> *„Eine individualistisch interessenfundierte Theorie der Moralbegründung ist insofern vertragstheoretischer Natur, als sie unterstellt, dass die betreffenden Individuen in einer Gesellschaft, in der das Gebot der Einhaltung von Verträgen bereits Geltung hat, rationalerweise die Inhalte der übrigen intersubjektiv begründeten Moralnormen vertraglich vereinbaren würden."*

Die Pointe besteht darin, dass sich die Kontraktualisten nicht auf einen (nicht einmal fiktiven) Vertrag beziehen könnten, der die Gültigkeit von Verträgen garantiert. Denn hier würde sich die sprichwörtliche Katze in den Schwanz beißen. Wenn ich mich nur an solche Normen zu halten habe, die ich in jenem (fiktiven) Vertrag beschlossen habe, müsste ich vorab wiederum einen weiteren (fiktiven) Vertrag als beschlossen annehmen, der diesem zeitlich vorausliegt und die Geltung des nachfolgenden garantiert. Für diesen zweiten benötige ich aber einen dritten und so weiter – das wäre ein Begründungsprozess, der bis in alle Ewigkeit nach hinten fortgesetzt oder an einer bestimmten Stelle dogmatisch abgebrochen werden müsste, um nicht einem Zirkelschluss gemäß dem Münchhausen Trilemma von Hans Albert zu erliegen. Insofern ist der Vertrag nicht einmal als Gedankenexperiment schlüssig. Die intersubjektive Begründung von Normen im Sinne Hoersters hingegen erfüllt, wie mir scheint, ihren Zweck. Denn die Geltung von Normen über mein aufgeklärtes Interesse hinaus, die der hypothetische Vertrag verbürgen soll, wird dabei gar nicht benötigt.

Worin besteht der Unterschied von Hoersters Begründung zu derjenigen der „Goldenen Regel"? Nehmen wir an, wir betrachten verschiedene mögliche Normen, deren intersubjektive Begründung wir überprüfen wollen. Das Beispiel des Tötungsverbotes haben wir soeben durchgespielt – mit positivem Ergebnis. Nun nehmen wir die „Goldene Regel", bedenken aber, dass sie zu negativen Konsequenzen (siehe oben) führen könnte. Läge es in meinem aufgeklärten Interesse, einer Norm (hier: der „Goldenen Regel") zuzustimmen, die zu negativen Ergebnissen führen könnte? Nein! Daher ist die „goldene Regel" für mich zumindest nicht begründet. Wenn sie benötigt würde, um Normen zu begründen, werden diese wohl nie begründet, hier tritt das gleiche Problem wie beim Kontraktualismus auf.

Wie reagiert Hoerster auf die Möglichkeit, dass in einem Staat eine überwiegende Mehrheit einer genau definierten Minderheit gegenüber steht, welche von der Mehrheit in ihren Rechten beschnitten, ja sogar versklavt wird? Der deutsche Philosoph bekennt, dass sein ethischer Ansatz ein solches Szenario nicht gänzlich ausschließen kann („Sklaverei", „Apartheid" usw.). Dennoch hält er diesen Fall für sehr unwahrscheinlich und zwar aus folgendem Grund: Der Begriff „Minderheit" lässt sich gedanklich abstrahieren. Wenn ich selbst einer Norm zustimme, die es erlaubt, dass die Mehrheit eine Minderheit unterdrücken darf, sollte ich stets in der Angst leben, auch ich könnte irgendwann einmal einer Minderheit angehören. Nun ist es zwar ausgeschlossen, dass sich meine Hautfarbe über Nacht ändert und ich (gäbe es noch schwarze Sklaven) am nächsten Morgen versklavt würde. Dass ich aber durch einen Unfall eine Hand (oder sogar beide Hände) verlieren und damit ab sofort der Minderheit der behinderten Menschen angehören könnte, kann ich nicht ausschließen. Bei vernünftiger Abwägung der eigenen Interessen kann also genau genommen niemand einer Norm zustimmen, die Minderheiten benachteiligt.

Zurück zum Titel dieses Kapitels: „Sei ein Egoist!" Ist es das, was Hoerster tatsächlich fordert? Nein, denn er spricht davon, dass die Interessen, die jeder von uns hat, nicht nur auf unser eigenes Wohl hin ausgerichtet, also egoistisch sind. Die meisten von uns haben auch Interesse an anderen Menschen, Tieren, der Natur, der Welt insgesamt und deren Wohlergehen. Diesen Interessen gemäß handeln zu wollen, ist nicht irrational. Auch Normen die solche Interessen schützen und befördern, lassen sich intersubjektiv begründen, ohne dafür einen fiktiven Rollentausch vorzunehmen, wie das z.B. Jürgen Habermas vorschlägt. Hoerster kritisiert dieses Gedankenexperiment des „Rollentausches" (seine Kritik trifft damit auch John Rawls und dessen „Schleier des Nichtwissens"). Wieso sollte ich mich, um ein allgemeines Verbot der Vergewaltigung von Frauen zu vertreten, in die Rolle einer Frau versetzen? Ich werde nie eine Frau sein. Wie aber lässt sich das Vergewaltigungsverbot dann als für alle (Männer) geltend begründen? Hoerster gibt zu bedenken, dass jeder (zumindest aber die meisten von uns) mindestens eine Mutter, vielleicht eine Schwester, eine Tochter, irgendeine weibliche Verwandte, Freundin, Bekannte hat, an der ihm etwas gelegen ist. Hat er aber selbst keine, so hat er mit hoher Wahrscheinlichkeit mindestens einen männlichen Freund, der in mindestens einer der genannten Weisen mit Frauen in Verbindung steht. Über den Umweg des altruistischen Interesses an dem Freund hat jeder von uns daher auch Interesse am Wohlergehen der Mutter, Schwester, Frau, Freundin, Tochter usw. dieses Freundes. So lässt sich laut Hoerster ein Vergewaltigungsverbot sehr wohl intersubjektiv begründen, ohne dass auch nur ein einziger Mann (und sei es bloß per Gedankenexperiment) in die Rolle einer Frau schlüpfen müsste.

Die Moral, die Norbert Hoerster entwirft, erhebt nicht den hohen objektiven Anspruch, den viele seiner Vorgänger hatten und einige seiner Zeitgenossen immer noch haben. Es gelingt ihm trotzdem, eine erkleckliche Zahl an Normen zu begründen und – da sie im eigenen Interesse von jedem (oder den meisten) von uns liegen – auch die entsprechende Motivation, sie umzusetzen. Hoerster weiß um den beschränkten Umfang seines Ergebnisses im Angesicht der hohen Erwartungen an die Ethik. Er bezeichnet ihn deshalb als „Minimalmoral". Ohne Rückgriff auf zweifelhafte oder zweifelhaft begründete Instanzen objektiver Art bietet die interessenfundierte Ethik freilich erstaunlich viel Substanz für die Lösung einiger der wichtigsten Probleme des Zusammenlebens von Menschen. Selbst jene Moralphilosophen, welche die entspannte Resignation Hoersters in Bezug auf eine objektive Begründung von Normen nicht teilen wollen, könnten sich daher – zunächst einmal – mit dem Ergebnis seines Ansatzes zufrieden geben. Auf Basis dieses Konzeptes und der damit erzielten Möglichkeiten durch Überlebenssicherheit und Handlungsfreiheit können sie ihre Suche nach besser begründeten Normen ja durchaus weiter verfolgen.

Ich wende mich nun aber, nach so viel Theorie, der Praxis, genauer gesagt: der angewandten Ethik zu, die versucht, die realen Probleme unserer Zeit mit vernünftigen Argumenten in den Griff zu bekommen.

Um Leben und Tod

Wenn es endlich da ist, mit seinen kleinen Händchen und Füßchen und mit seinen süßen Augen in die Welt blinzelt, würden wir es am liebsten auffressen – natürlich nur im übertragenen Sinn. Babys müssen wir ganz einfach lieb haben, dafür sorgt bereits unser Instinkt. Das Kindchenschema (große, runde Augen; kleine Nase; kleines Kinn; große Stirne) bringt uns dazu, für alle Jungtiere, nicht nur für Menschenkinder, spontan Gefühle der Fürsorge und Zärtlichkeit zu empfinden. Untersuchungen haben gezeigt, dass wir solchen Lebewesen, die das Kindchenschema aufweisen, weniger aggressiv begegnen. Wie könnte man einem wehrlosen, zerbrechlichen Geschöpf gegenüber auch gewalttätig sein wollen?

Am Wiener Fleischmarkt Nummer 26 versammelten sie sich gerne: schweigende Frauen und Männer mit ernsten Mienen und Plakaten mit aufgeklebten Fotos von Embryonen. Frauen, die das Ambulatorium, in dem Abtreibungen legal und professionell vorgenommen werden können, betreten wollten, hielten sie ihre Bilder entgegen. Sie drückten ihnen kleine Plastikfiguren, Nachahmungen von Ungeborenen, in die Hand, manch eine Frau meinte, das Wort „Mörderin!" zu vernehmen. Abtreibungsgegner sind nicht zimperlich, wenn es um die Verwirklichung ihres Rechtes auf die öffentliche Demonstration ihrer Meinung geht. In den USA gab es schon öfters Attentate radikaler Abtreibungsgegner auf Kliniken. Ärzte, die Schwangerschaftsabbrüche unternahmen, wurden mit dem Tod bedroht. Vor kurzem wurde ein US-Abtreibungsarzt auf dem Weg zum Gottesdienst am Eingang der Lutherischen Kirche seines Heimatorts erschossen.

Dass eine Abtreibung für keine Frau ein besonders angenehmer Eingriff ist, dürfen wir annehmen. Radikale Gegner der Selbstbestimmung von Frauen in dieser speziellen Situation, die sich vor Abtreibungskliniken postieren und den Schwangeren ein schlechtes Gewissen machen oder gar Angst einjagen wollen, machen die Sache für die Betroffenen nicht unbedingt leichter. Abtreibungsgegner treten vehement für ein Recht auf Leben des im Körper der Frau heranwachsenden Menschen ein. Was aber ist mit dem Recht der Frau, über ihren Körper und ihr eigenes Leben uneingeschränkt bestimmen zu dürfen?

Ein anderes Beispiel: Der österreichische Schauspieler und langjährige Politiker der „Grünen", Herbert Fux (geboren 1927) zog nach langem, schweren Leiden einen Schlussstrich. 2007 setzte er seinem Leben selbst ein Ende. Geholfen hat ihm dabei – völlig legal – die Schweizer Sterbehilfe-Organisation „Dignitas". In Österreich sind Institutionen wie „Dignitas" und ihre Dienstleistungen verboten. Nicht nur das aktive Herbeiführen des Todes eines Menschen verbietet das Strafgesetz, auch die Mitwirkung an der Selbsttötung ist untersagt, selbst dann, wenn der Betroffene sie ernstlich und eindringlich verlangt. Viele Menschen, die unheilbar krank sind, sehnen sich danach, ein Dasein voller Schmerzen beenden zu dürfen. Kann der Gesetzgeber es ihnen untersagen? Im Falle eines Selbstmordes wäre das absurd, denn wie sollte der Staat dies verhindern können? Aber nicht jeder unheilbar Kranke, der seinem Leben ein Ende setzen will, kann oder will dies selbst tun. Viele wünschen sich professionelle Hilfe.

Als Marty McFly in der Science Fiction-Trilogie „Zurück in die Zukunft" erlangte er weltweite Bekanntheit. In den drei zwischen 1985 und 1990 gedrehten Filmen spielt er den jugendlichen Freund des verrückt-genialen Wissenschafters Dr. Emmett Brown. Mit einem zur Zeitmaschine umgebauten DeLorean DMC-12 reisen „Doc Brown" und Marty in die Vergangenheit und Zukunft, wo sie das Raum-Zeitgefüge und damit Martys Leben gehörig durcheinander bringen. Das reale Leben des Schauspielers Michael J. Fox, geboren 1961, geriet 1991 in größere Turbulenzen. Damals tauchten erstmals Symptome der Parkinson Krankheit bei ihm auf. Im Jahr 2000 gab Fox seine Filmkarriere auf und engagiert sich seither mit seiner „Michael-J.-Fox-Stiftung für Parkinson-Forschung" im Kampf gegen die Krankheit. Besonders viel versprechend für eine Behandlung von Parkinson könnten die Erkenntnisse aus der Stammzellenforschung sein. Michael J. Fox spricht sich für die Liberalisierung und breite Förderung dieser Forschung aus und unterstützt US-

Politiker, die sich für diese Anliegen einsetzen. Es gibt verschiedene Arten von Stammzellen, die nach ihrer Potenz, also nach ihrer Fähigkeit, sich in verschiedene Körperzellen entwickeln zu können, unterschieden werden. Die fähigsten von ihnen werden als „omnipotent", das bedeutet so viel wie „allmächtig", bezeichnet. Stammzellen sind die Hoffnungsträger nicht nur für die Heilung schwerer Krankheiten wie Parkinson. Von ihnen erwartet sich die Wissenschaft auch Behandlungserfolge bei vielen anderen Schädigungen des menschlichen Organismus, wie etwa bei Querschnittslähmungen. Omnipotente Stammzellen werden aus Embryonen gewonnen, die im Zuge der In-vitro-Fertilisation, also der künstlichen Befruchtung von Frauen anfallen. Ist es moralisch zulässig, Embryonen, das heißt: im Entstehen begriffene Menschen zu verbrauchen, um anderen Menschen zu helfen?

Geburt, Krankheit und Tod, Anfang, Leiden und Ende des Menschen – das sind wahrscheinlich die wichtigsten Themen, mit denen wir uns beschäftigen können. Fragen, die um das menschliche Leben kreisen, werden von verschiedenen Disziplinen der angewandten Ethik behandelt, die sich inhaltlich überschneiden (z.B. Medizinethik, Bioethik, Genethik, Forschungsethik) – ich möchte sie alle unter dem Begriff der „Bioethik" behandeln. Themen wie Abtreibung, Sterbehilfe, Gentechnik, Reproduktionsmedizin und Forschung am Menschen sind „heiße Eisen". Ich werde die aus meiner Sicht interessantesten auswählen und kurz auf sie eingehen.

Die meisten heimischen Debatten zur Bioethik sind durch ein hohes Maß an Emotionalität gekennzeichnet. Dafür gibt es wahrscheinlich drei wesentliche Gründe: Zunächst einmal liegen uns Fragen, die unser eigenes Leben und Sterben betreffen, sehr nahe. Der zweite Grund ist die jüngere Geschichte Europas, genauer gesagt die Zeit des Nationalsozialismus mit all den Verbrechen, die in diesem dunklen historischen Kapitel an Menschen – gerade auch jenseits von Kriegshandlungen – verübt worden sind. Eine besonders hohe Sensibilität im Umgang mit medizinischen Fragen um Leben und Tod herrscht, aus nachvollziehbaren Gründen, in Deutschland und Österreich. Die immer noch starke Präsenz religiöser Überzeugungen und ihrer Lobbys (Kirchenvertreter, Politiker konservativer Parteien), die eine privilegierte Deutungsmacht in Sachen der Moral für sich beanspruchen, ist der dritte Grund. Besitzen diese Gruppierungen aber tatsächlich einen Anspruch auf Deutungshoheit? Meist berufen sie sich auf Überzeugungen, die nicht auf naturwissenschaftlich erworbenes Wissen zurückgehen, sondern auf ihren Glauben. Sie beziehen sich auf heilige Schriften und die daraus abgeleiteten moralischen Normen.

Natürlich ist es zulässig, die eigenen Ansichten aus einem religiösen Glauben abzuleiten und danach zu leben – vorausgesetzt, man verstößt damit nicht gegen geltende Gesetze. Jeder Mensch hat seine individuellen Überzeugungen und Vorlieben und möchte sie zur Basis seines Lebens machen. Wie weit diese Ansichten jedoch anderen Menschen gegenüber begründ- und argumentierbar sind, bleibt dahin gestellt. Wenn ihr Fundament bloß im Glauben an einen Gott und dessen Gebote besteht, müssten seine Anhänger zunächst die Existenz dieses Gottes beweisen. Eine unerschütterliche Überzeugung von etwas zu haben, ohne sie anderen gegenüber rational begründen zu können, mag für gläubige Menschen kein Problem darstellen, ganz im Gegenteil: Sie empfinden diese Haltung vielleicht sogar als besondere moralische Stärke. Aus dem Blickwinkel der Philosophie reicht das jedoch nicht aus. Solange die religiösen Ansichten anderen Menschen nicht aufgezwungen werden, ist alles in Ordnung. Wenn sie aber den Bereich des Privaten, des persönlichen Lebensentwurfes verlassen, Geltung für alle Menschen beanspruchen und sogar per staatlichem Gesetz festgeschrieben werden sollen, kann dies zu Konflikten mit jenen führen, die einen anderen oder gar keinen Glauben haben und daher andere moralische Standpunkte vertreten.

Keine der von mir vorgestellten moralphilosophischen Positionen hat bisher bei der Anwendung auf die Fragen der Bioethik eine Sonderstellung erlangt. Es gibt jedoch, quer durch alle philosophischen Lager, eine Art Minimalkonsens darüber, wie man sich heiklen Problemen zumindest annähern könnte. Grundlage dafür sind bestimmte Regeln der ärztlichen Selbstverpflichtung, von denen sich zwei bereits im so genannten Hippokratischen Eid (siehe Hippokrates: „Ausgewählte Schriften") finden, der auf den antiken griechischen Arzt Hippokrates (460 bis 370) von der Insel Kos bzw. auf seine Schule zurückgeht:

„Ärztliche Verordnungen werde ich treffen zum Nutzen der Kranken nach meiner Fähigkeit und meinem Urteil, hüten aber werde ich mich davor, sie zum Schaden und in unrechter Weise anzuwenden."

Es geht also darum, dem Patienten zu helfen und nicht, ihm zu schaden. Interessant ist in diesem Zusammenhang, dass die zwei Fragen, die in der aktuellen Debatte am heftigsten umstritten sind und nur teilweise und unter bestimmten Bedingungen von fast allen Streitparteien übereinstimmend beantwortet werden, im Eid des Hippokrates negativ beantwortet werden:

„Auch werde ich niemandem ein tödliches Mittel geben, auch nicht, wenn ich darum gebeten werde, und werde auch niemanden dabei beraten; auch werde ich keiner Frau ein Abtreibungsmittel geben."

Sterbehilfe und Abtreibung waren den Ärzten zur Zeit des Hippokrates also verboten und zwar selbst dann, wenn die Betroffenen eine entsprechende Hilfeleistung ausdrücklich verlangten. Dass sie dies taten, lässt sich daraus ableiten, dass es im Eid ausdrücklich Erwähnung findet. In Bezug auf diese Fragen hat sich das Selbstverständnis vieler Ärzte – zumindest theoretisch – gewandelt. Viele können unter bestimmten Umständen sowohl der Abtreibung als auch der Sterbehilfe etwas abgewinnen und dies vernünftig argumentieren. Aber auch die Vertreter einer ablehnenden Haltung bedienen sich rationaler Gründe und greifen nicht immer auf religiöse Motive zurück.

Ein wichtiger Begriff in der heutigen Medizin ist die so genannte „Patientenautonomie". Sie besagt, dass sämtliche diagnostischen und therapeutischen Eingriffe des Arztes durch den Patienten genehmigt werden müssen. Ohne sein Einverständnis geht gar nichts. Damit soll dem ethischen Selbstverständnis des Menschen als eines selbst bestimmten Subjekts Rechnung getragen werden. Im Falle der Minderjährigkeit muss die Zustimmung des gesetzlichen Vormundes eingeholt werden. Die Patientenautonomie kann in extremen Fällen dazu führen, dass Menschen sterben, weil sie sich aus religiösen Gründen dagegen verwehren, eine für ihr Überleben unverzichtbare Maßnahme zu erhalten. So wies beispielsweise ein 19-jähriges Mitglied der Zeugen Jehovas 2006 in Wien eine Bluttransfusion zurück und verstarb während der Operation. Der 19-Jährige hatte zuvor in einer Patientenverfügung festgelegt, dass er, sollte eine Bluttransfusion nötig sein, diese unter keinen Umständen in Anspruch nehmen möchte. Bei einem ähnlichen Fall, bei dem der Betroffene ein zehnjähriges Kind war, für das die Eltern eine Transfusion verweigerten, wurde diesen kurzfristig das Sorgerecht entzogen und damit das Leben des Kindes gerettet.

Die Zeugen Jehovas verweigern Bluttransfusionen mit dem Hinweis auf Stellen der biblischen Genesis (9,4) und der Apostelgeschichte (15,29), wobei in beiden Passagen zwar vom Verzehr von Blut, nicht aber von Transfusionen die Rede ist. Wer hier in Diskussionen mit „Zeugen" kritisch ansetzen möchte, sei darauf hingewiesen, dass die Religionsgemeinschaft, die im 19. Jahrhundert von Charles Taze Russell (1852 bis 1916) gegründet wurde, sich als Expertin in der Auslegung der Bibel ansieht. Aufgrund ihrer Expertise argumentieren die „Zeugen" auch die Verweigerung der Bluttransfusion. Hier kann man jedoch einhaken: Gesetzt den Fall, es wäre zulässig, aus der Deutung der Bibel Entscheidungen über Leben und Tod – auch von Minderjährigen – abzuleiten, so müssen die Zeugen Jehovas ihr Expertentum zunächst beweisen. Die „Zeugen" haben jedoch schon mehrmals Harmagedon (den Endkampf von Jehovas Sohn Jesus Christus gegen Böse und Andersgläubige, der vor dem Eintreten eines 1000-jährigen Friedensreiches stattfinden soll; siehe Apostelgeschichte) vorausgesagt (etwa für 1914, 1925 und 1975). Keine einzige dieser Prophezeiungen auf Basis der Bibelauslegung ist jedoch eingetreten. Zwar ist zu betonen, dass die Fehlinterpretation in diesem konkreten Fall nicht automatisch darauf schließen lässt, dass alle anderen Interpretationen der Bibel falsch sein müssen. Einen Zeugen Jehovas sollten diese mehrmaligen Interpretationsfehler dennoch skeptisch in Bezug auf die Auslegungskompetenz seiner Religionsgemeinschaft machen. Wer sich einmal geirrt hat, könnte sich wieder irren.

Ein in der Debatte um Leben und Tod gerne verwendeter, aber fragwürdiger Begriff ist jener der „Menschenwürde", der in der Gegenwart unter anderem vom deutschen Philosophen Robert Spaemann gebraucht wird. Der Begriff ist zunächst deshalb problematisch, weil er den Verdacht des Speziesismus weckt, also der Bevorzugung einer bestimmten Spezies. Ist der Mensch bloß deshalb, weil er zur Art „homo sapiens " gehört, höher zu bewerten als andere Spezies? Sollte das so sein, müsste geklärt werden, worin das Spezifische des Menschen im Unterschied zu allen anderen Arten besteht und warum es Grund für eine Bevorzugung sein soll. Es gibt Philosophen, die den Begriff der „Menschenwürde" nicht einfach so im luftleeren Raum schweben lassen, sondern versuchen, ihn mit Inhalten zu füllen. Dabei finden sie Merkmale, über die angeblich nur der Mensch verfügt, etwa Selbstbewusstsein, die Fähigkeit voraus zu planen, Moralfähigkeit, den freien Wille usw. Einmal davon abgesehen, dass es schwierig ist, auszuschließen, dass nicht auch höhere Tiere über dieselben oder ähnliche Merkmale verfügen: Warum sollten gerade diese Eigenschaften, selbst wenn sie nur bei Menschen zu finden sind, ihre Träger mit höherer Würde ausstatten, als andere Lebewesen?

Gemäß der „Allgemeinen Erklärung der Menschenrechte" von 1948, sieht man die „Würde" als eine gleichsam angeborene Eigenschaft des Menschen und gründet die Menschenrechte daher auf sie. Dennoch scheint es so, als würde der Begriff der „Menschenwürde" immer dann in die Diskussion geworfen werden, wenn seine Verfechter damit ihre emotionale Gegnerschaft zu einer bestimmten Position ausdrücken wollen. Erinnern Sie sich an dieser Stelle an die Ausführungen zum Nonkognitivismus, also jener moralphilosophischen Ansicht, der zu Folge moralische Aussagen nicht wahrheitsfähig sind. Der Emotivismus als eine nonkognitivistische Variante behauptet ja, dass solche Äußerungen bloß der Ausdruck einer bestimmten, nämlich ablehnenden Haltung seien („Lügen, pfui!"). Ähnlich könnte es sich mit dem Begriff der „Menschenwürde" verhalten. Wann immer sich jemand von einer bestimmten Handlungsweise gegenüber Menschen abgestoßen fühlt, sagt er statt „Pfui!" einfach „Das ist gegen die Menschenwürde!" Damit ist aber argumentativ nichts begründet. Denn warum sollte man auf Basis eines abstrakten Begriffes, der nicht verständlich und allgemein gültig definiert ist, eine bestimmte Art von Lebewesen in besonderer Weise behandeln? Wenn, dann respektieren wir eine bestimmte physisch existente Person und nicht das Allgemeine, die „Menschenwürde", die wie ein Heiligenschein über ihrem Haupt schwebt. Dass wir diese Person aber respektieren, ist nicht Ausdruck einer übernatürlichen Eigenschaft, über die sie verfügt, sondern entspringt den von uns gemeinsam ausgehandelten Gesetzen.

Träger von Rechten sind Individuen, die einander diese Rechte wechselseitig zuschreiben, weil sie damit ihre Interessen sichern wollen. Um uns wechselseitig Rechte zuzuschreiben, müssen wir nicht auf Konstrukte wie die „Würde" zurückgreifen. Es stellt sich allerdings die Frage, wann bzw. unter welchen Bedingungen wir einem Menschen, der dies von sich aus noch nicht (ein ungeborenes Kind) oder nicht mehr (z.B. ein im Koma liegender, ohne die Hilfe von Maschinen nicht überlebensfähiger Mensch) selbst tun kann, bestimmte Rechte, wie z.B. das Recht auf Schutz seines Lebens, zugestehen. Hier setzen die moralphilosophischen Überlegungen der Bioethik an.

Abtreibung

Im österreichischen Strafgesetzbuch befassen sich die Paragraphen 96 bis 98 mit der Abtreibung. Diese ist zwar prinzipiell verboten und unter Strafe gestellt, § 97 sieht jedoch Ausnahmebestimmungen vor. Die so genannte „Fristenlösung" ist seit 1975 gültig und besagt, dass eine Abtreibung unter gewissen Umständen nicht strafbar ist,

1. wenn der Schwangerschaftsabbruch innerhalb der ersten drei Monate nach Beginn der Schwangerschaft nach vorhergehender ärztlicher Beratung von einem Arzt vorgenommen wird; oder 2. wenn der Schwangerschaftsabbruch zur Abwendung einer nicht anders abwendbaren ernsten Gefahr für das Leben oder eines schweren Schadens für die körperliche oder seelische Gesundheit der Schwangeren erforderlich ist oder eine ernste Gefahr besteht, dass das Kind geistig oder körperlich schwer geschädigt sein werde, oder die Schwangere zur Zeit der Schwängerung unmündig gewesen ist und in allen diesen Fällen der Abbruch von einem Arzt vorgenommen wird; oder 3. wenn der Schwangerschaftsabbruch zur Rettung der Schwangeren aus einer unmittelbaren, nicht anders abwendbaren Lebensgefahr unter Umständen vorgenommen wird, unter denen ärztliche Hilfe nicht rechtzeitig zu erlangen ist.

In der Abtreibungsdebatte gibt es – unbesehen der aktuellen rechtlichen Lage – verschiedene Positionen. Besteht Gefahr für das Leben der werdenden Mutter, so stimmen die meisten Philosophen, egal, wie sie sonst zur Abtreibung stehen mögen, einem Abbruch zu. Ist dieses Risiko jedoch nicht vorhanden, gehen die Meinungen auseinander. Die grundsätzliche Frage lautet: Ab wann ist der Mensch ein Mensch und damit schützenswert?

Die Überzeugung, bereits ab der Verschmelzung von Ei- und Samenzelle dem entstehenden Lebewesen den gleichen moralischen Status zuzuschreiben, wie einem erwachsenen Menschen, wird vor allem von religiösen Philosophen oder Anhängern einer naturrechtlichen Position vertreten, die der Natur eine auf ein Ziel gerichtete Entwicklung unterstellen. Wobei wichtig ist, darauf hinzuweisen, dass sich gerade die Position der Katholischen Kirche in dieser Frage gewandelt hat. Für Thomas von Aquin fand die Beseelung des menschlichen Lebens im Mutterleib, in Anlehnung an Aristoteles, noch schrittweise statt. Nach Ansicht der Katholischen Kirche der Gegenwart ereignet sie sich jedoch bereits im Moment der Verschmelzung von Ei- und Samenzelle.

Vertreter einer naturwissenschaftlich orientierten Haltung geben zu bedenken, dass das Ungeborene erst in Etappen zum Menschen heranreift. Eine extreme Variante, Norbert Hoerster vertritt sie, besagt, dass dem neuen Lebewesen frühestens ab dem Zeitpunkt der Geburt das volle Recht auf Leben zugeschrieben werden sollte. Denn erst nach der Geburt entwickelt das Kind Selbstbewusstsein und die Fähigkeit, in die Zukunft zu planen und Interessen auszubilden. Metaphysische Begründungen für ein Abtreibungsverbot lehnt Hoerster ab. Damit würde sich der Zeitpunkt, bis zu welchem eine Abtreibung legal sein sollte und moralisch vertretbar ist, aus seiner Sicht bis kurz vor die Geburt hin verlagern.

Gemäßigte Versionen einer naturwissenschaftlich basierten Position besagen, dass das Kind im Mutterleib erst ab einem gewissen Zeitpunkt seiner Entwicklung schützenswert ist, z.B. dann, wenn es über die Fähigkeit zur Schmerzempfindung verfügt. Dies ist jedoch nicht von Anfang an der Fall, weil das dafür notwendige Gehirn noch nicht entwickelt ist. Erst im Stadium S7, nach 12 Wochen Schwangerschaft, sind erste Hirntätigkeiten feststellbar. Bis dahin kann sich auch noch kein Selbstbewusstsein oder gar die Fähigkeit, Interessen zu entwickeln und in die Zukunft zu planen, ausgebildet haben. Das entstehende Lebewesen würde durch eine Abtreibung daher auch nicht um Interessen gebracht werden.

Laut der feministischen Position haben Frauen bis zur Geburt das volle Verfügungsrecht über ihren Körper und damit auch über das in ihm heranwachsende Kind. Ein in der Frauenbewegung der Siebziger Jahre des 20. Jahrhunderts in diesem Zusammenhang verwendeter Slogan lautete: „Mein Bauch gehört mir!" Es gibt durchaus Situationen, wo diese Haltung ziemlich überzeugend erscheint.

Wie verhält es sich mit Frauen, die durch eine Vergewaltigung schwanger geworden sind? Können Sie gegen ihren Willen gezwungen werden, ein Kind auszutragen, für das sie sich nicht freiwillig entschieden haben? Abgesehen davon, dass ein Kind aus einer Vergewaltigung vielleicht nie von seiner Mutter geliebt wird, fallen hier natürlich auch Fragen der Lebensplanung ins Gewicht. Wieso darf eine Frau, die ihr Leben noch vor sich hat, die eine Ausbildung und Karriere machen will, dazu gezwungen werden, ihre Pläne über den Haufen zu werfen? Wie ist es, wenn ein Paar, das keine Kinder haben will, verhütet, die Frau aber trotzdem ungewollt schwanger wird? Strikte Gegner eines Schwangerschaftsabbruchs, der nicht aus medizinischen Gründen gerechtfertigt ist, bringen hier das so genannte „Dammbruch-Argument" vor: Wer Abtreibung für solche Fälle erlaubt, weicht das prinzipielle Verbot unnötig auf. Weitere Ausnahmen würden folgen, irgendwann wäre dann jeder Grund ausreichend, eine Schwangerschaft abzubrechen, beispielsweise auch eine bereits vor bekannt Werden oder Entstehen der Schwangerschaft gebuchte Fernreise.

Die Argumentation, eine Vergewaltigung oder ein Unfall bei der Verhütung würde die Abtreibung aus moralischer Sicht rechtfertigen, scheint auf den ersten Blick überzeugend. Ganz so einfach ist es jedoch nicht, denn für den künftigen Menschen selbst ist es irrelevant, aufgrund welcher Motive oder Ursachen er entstanden ist. Es ist nicht argumentierbar, dass er für das Verbrechen des Vergewaltigers oder für das Hoppala seiner unfreiwilligen Eltern büßen muss. Nur, damit hier keine Missverständnisse aufkommen: Ich persönlich vertrete nicht die Position, dass Frauen, die vergewaltigt wurden, nicht abtreiben dürfen sollten. Es wäre jedoch inkonsistent, Abtreibung grundsätzlich moralisch in Frage zu stellen, sie dann aber im Zuge einer Ausnahmeregelung bei Vergewaltigung oder einem geplatzten Kondom zuzulassen. Man kann eine liberale, naturwissenschaftlich begründete Position in Gestalt einer Fristenlösung vertreten; dann ist es für das Zulassen der Abtreibung bis zu einem bestimmten Zeitpunkt irrelevant, wodurch die Schwangerschaft eingetreten ist. Wenn man aber eine religiöse oder naturrechtliche Haltung einnimmt und der befruchteten Eizelle von Anfang an das Menschsein mit allen damit verbundenen Rechten einräumt, weil sie bereits beseelt oder mit dem Ziel, ein Mensch zu werden ausgestattet ist, können weder eine Vergewaltigung, noch ein Unfall beim Verhüten Ausnahmen rechtfertigen.

Abtreibungsgegner, die auf die gezielte Entwicklung einer Eizelle ab der Befruchtung verweisen, argumentieren so: Einem Embryo würde man das spätere Leben und die Möglichkeit, irgendwann einmal Selbstbewusstsein und Interessen zu entwickeln, nehmen. Dieses Argument wird als „Potentialitätsargument" bezeichnet, da die befruchtete Eizelle die Potenz, also die Möglichkeit aufweist, ein Mensch zu werden. Müsste man unter dieser Perspektive aber dann nicht auch Ei- und Samenzellen schützen, weil sie ebenfalls das Potenzial aufweisen, später einmal miteinander zu einem Menschen zu werden? Nein, sagen die Anhänger des Potentialitätsarguments, denn die natürliche Entwicklung von Ei- und Samenzelle führt ganz von selbst zu ihrem Tod, wenn beide nicht miteinander verschmelzen.

Einen wichtigen Punkt in der Debatte haben wir noch gar nicht erwähnt: dort, wo Abtreibung verboten war, kam es trotzdem immer wieder zu solchen Eingriffen unter fragwürdigen hygienischen Bedingungen und nicht selten mit tödlichem Ausgang für Kind und Mutter. Befürworter des Rechts auf Abtreibung vertreten daher aus rein pragmatischen Gründen die Meinung, dass durch die Legalisierung diese Gefahr verhindert werden könnte. Die Schwangere befände sich in einer Notsituation und müsse daher das Recht haben, abzutreiben. Kritiker verweisen darauf, dass sich mit Hilfe dieser Argumentation so ziemlich alles rechtfertigen ließe. So meint der deutsche Philosoph Wolfgang Lenzen in seinem Buch „Liebe, Leben, Tod":

„Es gibt eine Methode, die eigene Armut zu beheben, indem man nämlich den Tresor reicher Leute aufschweißt; so etwas haben Panzerknacker schon seit langem gemacht. Also gibt es eine Möglichkeit, und man muss aktiv dagegen vorgehen, dass sie gesetzlich verboten wird. Jeder Einbruch, den ein Dieb nicht begehen darf, ist eine erzwungene Armut."

Die utilitaristische Position wägt zwischen Nutzen und Schaden ab. Wird das Austragen des Kindes mehr Nachteile für alle Betroffenen bringen als Vorteile? Wenn dies zu erwarten ist, darf die Abtreibung vorgenommen werden. Ist mit dem Gegenteil zu rechnen, kann sie moralisch nicht gerechtfertigt werden. Hier haben wir erneut mit der Schwierigkeit zu kämpfen, wie die verschieden Nutzen und Schäden bewertet und miteinander verglichen werden sollen.

Es zeigt sich, dass die Frage, ob Abtreibung moralisch vertretbar ist, nicht klar beantwortet werden kann. Welche Position jeder von uns dazu einnimmt, wird nicht zuletzt davon abhängen, welches Menschenbild er oder sie seiner Antwort zugrunde legt. Aufgabe der Ethik kann es in diesem Zusammenhang sein, die verschiedenen Positionen zu präzisieren und auf Widersprüche in der Argumentation hinzuweisen.

Sterbehilfe

Während sich die Abtreibungsdebatte an der Frage entzündet, wann das menschliche Leben beginnt, dreht sich bei der Diskussion über die Zulässigkeit von Sterbehilfe die Blickrichtung um. Gibt es argumentierbare Gründe, das Leben eines alten, kranken, leidenden Menschen vorzeitig beenden zu dürfen?

Zunächst einmal müssen wir zwischen mehreren Begriffen unterscheiden, die für dieses Thema relevant sind. „Freiwillige Sterbehilfe" geht auf den ausdrücklichen Wunsch des Betroffenen zurück, was noch nichts darüber aussagt, ob es sich dabei um die aktive oder passive Variante handelt. „Nicht-freiwillige Sterbehilfe" liegt dann vor, wenn der Betroffene nicht mehr selbst darüber entscheiden kann, ob er weiter leben oder sterben will, etwa bei einem im Koma liegenden Patienten. Von „unfreiwilliger Sterbhilfe" sprechen wir dann, wenn der Betroffene gegen seinen anders lautenden Willen getötet wird bzw. wenn er nicht vorab gefragt wurde, obwohl eine Befragung möglich gewesen wäre.

Die Unterscheidung zwischen „aktiver" und „passiver Sterbehilfe" beruht darauf, dass im ersten Fall derjenige, der sterben will, dies entweder nicht selbst bewerkstelligen kann (etwa aufgrund einer schweren Behinderung) oder es nicht will, weil er Angst hat, dass ihm dies misslingt. Er bittet daher jemand anders, ihn zu töten. Bei der „passiven Sterbehilfe" geht es um die Unterstützung beim Freitod, den der Betroffene selbst herbeiführt. So hatte der deutsche Chirurg Julius Hackethal in den 80er Jahren des 20. Jahrhunderts einer Frau mit Gesichtskrebs auf deren Wunsch hin dabei geholfen, mit Zyankali Selbstmord zu begehen. Das Gift hatte sie dabei selbst eingenommen.

Ganz trennscharf sind die Begriffe der „aktiven" und der „passiven Sterbehilfe" nicht. Sie werden auch nicht immer gleich verwendet. So wird mittels „aktiver Sterbehilfe" das gezielte Herbeiführen oder ein schnellerer Eintritt des Todes erreicht, während „passive Sterbehilfe" auch darin bestehen kann, Apparaturen, die das Leben erhalten, z.B. ein Beatmungsgerät, abzuschalten. Der Mensch würde dann zwar nicht aktiv getötet, aber sein nur durch künstliche Hilfe aufrecht erhaltenes Leben würde von selbst enden. All die genannten Begriffe scheinen zwar eine klare theoretische Behandlung des Themas zu ermöglichen, in der Praxis sieht es dann aber doch etwas komplizierter aus. Denn ob eine Medikamentengabe, welche die Schmerzen eines sich im Endstadium einer Krebserkrankung befindlichen Patienten reduziert und die eventuell auch sein Leben verkürzt, als aktive Sterbehilfe angesehen werden kann, lässt sich nicht immer klar entscheiden.

Ob aktive und passive Sterbehilfe unterschiedlich bewertet werden sollen, ist fragwürdig. Wenn ein schwerkranker Mensch ohne Aussicht auf Heilung sterben will und dazu die Hilfe eines anderen Menschen benötigt, ist es wahrscheinlich egal, wie diese Unterstützung aussieht. Ob der Arzt den Becher mit dem Gifttrank reicht, den der Patient selbst in die Hand nimmt und daraus trinkt oder ob er eine Giftspritze setzt, weil es dem Patienten unmöglich ist, das Gift selbst einzunehmen, macht keinen Unterschied. Sobald wir einem Menschen das Recht auf Selbstbestimmung in Bezug auf den Zeitpunkt seines Todes zugestehen, können wir ihm auch unsere Hilfe gewähren – je nach Bedarf aktiv oder passiv.

Interessant ist es übrigens, einen Vergleich zwischen Sterbehilfe und Abtreibung anzustellen. Bei der Abtreibung geht es darum, ein Leben zu beenden, das noch gar nicht richtig begonnen hat, aber stattfinden könnte. Bei der Sterbehilfe lässt sich hingegen mit hoher Wahrscheinlichkeit voraussagen, dass das Leben des Betroffenen nie wieder eine bestimmte Qualität erreichen wird, die es vielleicht einmal gehabt hat, sondern viel mehr bald zu Ende gehen wird. Für die Legitimation der unfreiwilligen Sterbehilfe mag dies nicht ausreichen. Ist jedoch der Wunsch des Patienten in Gestalt einer Patientenverfügung festgestellt und wird unmittelbar vor dem Tod noch einmal bekräftigt, scheint die Sterbehilfe unter Auflage strenger, gesetzlich geregelter Kontrollen legitim zu sein.

Was soll aber mit einem seit Jahren im Koma liegenden Patienten geschehen, der so starke Hirnschäden aufweist, dass er nie wieder ein normales Leben führen können würde? Hier haken Kritiker der Sterbehilfe ein und sagen: Was ist denn ein normales Leben? An diesem Punkt entzünden sich Fragen, die über die Bioethik hinaus reichen und die Sozial- sowie in die Wirtschaftsethik fallen. Sollten die finanziellen Mittel, die in die Lebenserhaltung des Komapatienten investiert werden, nicht viel eher für jene Menschen eingesetzt werden, die größere Chancen auf ein „normales" Leben haben? Der Utilitarismus würde hier ansetzen. Der Begriff „normal" ist allerdings äußerst problematisch, weil er aus Sicht der „Gesunden" definiert wird und nicht aus jener des Patienten. Wer kann sich aber in die Innenperspektive eines im Koma liegenden Menschen versetzen, um zu beurteilen, wie wertvoll sein Leben für ihn selbst ist? Eine weitere Gefahr bei der Entscheidung von außen besteht darin, dass Verwandte, für die der Komapatient einen erheblichen ökonomischen Aufwand bedeutet oder die sich bereits auf ihr Erbe freuen, Ärzte dazu drängen könnten, Sterbehilfe vorzunehmen.

Das prinzipielle Verbot, im Koma liegende Menschen zu töten, ohne dass diese dazu ihr Einverständnis gegeben haben, könnte argumentiert werden. Dazu müssen wir nicht auf die „Menschenwürde" oder religiöse Konzepte zurückgreifen. Erstens wissen wir nicht, ob nicht auch solche Patienten durch die

Fortschritte der Medizin irgendwann einmal geheilt und wieder aufgeweckt werden könnten. Zweitens wissen wir nicht, was ihr eigener aktueller Wunsch wäre, wenn sie ihn artikulieren könnten. Andererseits ist ein striktes Verbot wiederum ebenfalls problematisch. Denn was wäre, wenn der Betroffene aufgrund seines schweren Leidens sterben wollen würde, dies aber nicht äußern kann, weil ihm die Kommunikation mit der Außenwelt versagt ist? Ist es moralisch betrachtet besser, ihn leiden zu lassen, um nur ja nicht ein – vermeintlich absolutes – Tötungsverbot zu brechen?

Um diese Frage diskutieren zu können, müssten wir zunächst einmal wissen, ob der Betroffene tatsächlich leidet, was durch bestimmte Methoden wie z.B. Gehirnstrommessung, Blutanalyse (Gehalt an Stresshormonen) usw. eventuell möglich ist. Andererseits wissen wir aber, dass es Menschen gibt, die trotz starker Schmerzen an ihrem Leben festhalten und mit aller Kraft gegen ihren Tod ankämpfen. Der „objektive Befund" des von außen messenden Arztes sagt also nichts über die Absichten des Patienten aus, da dieser sie nicht artikulieren kann.

Eine andere Schwierigkeit der Sterbehilfe lässt sich am Problem des Selbstmordes darlegen. Bis wohin sollen wir den freien Willen eines anderen respektieren und ab wann dürfen oder müssen wir eingreifen und ihn daran hindern, sich selbst zu schaden? Stellen Sie sich vor, ein Kind will vom Dach springen, weil es den Film „Superman" gesehen hat und glaubt, fliegen zu können. Haben jene, die wissen, dass dieses Kind sterben wird, das Recht oder sogar die Pflicht, zu handeln? Ich denke: ja! Wie verhält es sich bei einem Erwachsenen? Stellen Sie sich einen Menschen vor, der aus Liebeskummer Selbstmord begehen will und dazu ebenfalls vom Dach springen möchte? Er weiß, was er tut, deswegen macht er es ja. Er weiß aber nicht und wird es vielleicht nie erfahren, dass sein seelischer Schmerz wieder verschwunden wäre und sich schon bald Chancen auf neue Liebe ergeben hätten. Haben wir das Recht, diesen Menschen zu „entmündigen", ihn von seinem Tun abzuhalten? Ich denke, auch hier lautet die Antwort: ja! Freunde und Verwandte eines solchen Selbstmörders würden genau das tun.

Wie sieht es aus mit einem Menschen, der Krebs im Endstadium hat, davon überzeugt ist, nie wieder gesund zu werden und physisch sowie psychisch starke Schmerzen erduldet,
die medikamentös nicht behebbar sind? Werden wir ihn vom
Sprung abhalten? Dürfen wir ihn aufs Dach tragen, wenn er
uns darum bittet? Bevor Sie mit „ja" antworten, möchte ich folgendes zusätzliche Detail in mein Beispiel einbauen: Wir können nicht mit Sicherheit ausschließen, dass eine anstrengende
Behandlung, die der Kranke derzeit bekommt, ihn dazu verlei-
ten könnte, einen Sterbewunsch zu äußern, den er zu anderen
Zeiten nicht hatte und in Zukunft, also z.B. am nächsten Tag,
nicht mehr haben würde. Vielleicht sieht er seine Schmerzen
morgen als Herausforderung, nicht aufzugeben? Würden wir
im Falle des Tötens eines Menschen unter diesen Umständen
nicht seine langfristigen Interessen verraten, auch wenn er sich
im Moment der Tat dessen nicht bewusst ist?

Die Messung der Qualen eines Patienten, der uns nicht selbst
mitteilen kann, ob wir ihm beim Sterben helfen sollen, reicht
nach all dem Gesagten aus meiner Sicht nicht aus, ihn aktiv
töten zu dürfen. Sie reicht nicht einmal dafür aus, die Maschinen abzudrehen. Dasselbe trifft aber, bei genauer Betrachtung,
auch auf seinen mir gegenüber geäußerten Wunsch zu, sterben
zu wollen. Denn ein durch seine Krankheit geistig Verwirrter
könnte zwar nur zwei verschiedene Aussagen zum Thema Sterbehilfe tätigen. Hinter ihnen verbergen sich aber vier unterschiedliche Möglichkeiten:

Erstens: Er sagt „ja" und meint „ja".

Zweitens: Er sagt „ja", meint aber „nein".

Drittens: Er sagt „nein" und meint „nein".

Viertens: Er sagt „nein", meint aber „ja."

Auch bei der Sterbehilfe, so scheint es jedenfalls, lässt sich
keine eindeutige und über jeden Zweifel erhabene Lösung finden, mit der die möglichen Gefahren ausgeräumt werden.

Reproduktionsmedizin & Genetik

„Wir dürfen nicht Gott spielen!", mit dieser Aussage werden wir oft konfrontiert, wenn wir uns auf Debatten über die Möglichkeiten der modernen Medizin und Gentechnologie einlassen. „Nicht Gott spielen!" – das klingt ziemlich Ehrfurcht gebietend.

Es ist schwierig festzustellen, ab welchem Punkt wir bei unserer Beeinflussung der Natur Halt machen sollten, weil alles darüber hinaus Gehende einem „Gott-Spielen" gleich käme. Dass wir die Natur teilweise massiv beeinflussen, steht außer Zweifel. Jede Impfung, jede Operation, jedes transplantierte Organ, mit dem wir Menschen das Leben retten, könnte – aus religiöser Sicht – als ein Eingriff in die göttliche Schöpfungsordnung angesehen werden. Müssten wir uns daher nicht, um unsere menschlichen Befugnisse nicht zu überschreiten, von jedem Eingriff fern halten? Wo stünde die Menschheit aber heute, hätte sie nicht die Impfung, das Röntgen, die Vollnarkose entwickelt? Es klingt zwar zynisch, aber sollte trotzdem gesagt werden: Viele jener, die gegen ein vermeintliches „Gott Spielen" auftreten, hätten wohl nie die Möglichkeit bekommen, ihre Position zu vertreten. Denn sie wären mit hoher Wahrscheinlichkeit bereits während oder kurz nach ihrer Geburt, an einer anderen schweren Krankheit oder an den Folgen eines Unfalls gestorben. Kann es sein, dass auch hier wieder ein nicht weiter begründbarer persönlicher „Geschmack" darüber entscheidet, was erlaubt und was verboten sein soll? Menschen, die sich gegen das „Gott Spielen" wehren, vergessen, dass ihr Schöpfer, so es ihn gibt, ihnen auch ihre intellektuellen Fähigkeiten geschenkt hat. Warum sollten sie diese also nicht zur Forschung einsetzen und die damit gewonnenen Erkenntnisse zum Nutzen der Menschheit verwenden dürfen?

Warum sollte es aus moralischer Sicht bedenklich sein, einer In-vitro-Fertilisation zuzustimmen, bei der eine außerhalb des Körpers befruchtete Eizelle der künftigen Mutter nach dem Befruchtungsvorgang eingesetzt wird, eine Blinddarmoperation hingegen nicht? Im zweiten Fall entscheidet die Operation über

Leben und Tod. Im ersten sorgt die Medizin sogar für ein zusätzliches, neues Leben. Wenn das Leben einer Frau aus ihrer eigenen Sicht unglücklich ist, wenn sie niemals die Möglichkeit bekommt, auf natürliche Weise schwanger zu werden, ist einer In-vitro-Fertilisation (IvF) dann nicht zuzustimmen?

Im Fall der In-vitro-Fertilisation könnte gefragt werden, ob das Ziel, hier: der erfüllte Kinderwunsch, wichtiger ist, als die damit möglicherweise verbundenen gesundheitlichen Risiken für die Mutter oder das Kind. Da nicht ausgeschlossen werden kann, dass ein auf künstlichem Wege entstandenes Kind ein höheres Risiko für krankhafte genetische Veränderungen hat, könnte zum Beispiel einer Adoption der Vorzug gegeben werden. Auch die physischen, psychischen und nicht zuletzt finanziellen Belastungen der künftigen Eltern im Zuge des Verfahrens, das meist nicht beim ersten Versuch zum Erfolg führt, sind ins Kalkül zu ziehen.

Die Kritiker der IvF merken an, dass bei diesem Verfahren mehrere Eizellen befruchtet werden, von denen aber nur eine einzige in die Gebärmutter eingesetzt wird. Was passiert mit den dabei anfallenden, nicht benötigten, aber bereits befruchteten Einzellen? Sie werden meistens eingefroren, um sie eventuell später in die Gebärmutter einer Frau einzusetzen oder aber zerstört. Es besteht aber auch die theoretische Möglichkeit, dass sie zu Forschungszwecken weiter verwendet werden, um damit schwerkranken Menschen zu helfen.

Die Diskussion rund um die so genannten „embryonalen Stammzellen" knüpft unmittelbar hier an. Diese Zellen, die aus Embryonen gewonnen werden können, sind die Vorläufer von beinahe sämtlichen menschlichen Körperzellen. Mit ihrer Hilfe könnten in naher Zukunft zahlreiche schwere Krankheiten behandelt werden. Das würde in der Tat eine große Chance für viele Patienten bedeuten. Warum sollten Embryonen, die für eine künstliche Befruchtung produziert wurden und übrig geblieben sind, nicht dafür verwendet werden, kranken Menschen zu helfen, anstatt vernichtet zu werden? Wer auf die utilitaristische Ethik zurückgreift, könnte die Verwendung überzähliger Embryonen befürworten. Denn da sie nun einmal da sind, im schlimmsten Fall entsorgt werden und damit vollkommen wertlos sind, könnten sie doch wenigsten zum Nutzen anderer, bereits ausgewachsener, kranker Menschen dienen. Embryonen gezielt für diesen Zweck herzustellen, ist sicher moralisch bedenklicher. Denn im Fall der IvF werden Embryonen dazu produziert, dass aus ihnen ein Mensch entstehen kann. Bei der verbrauchenden Embryonenforschung hingegen ist das Ziel von Anfang an eine Zerstörung des Embryos.

Wie steht es um das therapeutische Klonen, sprich: das gezielte Herstellen von Kopien von Menschen, welche die perfekten Stammzell-Fabriken für das jeweilige Original darstellen? Gegen diese, aber auch gegen die bereits erwähnte gezielte Herstellung von Embryonen, um sie für die Forschung zu gebrauchen, würde ein Anhänger der Ethik Kants den Einwand bringen, dass hier ein Mensch nicht als Zweck an sich, sondern als ein Mittel zu einem außer ihm liegenden, fremden Zweck instrumentalisiert würde.

Wie steht es um das Schreckgespenst des „Designerbabys" bzw. der vorab unternommenen Auswahl desjenigen Embryos, der den erwünschten Merkmalen am nächsten kommt? Ist es unmoralisch, nach zwei Jungen bei der dritten Schwangerschaft so lange zu „basteln", bis ein Mädchen dabei ist? Die so genannte pränatale Diagnostik eines Embryos im Mutterleib, so wie die Präimplantationsdiagnostik (PID) an einem IvF-Embryo, kann zur frühzeitigen Erkennung schwerer Behinderungen genutzt werden. Sie kann aber auch dazu eingesetzt werden, ein Wunschkind zu produzieren. Sind nur Behinderungen ein zulässiger Grund, ein Kind nicht auszutragen oder darf auch nach Augen- und Haarfarbe entschieden werden?

Ist es besser, wenn werdende Eltern aus moralischen Gründen auf die Vorab-Diagnose verzichten und ihr Kind damit dem Risiko ausliefern, behindert auf die Welt zu kommen und ein kurzes Leben voller Leiden führen zu müssen? Wie sähe es aus, wenn, was zwar unwahrscheinlich, aber nicht unmöglich ist, bestimmte äußere Merkmale zu bestimmten Zeiten einen sozialen Vorteil mit sich bringen würden? Wenn etwa die Haar- und Hautfarbe eines Menschen es ihm erleichtert, einen bestimmten

Job eher zu bekommen, wäre es dann nicht im Sinne der Überlebensfähigkeit, wenn die Eltern entsprechend vorsorgen?

Wie ist das mit Versicherungen, die künftig die Prämien und Beitragshöhen danach bemessen könnten, welches Risiko für Erbkrankheiten ein Mensch hat? In den USA gibt es diese Anwendungen bereits. Kann durch solche ökonomischen Vorgaben nicht auch ein gewisser Druck auf Eltern ausgeübt werden, ein Kind abzutreiben? Kann die Gesellschaft aus volkswirtschaftlichen Gründen darauf bestehen, dass werdende Eltern solche Tests durchführen, um finanzielle Ressourcen bestmöglich für alle Menschen einzusetzen? Auch hier treffen, wie schon bei der Frage der Legitimität der Abtreibung insgesamt, verschiedene Interessen aufeinander, die nicht ohne weiteres miteinander in Einklang gebracht werden können.

Wie steht es um die Gentechnik, ihr Einsatz beim Menschen oder auch bei Tieren und Pflanzen, deren Nutzung sich wiederum auf den Menschen auswirken kann? Dürfen wir in unser Erbgut eingreifen und es manipulieren, um leistungsfähiger, gesünder, besser zu werden? Ein Argument der Kritiker besagt, dass die rasante Veränderung von Teilen des Gesamtsystems „Natur" zu seinem Kollaps führen könnte. Die Argumentation der Gentechnik-Befürworter, die Natur selbst würde doch auch in Gestalt der Evolution „Gentechnik" anwenden, stimmt zwar. Hier entwickeln sich aber die Teile des Systems im Wechselspiel miteinander relativ langsam. Da wir nicht ausschließen können, dass unsere Eingriffe das System überfordern könnten, sollten sie zumindest kritisch hinterfragt werden. Dem Krisenszenario neuer, durch unsere Manipulationen entstandener Krankheiten (z.B. Allergien), lassen sich die Vorteile der Gentechnik entgegenstellen: gentechnisch hergestellte Resistenz von Pflanzen gegen Schädlinge, die den Verzicht von Chemikalien ermöglichen; Tiere, die leistungsfähiger sind; Menschen, die bestimmte Krankheiten gar nicht mehr bekommen können, weil dies in ihren Genen so programmiert werden könnte usw.

Wir können bereits jetzt sehr viel mit der Natur, sei es die eigene, sei es jene um uns herum, anstellen. Wo sollten wir die Grenzen ziehen? Sollen wir das überhaupt tun oder dürfen wir alles machen? Die Natur selbst ist nicht statisch, sie verändert sich im Laufe der Zeit. Diesem Umstand haben wir unsere eigene Existenz zu verdanken. Hätten nicht Mutation und Selektion zur Entwicklung der Natur beigetragen, wären wir gar nicht erst zur Welt gekommen. Hätten wir Krankheiten nicht bekämpft, andere Lebewesen, z.B. Viren, besiegt, wir wären schon längst tot.

Die eine richtige Antwort auf alle hier gestellten Fragen gibt es nicht. Jede Gesellschaft muss aufs Neue im Hinblick auf ihre Möglichkeiten und ihr Selbstverständnis nachdenken und möglichst breit diskutieren, wohin sie sich entwickeln möchte. Welcher Weg zu dem frei gewählten Ziel, der effizienteste ist, das können uns die Naturwissenschaften zeigen. Mit welchen moralischen Fallstricken wir dabei zu tun bekommen, zeigt uns die Ethik. In unsere Überlegungen, wie wir die Welt gestalten, sollte auch einfließen, wie wir uns unseren Mitbewohnern gegenüber verhalten dürfen: den Tieren.

Das liebe Vieh

Wenn sich Schweinsmedaillon, Pfeffersteak oder Lammkotelett in der heißen Pfanne räkeln, schlägt mein Herz schneller. Dreht sich das Huhn knusprig goldgelb am Spieß, läuft mir das Wasser im Mund zusammen. Bei Gulasch und Bratwürsten kann ich mich nicht mehr halten. Ja, ich bekenne: Ich liebe Fleisch und will nicht darauf verzichten, es auch in Zukunft essen zu dürfen! Natürlich ernähre ich mich nicht ausschließlich von Fleisch. Meeresfrüchte, Eier und Milchprodukte zählen genau so zu meinem Menüplan, wie Obst, Gemüse, Salat und Nahrungsmittel, die aus Getreide hergestellt werden. Die Vorstellung hingegen, mich ausschließlich an pflanzlicher Kost gütlich tun zu müssen, bereitet mir keine große Freude und so geht es wohl vielen von uns.

Außer mit Pflanzen, die Teil unserer Ernährung, aber auch unserer Kleidung und über den Umweg der Photosynthese Produzenten unserer Atemluft sind, teilen wir uns die Erde mit einer Vielzahl von Lebewesen zu Lande, zu Wasser und in der Luft. Einige dieser Tiere züchten und essen wir, viele von ihnen verwenden wir, um aus Teilen ihres Körpers Gebrauchsgegenstände zu fertigen, z.B. Schuhe, Mäntel und Taschen aus Fell oder Leder. Manche Tiere setzen wir zur Arbeit ein, so etwa Ochsen zum Ziehen eines Pfluges oder zur sportlichen Betätigung, wie beispielsweise Pferde zum Reiten. Wieder andere und zwar nicht nur Angehörige der zoologischen Familie der „Hasen", verwenden wir als Versuchskaninchen, um Medikamente oder kosmetische Produkte an ihnen auszuprobieren oder auf ihre Verträglichkeit hin zu überprüfen. Einige Tiere lassen wir bei uns wohnen und behandeln sie respektvoller, als so manchen Menschen, andere jedoch stecken wir in Käfige oder sperren sie in Zoos. Manches Tier darf uns sogar – ohne sein Einverständnis – das Leben retten: Bei der so genannten Xenotransplantation (das griechische Wort „Xenos" bedeutet der „Fremde") werden Organe oder Organteile von Tieren entnommen und Menschen eingesetzt. Als besonders geeignet für solch unfreiwillige Spenden gelten übrigens Schweine, weil sie dem Menschen physiologisch sehr ähnlich sind. Es gibt aber auch Tiere, die Menschen zur eigenen Belustigung jagen und töten oder einander gegenseitig töten lassen, Beispiele dafür sind Stierkämpfe, Fuchsjagden und Hundekämpfe.

Ist es moralisch gerechtfertigt, Tiere auf all diese Weisen zu behandeln oder gibt es Gründe, einige davon oder sogar alle zu unterlassen? Was auch immer wir mit Tieren tun, wir verfolgen damit stets bestimmte Zwecke. Selbst ein Tierquäler, der sein Opfer weder essen, noch dessen Körper in irgendeiner Art verwerten möchte, versucht mit seinem Handeln die eigenen Bedürfnisse zu decken: es befriedigt ihn, dabei zuzusehen, wie ein Tier leidet.

Tierquäler sind wahrscheinlich den wenigsten von uns sympathisch. Wir empfinden es als unmenschlich und grauenvoll, wenn ein Tier „sinnlos" gequält wird. Aber machen wir es uns damit nicht ein wenig zu leicht? Denn der Tierquäler empfindet ja, wie bereits gesagt, Spaß, wenn er sein Opfer quält. Insofern ist seine Tat, zumindest aus seiner eigenen Sicht, alles andere als sinnlos. Wie können wir Nicht-Tierquäler aber behaupten, es gäbe andere, gerechtfertigte Motive, Tieren Schmerzen zuzufügen oder sie sogar zu töten? Wie sehen diese Motive aus und wie die Argumente, die wir zu ihrer Verteidigung aufbieten? Halten sie einer kritischen Prüfung stand?

Die meisten von uns verwenden Tiere auf eine oder mehrere der oben genannten Arten, ohne weiter darüber nachzudenken. Viele Menschen verdrängen dabei die Tatsache, dass unser „Gebrauch" von Tieren nicht immer mit einer artgerechten Haltung dieser Lebewesen einhergeht. Das scheint insofern widersprüchlich, als wir zwar einerseits nicht so genau wissen wollen, was Rind, Schwein oder Henne, die wir verzehren, fühlen, andererseits aber unsere Haustiere vermenschlichen. So stecken wir zum Beispiel Hunde in Kleider, verwöhnen sie mit allen möglichen Leckerbissen, reden mit ihnen, als könnten sie uns verstehen, beerdigen sie nach ihrem Tod im Garten und trauern ihnen nach. Dass viele unserer Lieblinge uns mehr Freude bereiten als umgekehrt, wissen leider nicht alle Menschen, die ein Haustier halten. Mit dem Begriff der „Qualzucht" werden jene Tiere beschrieben, die so verzüchtet werden, dass sie schon von Geburt an gesundheitliche Schäden ertragen bzw. Schmerzen erdulden müssen. Das können beispielsweise Atemnot, Blind- oder Taubheit sowie auch diverse Missbildungen sein.

Andererseits gibt es immer mehr Menschen, die sich für Fragen des Tierschutzes interessieren. Die Positionen sind dabei recht unterschiedlich. Nicht alle Menschen, die es für zulässig erachten, Tiere zu essen oder sie anderweitig zu verwenden, sind offen für jeden möglichen Umgang mit ihnen. Liebhaber saftiger Steaks oder gebratener Hühnerflügel müssen noch lange nicht Fans von Massentierhaltung oder Tiertransporten sein. Nicht jedem Träger von Lederschuhen ist es egal, wie die Tiere, aus deren Haut diese gefertigt wurden, zu Tode gekommen sind.

Vegetarier beispielsweise konsumieren überhaupt keine Tiere, Veganer darüber hinaus auch keine tierischen Produkte, die ohne das Töten eines Lebewesens erzeugt werden können, wie Eier, Milch, Käse usw. Sie empfinden es als Ausbeutung, Tieren all diese Dinge wegzunehmen. Viele wollen keine Produkte verwenden, die aus Tieren hergestellt wurden oder mit Tierversuchen in Verbindung stehen. Nicht alle Vegetarier vertreten ihre Haltung aus tierethischen Gründen. Dass jemand keine Tierprodukte konsumiert und gegen Massentierhaltung eintritt, kann auch ökologische oder gesundheitliche Gründe haben. Immerhin erzeugen sämtliche Nutztiere weltweit eine große Menge des Treibhausgases Methan, was Auswirkungen auf den Klimawandel hat. Außerdem kann laut Studien eine rein pflanzliche Ernährung zahlreichen Krankheiten vorbeugen. Viele Vegetarier und Veganer sind allerdings tatsächlich der Überzeugung, dass Tiere nicht zu unserem beliebigen Gebrauch zur Verfügung stehen. Sie hätten vielmehr ein Recht auf ihr eigenes, möglichst natürliches und somit von uns Menschen unbeeinträchtigtes Leben.

Es gibt Tierschützer, die ihre Anliegen auf mehr oder weniger friedliche Weise in Form von öffentlichen Demonstrationen vorbringen. So treten etwa einige von ihnen regelmäßig vor Kleidergeschäften in der Wiener Mariahilfer Straße in Aktion und machen dabei von ihrem demokratischen Recht Gebrauch, gegen die Produktion und den Verkauf von Pelzen aufzutreten. Andere Aktivisten wie Mitglieder von Greenpeace riskieren ihre Gesundheit oder sogar ihr Leben, wenn sie sich in spektakulären, aber nicht unumstrittenen Aktionen gegen den Walfang oder die Robbenjagd einsetzen. Es gibt aber auch Tierschützer, welche die Gefährdung anderer Menschen zumindest in Kauf nehmen.

Die Mitglieder der international agierenden militanten Animal Liberation Front (ALF) scheuen nicht vor gewalttätigen Aktionen zurück, um ihre Anliegen zu verwirklichen. Sie brechen in der Nacht in Zuchtbetriebe oder Labors ein und befreien Tiere. Diese werden zu Privatpersonen gebracht oder in die freie Wildbahn entlassen. Letzteres ist zumindest insofern problematisch, als diese Tiere nicht in jedem Fall in Freiheit überlebensfähig sind oder eine Gefahr für das Ökosystem darstellen, in das sie ausgesetzt werden. Vandalistische Anschläge auf die Gebäude von Organisationen, die in irgendeiner Weise mit der – aus Sicht der ALF – unzulässigen Behandlung von Tieren in Verbindung stehen, gehören zum Programm der Organisation. Dies kann sogar, wie in den USA, wo die ALF als terroristische Gruppierung gilt, bis hin zu Attentaten mit Molotow-Cocktails auf die Privathäuser ihrer „Feinde" gehen. Ein Fall der in Europa für Schlagzeilen gesorgt hat, war die Ermordung des niederländischen Politikers Pim Fortuyn 2002. Er war auf offener Straße vom radikalen Tierschützer Volkert van der Graaf, dem Gründer der ALF-nahen Association Milieu-offensief (Vereinigung Umweltoffensive) erschossen worden, womöglich deshalb, weil er sich nicht gerade als Tierfreund geoutet hatte und mit dem Slogan: „Wählt mich, dann dürft ihr Pelzmäntel tragen." für sich geworben hatte.

Dass die Taten radikaler Tierschützer illegal sind, ist klar, denn die Gesetze verbieten sie. Aber sind sie auch unmoralisch?

Über die Frage, ob wir Tiere auch in Zukunft essen dürfen oder ob wir unsere Gewohnheiten umstellen und uns nur mehr vegetarisch ernähren sollten, lässt sich trefflich streiten. Der Mensch ist ein Allesfresser, biologisch betrachtet also kein Ve-

getarier oder gar Veganer. Was die Umstellung auf rein pflanzliche Nahrung mittel- bis langfristig für unsere eigene physische
Entwicklung bedeuten würde, ist nicht zu sagen. Auch ist nicht
vorhersagbar, wie sich der Umstieg von Mischkost auf rein ve-
getarische oder vegane Küche auf die Welt insgesamt auswirkt.
Denn dass ein solcher Wechsel auch ökonomische und ökologische Folgen nach sich ziehen würde, liegt auf der Hand, so
leben beispielsweise ganze Industriezweige von Tieren. Ist es
moralisch vertretbar, Millionen von Menschen durch einen Sys-
temwandel um ihre Jobs zu bringen und vielleicht sogar ihr
Überleben zu gefährden? Das spricht allerdings nicht grundsätzlich gegen einen langsamen, gleitenden Übergang in ein anderes
System. Dass es übrigens für den Bewohner einer Großstadt in
einem zivilisierten Land leichter ist, auf die Verwendung von
pflanzlichem Eiweiß, etwa in Gestalt von Sojaprodukten, um-
zusteigen, als für einen Nomaden, der mit einer Herde Schafe
durch die Steppe zieht, ist klar.

Unternehmen wir gemeinsam eine kurze Reise durch ein paar
der wichtigsten tierethischen Positionen und ihre Begründungen.

Tiere als Geschöpfe Gottes

Die religiöse Begründung eines bestimmten Umgangs mit Tieren
ist schon alleine deshalb problematisch, weil sie auf die Annahme
der Existenz Gottes zurückgreifen müsste. Ist diese jedoch nicht be-
weisbar, so gilt dasselbe wie bei unserer Frage „Was soll ich tun?"
in Bezug auf den Menschen: Ohne überzeugenden Beweis kann
Gott nicht dazu dienen, ein bestimmtes moralisches Verhalten zu
rechtfertigen. Davon abgesehen sind aber auch die Passagen, die
sich in der Heiligen Schrift zum Thema „Tiere" finden, äußerst widersprüchlich. Eine der berühmtesten Stellen, Genesis 1,26, lautet:

*„Dann sprach Gott: Lasst uns Menschen machen als
unser Abbild, uns ähnlich. Sie sollen herrschen über die
Fische des Meeres, über die Vögel des Himmels, über das
Vieh, über die ganze Erde und über alle Kriechtiere auf
dem Land."*

Hier kommt ganz klar zum Ausdruck, dass der Mensch eine Sonderstellung innerhalb der Schöpfung einnimmt. Er ist ein Abbild Gottes, was jedoch nicht für die Tiere gilt. Konsequenterweise darf der Mensch sie daher nach Belieben gebrauchen – und zwar ohne Rücksicht, wie Genesis 9,2 ausführt:

> *„Furcht und Schrecken vor euch soll sich auf alle Tiere der Erde legen, auf alle Vögel des Himmels, auf alles, was sich auf der Erde regt, und auf alle Fische des Meeres; euch sind sie übergeben. Alles Lebendige, das sich regt, soll euch zur Nahrung dienen. Alles übergebe ich euch wie die grünen Pflanzen."*

Zu den eben genannten Stellen im Widerspruch stehen solche wie die folgende aus Jesaja 11,6, die darüber berichtet, wie das messianische Reich dereinst aussehen wird:

> *„Dann wohnt der Wolf beim Lamm, der Panther liegt beim Böcklein. Kalb und Löwe weiden zusammen, ein kleiner Junge kann sie hüten. Kuh und Bärin freunden sich an, ihre Jungen liegen bei einander. Der Löwe frisst Stroh wie das Rind."*

Da Gott also durchaus eine Vorstellung eines harmonischen Zusammenlebens aller seiner Kreaturen zu haben scheint, bleibt die Frage, was er sich vom Menschen, seinem Abbild, erwartet. Denn wenn es in dessen Macht steht, könnte er diese künftige Harmonie ja teilweise bereits jetzt verwirklichen, indem zumindest er selbst keine Tiere mehr quält und tötet.

Ehrfurcht vor dem Leben

Es gibt Menschen, die das Leben insgesamt für schützenswert halten und daher nicht nur jedes Töten von Menschen und Tieren, sondern sogar auch das Verbrauchen von Pflanzen als unmoralisch ansehen. Sie schaffen das eigene Überleben nur mit schlechtem Gewissen über den Verzehr von Pflanzen und stehen mit ihrer Haltung in prominenter Nachfolge zum berühmten deutschen Arzt und Philosophen Albert Schweitzer (1875 bis 1965). Schweitzer war auch Theologe und verfasste unzählige Predigten. Seine eigene Position (siehe dazu etwa „Kultur und Ethik", 1996) hat er in folgendem berühmten Satz zum Ausdruck gebracht:

> *„Ich bin Leben, das leben will,*
> *inmitten von Leben, das leben will."*

Schweitzer betrachtete es als unmoralisch, wenn auch teilweise unvermeidlich, Tiere und Pflanzen zu töten, was auch immer das im Falle von Pflanzen heißen könnte. Spätestens hier stößt die „Ehrfurcht vor dem Leben" jedoch an ihre Grenzen. Denn wenn alles Leben schützenswert ist, müsste man konsequenter Weise versuchen, auch die übrigen Tiere davon abzuhalten, einander gegenseitig aufzufressen. Wenn der Löwe aber keine Antilope mehr jagen und fressen darf, wird er selbst verhungern. Derjenige Tierschützer, der dies bewusst verursacht oder zumindest in Kauf genommen hat, um das Leben eines Tieres, hier: der Antilope, zu retten, hat ein anderes indirekt getötet: das des Löwen und vielleicht auch das seiner Familie. Eine Haltung, die den durchgängigen Schutz allen Lebens befürwortet, lässt sich nicht vertreten, denn sie käme mit sich selbst in Widerspruch und würde das Gesamtsystem zusammenbrechen lassen.

Tierwürde

Manche Tierethiker tragen, analog zum Begriff der „Menschenwürde", eine Würde des Tieres vor. Sie zielt darauf ab, Tieren so wie Menschen einen Eigenwert zuzuschreiben. Ein Vertreter dieser Ansicht ist der 1938 geborene US-amerikanische Philosoph Tom Regan. Seiner Ansicht nach ist es egal, ob ein Lebewesen zu höheren Bewusstseinsleistungen fähig ist oder nicht. Hierin unterscheidet sich seine Argumentation von derjenigen Kants, der nur dem zur Selbstbestimmung fähigen Menschen besondere Würde zugestand. Nach Regan hingegen ist das Lebewesen als Lebewesen Träger eines ihm eigenen Wertes, der uns Menschen verbietet, es zu töten oder in irgendeiner Weise für unsere Zwecke zu missbrauchen. Diese Annahme müsste allerdings auf eine metaphysische Struktur der Welt setzen, gemäß der es Objekte gibt, die einen solchen Wert bzw. eine solche Würde verkörpern. Dass sich nach David Hume aber aus einem Sein nicht automatisch ein Sollen ableiten lässt, haben wir bereits besprochen. Wie sollte daher aus dem Sein eines Lebewesens das Sollen für andere Lebewesen abgeleitet werden, es nicht nach Belieben gebrauchen zu dürfen?

Tierethik als Kampf gegen Speziesismus

Das Argument der klassischen Utilitaristen, das der australische Philosoph Peter Singer erneuert hat, habe ich bereits im Kapitel über den Utilitarismus erwähnt. Tiere nur deshalb anders zu behandeln als Menschen, weil sie uns nicht in allen Eigenschaften gleichen, ist laut Singer unzulässig, weil es einem Speziesismus, einer Art Rassismus gegenüber anderen Spezies gleich käme. Ergänzt werden muss, dass Singer, ein Präferenzutilitarist, nur auf gleiche Berücksichtigung gleicher Interessen von Mensch und Tier pocht. Schmerzempfinden treffen in beiden Spezies zu, insofern muss sie – nach Singer – auch bei beiden berücksichtigt werden.

Die Frage, in welchem Maße Tiere Schmerz verspüren können, ist jedoch nicht so leicht zu beantworten. Je näher ein Tier evolutionsgeschichtlich mit uns Menschen verwandt ist, umso eher können wir davon ausgehen, dass es uns auch in Bezug auf Schmerzempfinden und andere Eigenschaften ähnlich ist. Reicht die Unfähigkeit, Schmerzen zu fühlen oder die Möglichkeit, es schmerzlos töten zu können, aus, ein Tier, im wahrsten Sinne des Wortes, zum Abschuss freizugeben? Selbst wenn ich Tiere töten könnte, ohne ihnen dabei physische Schmerzen zuzufügen, stellt sich immer doch die Frage: Verfügen sie über Selbstbewusstsein? Wäre es so, würden sie damit aber vielleicht auch über die Möglichkeit verfügen, Interessen zu entwickeln und deren Verwirklichung auf die Zukunft hin zu planen. Dann wäre es gemäß Singer nicht zulässig, sie zu töten. Können wir ausschließen, dass die von uns verwendeten Tiere zu Selbstbewusstsein fähig sind?

Laut einem Artikel in „SPIEGEL ONLINE" vom 10. März 2009 wurde im Zoo der schwedischen Stadt Furuvik ein Schimpanse dabei beobachtet, wie er Steine in seinem Gehege sammelte und damit später Besucher bewarf – nach Ansicht von Wissenschaftern ein Beweis für Vorausplanung und damit für komplexes Bewusstsein. Die Forscher gehen tatsächlich davon aus, dass eine ganze Reihe höherer Tiere zu einer Art Selbstbewusstsein fähig ist. Bei Menschenaffen wurde diese Annahme dadurch bestätigt, dass die Wissenschafter den Tieren Farbtupfer auf die Stirne malten und sie anschließend vor einen Spiegel setzten. Die Affen wischten den Fleck von ihrer Stirn, was bewiesen haben soll, dass sie erkennen konnten, dass derjenige, der ihnen da gegenüber sitzt, sie selbst sind.

Die Frage, ob Singers Ansatz überzeugt, hängt grundsätzlich davon ab, ob sich seine Forderung einer gleichen Interessensberücksichtigung begründen lässt. Wieso aber sollten Menschen Tieren gegenüber eine solche Berücksichtigung gleicher Interessen an den Tag legen? Wieso sollten wir – gemäß der Universalisierungsannahme des Utilitarismus – auch an der Glückseligkeit von Tieren interessiert sein müssen? Dass wir geistig schwer Behinderten gegenüber ein anderes Verhalten an den Tag legen als unseren Haus- und Nutztieren, liegt wahrscheinlich in unserer Natur. Das hält uns dennoch nicht davon ab, altruistische Einstellungen diesen anderen, nicht menschlichen Lebewesen gegenüber besitzen und ausleben zu können.

Bei den Tieren, die zwar über kein Selbstbewusstsein, dafür aber über die Fähigkeit der Schmerzempfindung verfügen, könnten wir daher zumindest darauf achten, sie artgerecht zu halten. Mit der Selbstverpflichtung zur artgerechten Haltung fallen Legebatterien und Massentiertransporte lebender Tiere daher weg. Ob Tiere in Käfigen und Zoos eingesperrt werden dürfen, ist unter der Perspektive der artgerechten Haltung zumindest fragwürdig, auch wenn wir dabei ihren natürlichen Lebensraum einigermaßen wirklichkeitsgetreu nachbilden.

Ich denke, eine Lösung der Frage „Was soll ich tun?" in Bezug auf Tiere sollte sich zunächst daran orientieren, was jeder von uns tun muss, um sein eigenes Überleben zu sichern. Je weiter ich mich von der Notwendigkeit entferne, Tiere töten oder quälen zu müssen, um meinen eigenen Tod zu verhindern, umso problematischer wird es aus meiner Sicht. Für das Testen von Medikamenten, die Krebs heilen können, mag der Tierversuch zulässig sein. Zur Beantwortung psychologischer Fragestellungen ist er schon schwerer zu rechtfertigen. Bei der Entwicklung von Lippenstiften und anderen Schönheitsprodukten ist er am wenigsten zu argumentieren. Viele der an Tieren vorgenommenen Experimente sind übrigens von zweifelhaftem Wert, weil die Ergebnisse nicht eins zu eins auf den Menschen übertragen werden können. Auf viele Tierexperimente könnte mittlerweile verzichtet werden, weil die entsprechenden Versuchsanordnungen entweder mit menschlichen Zellen im Reagenzglas durchgeführt oder am Computer simuliert werden können.

Mit dem Zuwachs der wissenschaftlichen Erkenntnisse im Bereich der Zoologie, die uns Tag für Tag Neues über die Fähigkeiten und Eigenschaften von Tieren verrät, wird es immer schwieriger, eine scharfe Grenze zwischen „ihnen" und „uns" zu ziehen. Ohne eine solche klare Grenze ist die Einstellung „Hier der Mensch, dort alle anderen, mit denen wir tun können, was wir wollen." für all jene, welche die Übereinstimmungen zwischen verschiedenen Spezies als Grundlage für ihre Sympathie heranziehen, nicht mehr aufrecht zu halten. Diese Erkenntnis und die daraus abgeleitete tierethische Haltung werden in einem gewissen Maß durch staatliche Tierschutzgesetze unterstützt, die Tierquälerei und Missbrauch von Haus- und Nutztieren verhindern sollen.

Bisher ist allerdings die Frage noch nicht beantwortet, ob es moralisch gerechtfertigt ist, immer mehr Menschen zu zeugen, wenn damit zugleich ein Anstieg von Leid und Tod von Tieren einhergeht. Ist das Bedürfnis einer Familie, wenn sich das überhaupt so genau planen ließe, mehr Kinder zu bekommen, als für den Erhalt der eigenen Spezies notwendig ist, vertretbar? Könnten wir nicht ebenso sagen: Lieber weniger Kinder, aber dafür auch weniger getötete Tiere? Bevor wir uns an die Beantwortung dieser Frage machen, sollten wir uns allerdings etwas ganz anderes fragen: Ist es moralisch vertretbar, in der ersten Welt Kinder zu zeugen, statt Kinder aus der Dritten Welt zu adoptieren und zu fördern oder sie samt ihren Familien zu uns zu holen? Solche Überlegungen mögen rassistisch eingestellten Menschen nicht gefallen, dennoch sind sie durchaus diskutierbar. Ich kenne mehrere Paare, die bewusst auf die Zeugung eigener Kinder verzichtet und stattdessen Waisenkinder adoptiert haben.

Einem konsequenten Vertreter einer Tierethik, die fordert, kein Lebewesen zu töten, kann man es nicht zum Vorwurf machen, wenn er lieber sein eigenes Leben als Schwerkranker opfert, als das eines Versuchskaninchens. An der Grenze von Leben und Tod lässt sich eine individuelle moralische Entscheidung wohl nicht mehr von außen be- oder gar verurteilen. Wahrscheinlich müssen wir sie als Ausdruck der Handlungsfreiheit dieses Menschen und seiner Haltung dem Leben gegenüber respektieren. Dass er in einen Widerspruch gerät, weil er um das Töten nicht herum kommt, indem er zwar das Tier rettet, sich selbst aber um sein Leben bringt, sollte man ihm aber dennoch sagen.

Der Mensch ist, wie bereits gesagt, von Natur aus weder Vegetarier, noch Veganer – er ist ein Allesfresser. Die Tatsache, dass es jedoch Menschen gibt, die sich vegetarisch oder sogar vegan ernähren und trotzdem gesund und glücklich sind, könnte uns zu denken geben. Wenn es tatsächlich möglich ist, ein Leben zu führen, ohne andere Lebewesen zu quälen, zu verstümmeln oder zu töten, warum sollten wir es dann nicht tun? Dass es notwendig sein kann, einem Tier Schmerzen zuzufügen oder es zu töten, damit ein Mensch überlebt, scheint mir persönlich plausibel. Ich jedenfalls würde lieber ein Versuchskaninchen töten, an dem ein neues Medikament ausprobiert wird, als selbst sterben zu müssen, weil dieses Medikament nicht erforscht werden durfte. Dass wir bei solcher, um unseres eigenen Überlebens willen vielleicht nie ganz zu verhindernder Verwendung von Tieren darauf achten sollten, dass sie so wenig Schmerzen und Angst wie möglich erleiden, lässt sich ohne komplizierte Argumente begründen. Das Mitleid, das wir mit anderen Menschen haben, etwa mit Babys (die auch – noch – nicht sprechen oder komplexe Gedanken ausführen können), die Schmerzen erdulden, müssen wir doch auch verspüren, wenn ein Affe, ein Kaninchen oder eine Ratte gequält wird. Dass wir daher auch laufend daran arbeiten sollten, so viele Tierversuche wie möglich durch Alternativen zu ersetzen, scheint mir eine moralische Forderung zu sein, die sich leicht begründen lässt. Die Überzeugung hingegen, dass unsere gastronomischen Vorlieben, die wir allem Anschein nach verändern können, wenn wir nur wollen, über Leben und Tod von Tieren, über ein lebenswertes Dasein oder eines voller Qualen entscheiden sollten, scheint mir – bei selbstkritischem Nachdenken und trotz meiner Leidenschaft für Fleisch und Fisch – nicht wirklich argumentierbar zu sein.

Bei der Frage „Was soll ich tun?" geht es nicht nur um uns und Unseresgleichen und um die Tiere und Pflanzen, mit denen wir uns die Erde teilen. Sie selbst als unsere Wohnstätte, an die wir – zumindest derzeit noch – gebunden sind, erfordert ein Ausweiten unserer Frage auf den gesamten Planeten.

Von außen betrachtet

„Live Fast, Love Hard, Die Young" ist nicht nur der Titel eines Country-Songs von Faron Young aus dem Jahr 1955. Dieser Slogan war auch Ausdruck eines Lebensgefühls einiger Musiker und anderer Künstler zur Zeit der „68er". Janis Joplin, Jim Morrison, Jimmy Hendrix, James Dean – sie alle lebten ziemlich schnell, haben heftig geliebt – und gesoffen – und sind jung gestorben. In Russell Mulcahys Film „Highlander" aus dem Jahr 1986 ruft der böse Unsterbliche Kurgan mitten in einer Kirche zum Schrecken der Anwesenden die denkwürdigen Worte: „Es ist besser auszubrennen, als zu verblassen." und erneuert damit den heiligen Eid des Rock'n'Roll – bereits Neil Young und Kurt Cobain führten ihn auf den Lippen. Was aber ist eigentlich gegen ein solches kurzes, dafür aber umso intensiveres Leben einzuwenden? Nun, im Einzelfall, wenn niemand sonst dabei zu Schaden kommt, wohl nichts. Jeder ist bekanntlich seines eigenen Glückes Schmied. Ob sich jemand für ein langes, sicheres, dafür aber vielleicht langweiliges Leben entscheidet oder für eines, das kurz, dafür aber voller Abenteuer ist, sollte eine rein persönliche Geschmacksfrage bleiben. Was auch immer wir aber wählen mögen: Die Menschen, Tiere und Pflanzen, ja die gesamte Welt um uns herum, werden auf die eine oder andere Weise davon betroffen sein.

Egal, wie wir leben, wir müssen davon ausgehen, dass unser Planet wahrscheinlich irgendwann einmal ganz von selbst nicht mehr bewohnbar sein wird. Das wird zwar nicht in den nächsten paar Tagen passieren, sondern erst in einigen Milliarden Jahren, wenn die Sonne, unser externer Zulieferer von Energie, ausgebrannt ist. Wenn alle Energie im Universum, also nicht nur die unserer Sonne, einmal verbraucht ist, dürfte es überhaupt vorbei sein. Zum vorzeitigen Untergang unseres Heimatplaneten können wir aber schon jetzt aktiv etwas beitragen und wir tun das nach Kräften. Die Umweltethik stellt die Frage, ob wir bei unserem Umgang mit der Welt tun und lassen können, was immer wir wollen oder ob es irgendetwas gibt, das wir aus moralischen Gründen berücksichtigen sollten.

Bei der Suche nach einer Antwort auf die Frage „Was soll ich tun?" in Bezug auf Mensch und Tier haben wir unter anderem von Schmerzempfindlichkeit und Selbstbewusstsein gesprochen. Beides sind Kriterien, an denen viele von uns sich orientieren. Wie aber sollen wir mit unseren Flüssen, Seen, Meeren und mit unseren Pflanzen umgehen? Besitzen all diese Objekte einen Eigenwert? Denn dass sie weder Schmerzen empfinden, noch über Bewusstsein verfügen, dürfen wir annehmen. Gibt es andere Gründe, warum wir sie sorgsam behandeln sollten?

Zwei mögliche Perspektiven gibt es, unter denen die Umweltethik an ihr Thema herangeht: die physiozentrische und die anthropozentrische. Das griechische Wort „Physis" steht für Natur, das Wort „Anthropos" bedeutet Mensch. Die physiozentrische Herangehensweise fordert eine besondere Behandlung der Natur um ihrer selbst willen, während sie für die anthropozentrische Perspektive nur insofern moralischen Wert besitzt, als sie für den Menschen von Bedeutung ist.

Die Umweltethik als eigenständige wissenschaftliche Disziplin gibt es seit etwas mehr als 30 Jahren. Der Grund für das Entstehen dieses neuen Gebiets der „angewandten Ethik" ist in den ökologischen Problemen zu suchen, mit denen sich die Industrienationen seit den 60er Jahren des 20. Jahrhunderts konfrontiert sehen. Der 1968 gegründete „Club of Rome" schrieb sich die Sorge um die Zukunft der Menschheit auf die Fahnen und veröffentlichte 1972 den Bericht „Die Grenzen des Wachstums". Darin ging es neben Fragen nach dem Weltbevölkerungswachstum unter anderem um die Folgen der Industrialisierung, um Umweltverschmutzung sowie um die Ausbeutung und Zerstörung unserer natürlichen Ressourcen. Dies war der Beginn zumindest eines globalen öffentlichen Bewusstseins für das Thema „Umweltschutz", wenn auch seither nicht immer die richtigen Konsequenzen aus den Erkenntnissen gezogen wurden.

Die Fragen, mit denen sich die Umweltethik befasst, sind schon viel älter, sie reichen weit in die Vergangenheit zurück. Die Zerstörung seines Lebensraumes ist keine Erfindung des Menschen der Gegenwart. Zwar hat die systematische Ausbeutung der Natur erst mit der Zeit der Aufklärung begonnen, ein paar „Ausrutscher" gab es aber auch schon davor. Denken Sie beispielsweise an die Osterinsel im Südostpazifik und die extreme Bodenerosion, die dort durch die Abholzung riesiger Palmenwälder spätestens ab dem 11. Jahrhundert stattgefunden hat – mit weit reichenden Auswirkungen auf das gesamte Ökosystem der Insel.

Physiozentrische Argumente für Umweltschutz

Zu den physiozentrischen Gründen, warum wir uns nicht nur um uns selbst, sondern auch um die übrige Natur zu kümmern hätten, zählt das so genannte „pathozentrische Argument". Wichtige Vertreter sind z.B. Peter Singer und Tom Regan, aber auch der Deutsche Robert Spaemann. Das pathozentrische Argument knüpft, wie das griechische Wort „Pathos" („Leid") bereits anklingen lässt, an der Schmerzempfindlichkeit an. Die ist nach unserem bisherigen Wissen aber nur bei Menschen und Tieren gegeben. Für Pflanzen können wir sie mit hoher Wahrscheinlichkeit ausschließen, bei allen anderen Objekten dieser Welt mit Sicherheit. Natürlich ist es eine Frage der Definition, was man unter „Schmerzen" versteht. Wenn man einer Blume ein Blatt abreißt, schadet dies vielleicht dem Wachstum oder sogar dem Überleben der Pflanze – aber hier von Schmerzen zu sprechen, ist etwas weit her geholt.

Anhänger des so genannten „teleologischen Argumentes" behaupten einen Sinn der Natur. Hierzu zählt zum Beispiel Hans Jonas (1903 bis 1993), der in seinem 1979 erschienenen Hauptwerk, „Das Prinzip Verantwortung – Versuch einer Ethik für die technologische Zivilisation", in Anlehnung an Immanuel Kant einen „ökologischen Imperativ" formulierte:

„Handle so, dass die Wirkungen deiner Handlungen
verträglich sind mit der Permanenz echten menschlichen
Lebens auf Erden."

Das teleologische Argument (von griechisch „telos", das „Ziel") unterstellt einzelnen ihrer Vertreter oder der Natur insgesamt einen auf ein Ziel ausgerichteten Ablauf. Schützenswert ist die Natur also deshalb, weil sie Zwecke verfolgt. Spätestens seit den Erkenntnissen der neuzeitlichen Naturwissenschaft und ihren eleganten Kausalerklärungen gerade auch im Bereich der Biologie (Stichwort „Evolutionstheorie") wird es für Anhänger einer Naturteleologie jedoch immer schwieriger, ihren Standpunkt zu vertreten.

Die „Ehrfurcht vor dem Leben" haben wir bereits kennengelernt und auch die Versuche, dieses Argument auf Menschen und Tiere anzuwenden. Albert Schweitzer, ein „Klassiker" dieses Konzeptes hat es ja, wie schon erwähnt, nicht nur auf den Menschen, sondern auch auf Tiere und Pflanzen ausgedehnt, da sie alle einen Willen zum Leben hätten. Tun wir also auch Pflanzen Böses an, wenn wir sie verbrauchen? Falls ja, es ließe sich wohl kaum verhindern, da wir uns ja von irgendetwas ernähren müssen.

Vertreter des „Naturam-Sequi-Arguments" (übersetzt heißt das „der Natur folgen"), einer von ihnen ist Vittorio Hösle (geb. 1960), kritisieren eine Bewertung der Natur aus dem Blickwinkel des Menschen. Eine solche würde nämlich in arroganter Weise unterstellen, die Natur und ihre Erscheinungen hätten vor dem Auftauchen des Menschen keinerlei Wert (an sich) gehabt, dieser wäre ihnen erst durch den Menschen zugewiesen worden. Gegen solche relativen Werte behaupten sie die Existenz absoluter Werte, die allem Leben bzw. der Natur insgesamt selbst zukommen. Wie aber ließen sich diese Werte vom Menschen finden, wo er doch alles immer nur aus der eigenen Perspektive betrachten kann? Wenn es Objekte gäbe, die Wert an sich besitzen, der nicht von der Beurteilung durch den Menschen abhängt, so müssten diese Objekte ihren Eigenwert in irgendeiner Weise selbst erfassen. Wie aber soll z.B. eine Blume oder eine Landschaft ihren eigenen Wert ermessen? Die Vorstellung, dass irgendetwas einen Wert an sich darstellt, ohne sich dessen bewusst zu sein und ohne jemals empfinden oder gar leiden zu können, scheint absurd.

Das „theologische Argument" (ein Repräsentant dieser Idee ist Bernhard Irrgang, geb. 1953) ist eine Variation des „Naturam-Sequi-Arguments". Gott hat die Natur geschaffen, sie ist daher mit einem bestimmten Wert versehen. Als „Eigentum" Gottes, wir selbst gehören ihm natürlich auch, sollten wir sie mit Respekt behandeln. Dieses Argument steht und fällt mit dem Beweis der Existenz Gottes und ist daher kaum für jedermann überzeugend. Abgesehen davon haben wir es in Bezug auf unsere moralischen Pflichten im Umgang mit der Natur schwer, da die Bibel, wie bereits erwähnt, sehr widersprüchliche Anordnungen enthält.

Im „holistischen Argument" („holistisch" bedeutet „ganzheitlich") wird die willkürliche Trennung zwischen dem Menschen und der Natur kritisiert. Einer ihrer Anhänger war der erst vor kurzem gestorbene Norweger Arne Dekke Eide Næss (1912 bis 2009), der den Begriff der „Tiefenökologie" prägte. Der Mensch soll sich, gemäß diesem Ansatz, nicht als das Andere der Natur, sondern als Teil eines Ganzen ansehen. Etwas Gutes für den Planeten Erde tun soll der Mensch nicht nur im Eigeninteresse, sondern auch im Interesse des Planeten selbst.

Anthropozentrische Argumente für Umweltschutz

Zu den wichtigsten am Menschen und seinen Bedürfnissen ausgerichteten anthropozentrischen Argumenten zählt das „Basic-Needs-Argument". Die bereits genannten Philosophen Hans Jonas und Robert Spaemann sind, neben anderen, dieser Argumentationslinie zuzuordnen. Im Prinzip geht es darum, die natürlichen Bedürfnisse des Menschen im Auge zu behalten und ihre Befriedigung auch weiterhin zu gewährleisten, anstatt sie durch Raubbau an der Natur zu zerstören. Diese Haltung lässt sich auch auf künftige Generationen ausdehnen, denn bereits heute leben die Erwachsenen (und somit möglichen Eltern) der Zukunft: unsere Kinder und Enkelkinder, an denen uns etwas liegt und an deren Glück wir wahrscheinlich ein gewisses Interesse haben.

Selbst wenn wir keine eigenen Kinder haben, so haben wir vielleicht Verwandte oder Freunde, für die wir uns verantwortlich fühlen. Haben diese Kinder und Enkelkinder, so können auch wir auf Umwegen an diesen Menschen ein Interesse haben. Deshalb werden wir uns unter Umständen dazu verpflichtet fühlen, mit unseren natürlichen Ressourcen vernünftig umzugehen. Das Zauberwort in diesem Zusammenhang heißt „nachhaltig". Nachhaltigkeit bedeutet, unsere Bodenschätze und die Natur insgesamt so zu verwenden, dass der Planet nicht schon übermorgen das Zeitliche segnet, sondern möglichst lange möglichst vielen Menschen zum Leben zur Verfügung steht.

Es ist nicht notwendig, in die ferne Zukunft zu blicken und das Schicksal eigener oder fremder Kinder zu berücksichtigen. Nachhaltigkeit macht auch für kaltschnäuzige Einzelgänger Sinn, die ihr Leben ohne Rücksicht auf andere Menschen genießen wollen. Denn selbst für Vertreter dieses Menschenschlages könnte eine verschmutzte Umwelt, könnten Müllberge vor der eigenen Haustüre, könnte Abfall an öffentlichen Plätzen die Lebensfreude zumindest aus hygienischen, vielleicht aber auch aus ästhetischen Gründen trüben. Das „ästhetische Argument", das in verschiedenen Varianten diskutiert wird, zielt auf diesen Sachverhalt ab. Vertreter sind z.B. Lothar Schäfer, Martin Seel und Friedrich Kambertel.

Das „pädagogische Argument", das unter anderem der deutsche Philosoph Ernst Tugendhat (geb. 1930) vertritt, ist an Immanuel Kants tierethische Bemerkungen angelehnt: Durch einen rücksichtslosen Umgang mit der Natur würde der Mensch sich selbst verrohen, was sich wiederum nachteilig auf den Umgang mit seinen Artgenossen auswirken könnte.

Resümee

Die Natur, die Erde, das Universum können nicht auf Basis eines mystischen Konstruktes als „Wert an sich" angenommen werden. Ich kann mich selbst, mein Leben, als wertvoll empfinden und bestimmte Ziele verfolgen. Ich kann alles Leben um mich herum als bereichernd und notwendig für mein eigenes Leben erfahren und es deshalb als schützenswert definieren. Dadurch werde ich es womöglich in die Gruppe meiner Interessen aufnehmen. Einen von unseren Maßstäben völlig unabhängigen „Wert an sich" zu suchen, ist aber sinnlos, da wir Menschen Werte immer nur aus unserer eigenen Perspektive festlegen. Aus wohl verstandenem Eigeninteresse sollten wir uns trotzdem mit einer gewissen Sparsamkeit an der Natur bedienen – um sie noch möglichst lange benutzen oder uns an ihrem Anblick erfreuen zu können.

Die Artenvielfalt innerhalb eines Ökosystems, die maßgeblich für die Stabilität des Systems ist, kann bereits durch kleine Eingriffe gefährdet werden. Das Einschleppen fremder Spezies, das Abholzen großer Wälder, z.B. des Tropischen Regenwaldes, kann negative Effekte auslösen, etwa die Freisetzung von in den Bäumen gespeichertem Kohlendioxid bei Brandrodung, aber auch durch die Veränderung des Wasser- und Kühlkreislaufs der abgeholzten Flächen. Viele Pflanzen- und Tierarten können durch den Verlust ihres Lebensraumes aussterben. Ob man das aus ästhetischen Gründen bedauerlich findet oder nicht, ist relativ unwichtig. Denn das Gesamtsystem bleibt davon nicht unbeeinflusst, was früher oder später auch uns Menschen auf den Kopf fallen könnte, wofür wieder das Beispiel des Klimawandels steht.

Das Umweltbewusstsein in der ersten Welt mag zunehmen, die Bereitschaft der hier lebenden Menschen, nachhaltiger zu produzieren und zu verbrauchen ebenso. Aber was bedeutet unser Eintritt ins ökologische Erwachsenenalter für jene Menschen, die in den ärmeren Regionen dieser Welt leben? Würden alle, die sich das momentan noch nicht leisten können, auf unser Wohlstandsniveau aufschließen, würde das globale Ökosystem sehr bald kollabieren. Dürfen wir daher die Segnungen der Zivilisation jenen Menschen vorenthalten, die sie noch nicht genießen? Mit welchem Argument wollen wir den Bewohnern der so genannten Dritten Welt verbieten, denselben Lebensstandard zu erreichen, wie wir ihn haben? Wäre es nicht unfair, dies zu tun? Aber was ist schon fair? Darauf eine Antwort zu geben, versucht die Wirtschaftsethik, auf die ich im folgenden Kapitel eingehen werde.

Faire Welt?

Ein Foto ging durch die Medien und wurde zum Symbol für die offensichtliche Arroganz der Mächtigen. Darauf zu sehen: Josef Ackermann, damals Vorstandssprecher der Deutschen Bank AG, 2004 mitangeklagt im so genannten Mannesmann-Prozess. Bei diesem Prozess ging es um fragwürdige Prämien und Pensionsabfindungen in der Höhe von rund 60 Millionen Euro. Ackermann gab sich schon vor Beginn der Verhandlung siegessicher und drückte dies mit dem Victory-Zeichen aus. Für noch größere Empörung sorgte er kaum ein Jahr später mit der Ankündigung, über 6000 Arbeitsplätze, einen Großteil davon im Londoner Investmentgeschäft, abbauen zu wollen, obwohl er zeitgleich ein neues Rekordergebnis der Deutschen Bank AG präsentierte. Dass sich die Mitglieder der Führungsetagen großer Konzerne, deren Jahresgehälter oft ein Vielfaches des Durchschnittslohns ihrer Mitarbeiter ausmachen, gerne fette Boni auszahlen lassen, ist keine Seltenheit. Die CEOs bedienen sich – völlig legal im Rahmen ihrer Verträge – am Erfolg des Unternehmens, während ihre Mitarbeiter um jede noch so kleine Gehaltserhöhung betteln müssen und dabei nicht selten mit dem Hinweis auf notwendige Sparmaßnahmen auf später vertröstet werden.

Bochum im Jahr 2008: Nach einem Deal mit dem Bundesland Nordrhein-Westfalen investiert der finnische Mobiltelefon-Hersteller Nokia 20 Millionen Euro in ein Projekt vor Ort und erspart sich damit die Rückzahlung von 60 Millionen Euro öffentlicher Förderungen, die er im Rahmen der Ansiedelung erhalten hatte. Zuvor entschied sich der Weltmarktführer der Handy-Branche aus Kostengründen dazu, das Bochumer Werk zu schließen und nach Osteuropa zu übersiedeln. Das bedeutete einen Verlust von 2300 Arbeitsplätzen – in Bochum. In Rumänien jedoch, wo ein Großteil der Anlage wieder angesiedelt wurde, schuf die Übersiedelung des Werkes neue Arbeitsplätze. Ein Jahr davor hatte die Pleite des Branchenkollegen BenQ Mobile zum Verlust von 3000 Arbeitsplätzen geführt.

Banken rund um den Globus bekommen in diesen Tagen

umfangreiche Unterstützungen aus Steuermitteln, während auf der anderen Seite vermehrt Kurzarbeit und Massenentlassungen auf der Tagesordnung stehen. Risikoreiche Spekulationen und die Gier nach möglichst schnellen Gewinnen haben zum Schlingern des internationalen Finanzsystems und zu einer globalen Wirtschaftskrise geführt. Unter Slogans wie „Wir zahlen nicht für eure Krise!" fordern Kritiker dieser Rettungsstrategie für die strauchelnde Wirtschaft, dass endlich daran gedacht wird, von oben nach unten umzuverteilen. Die Reichen, die von den bisher niedrigen Vermögenssteuern profitiert hätten, sollen jetzt verstärkt zur Kasse gebeten werden, anstatt durch Rettungspakete in Gestalt öffentlicher Mittel wieder den „kleinen Mann" zu schröpfen. Aber auch jenseits von ideologisch aufgeheizten Debatten über die Verursacher der Krise fordern immer mehr seriöse Wissenschafter ein globales Umdenken in Bezug auf die Gestaltung des internationalen Finanzsystems.

Ausbeutung von Frauen und Kindern

Frauen verdienen weltweit schlechter als Männer, in Österreich bekommen sie beispielsweise durchschnittlich 25,5 Prozent weniger Gehalt. Der EU-Schnitt liegt bei 17,7 Prozent. Damit nimmt Österreich den vorletzten Rang der EU-27 ein. Zwar liegt dies auch an den unterschiedlichen Tätigkeiten von Männern und Frauen. Dennoch verdienen Frauen selbst bei gleicher Qualifikation weniger als Männer. Je höher die Position, desto größer die Unterschiede im Einkommen und desto weniger Frauen trifft man(n) an. Für Einstiegspositionen erhalten Frauen im Schnitt 20 Prozent weniger als Männer, bei Angestellten ohne Leitungsfunktion sind es 23 Prozent. Auf Vorstandsebene dürfen Männer sich über 27,5 Prozent mehr Geld freuen als ihre Kolleginnen.

Dennoch geht es den meisten Frauen in Österreich vergleichsweise gut. Nach UNO-Schätzungen werden weltweit zwischen vier und 27 Millionen Menschen Opfer von Zwangsarbeit und Menschenhandel. Die Mehrheit davon sind junge Frauen und Kinder. Pro Jahr werden laut Schätzungen der Vereinten Nationen rund 32 Milliarden Dollar Profit mit Menschenhandel gemacht, die Hälfte davon in den Industrienationen. Das Geschäft mit der modernen Sklaverei dürfte somit die weltweit größte Schattenwirtschaft, nach dem Handel mit Drogen und illegalen Waffen, sein. Die Opfer werden unter anderem zur Prostitution gezwungen oder als Arbeitssklaven in Fabriken, Plantagen und privaten Haushalten eingesetzt.

Die Ausbeutung von Frauen ist tragisch. Noch viel tragischer jedoch ist jene von Kindern, denen ihr Leben geraubt wird, bevor es überhaupt so richtig begonnen hat. In früheren Zeiten gab es Kinderarbeit hauptsächlich auf dem Land, spätestens seit dem 19. Jahrhundert fand sie aber auch Einzug in die neu entstandenen Bereiche der Industrie. Wegen ihrer geringen Körpergröße eignen Kinder sich besonders gut für die Arbeit in Minen und Kohlegruben – Arbeitsstätten, die mit dem Beginn der industriellen Revolution an Bedeutung gewannen.

Laut UN-Kinderrechtskonvention werden mit Kinderarbeit solche Tätigkeiten von unter 18-Jährigen bezeichnet, die ihnen entweder schaden oder sie am Schulbesuch hindern. Erst nach Abschluss der Schulpflicht darf ein Kind bzw. Jugendlicher gemäß der Internationalen Arbeitsorganisation (ILO) einer Arbeit nachgehen. Zwar verbieten die nationalen Gesetze vieler Staaten Kinderarbeit, die Realität sieht aber oft anders aus. Schätzungen der ILO zufolge sind weltweit 327 Millionen Kinder erwerbstätig. Mehr als 210 Millionen davon arbeiten regelmäßig mehrere Stunden täglich, unter ihnen 126 Millionen Kinder unter 15 Jahren. Sie müssen unter gefährlichen und ausbeuterischen Bedingungen schuften.

Ein Beispiel ist das Schwellenland Indien, in dem es zwar per Gesetz untersagt ist, dass Kinder an gefährlichen Arbeitsplätzen tätig sind. Tatsächlich jedoch arbeiten viele indische Kinder in Berufen, die ihre Gesundheit gefährden, z.B. in Fabriken der Streichholz- und Feuerwerksherstellung, in der Teppich- oder Textilfabrikation, als Müllsammler oder in Steinbrüchen. Ein wesentlicher Grund für Kinderarbeit in Indien ist, neben weit gehender Straffreiheit für solche Ausbeutung, die Armut der Familien, die wiederum durch die schlechte Ausbildung der Eltern verursacht ist. Viele Familien verleihen ihre Kinder schon im Alter von sechs Jahren als Arbeiter. Da viele Kinder, die bis zu 14 Stunden pro Tag arbeiten, nicht zur Schule gehen und eine bessere Ausbildung absolvieren können als ihre Eltern, wird sich diese Situation in absehbarer Zeit kaum ändern. Und dennoch, selbst wenn es zynisch klingen mag: In einem Land wie Indien, wo 90 Prozent der Kinder arbeiten, ist es besser, einen schlecht bezahlten Job in einer Fabrik auszuüben, als zur Prostitution gezwungen zu werden – denn selbst das ist in Indien keine Seltenheit. Rund 400.000 Kinderprostituierte gibt es laut Schätzungen der UNICEF, dem Kinderhilfswerk der Vereinten Nationen, am Subkontinent. In Brasilien sind es bis zu 500.000, in Thailand sogar bis zu 800.000. Weltweit werden laut UNICEF rund zwei Millionen Kinder zur Prostitution gezwungen.

Die Ärmsten der Armen

Stefan Mair vom Berliner Institut für Wissenschaft und Politik analysierte im Jahr 2000 zusammen mit fünf weiteren deutschen Experten die Zukunftsaussichten Afrikas. Das Resümee:

„Entwicklung im Sinne nachhaltiger Armutsreduzierung wird für die meisten Länder Afrikas auch in den nächsten 30 bis 50 Jahren nicht möglich sein."

Kein Wunder, denn 75 Prozent der über 700 Millionen Menschen in Afrika leben derzeit in Armut. Jedes dritte Kind ist unterernährt. Als wäre das nicht schon schlimm genug, sind rund 28 Millionen Afrikanerinnen und Afrikaner HIV-positiv oder bereits an AIDS erkrankt. Die durchschnittliche Lebenserwartung am so genannten „schwarzen Kontinent" beträgt 48 Jahre. In Österreich werden die Menschen im Schnitt 79 Jahre alt. Wer ist schuld am Elend Afrikas? Zu einem nicht unwesentlichen Teil niemand oder besser gesagt: kein Mensch, sondern die Natur selbst, denn klimatisch ist Afrika nicht gerade begünstigt. Regenzeiten mit sintflutartigen Überschwemmungen wechseln sich ab mit langen Dürreperioden. Wassermangel gibt es im Überfluss, fruchtbares Land dagegen ist Mangelware. Insektenplagen, Seuchen und Naturkatastrophen wie z.b. Buschfeuer tun ein Übriges. Teilweise ist die Situation in Afrika jedoch auch selbst verursacht: Einheimische Diktatoren und ihre Clans traten die Nachfolge der Kolonialherren an und beuten nun ihr eigenes Volk aus. Nachdem sich etwa die Einwohner Guineas 1958 in einer Volksabstimmung für die völlige Unabhängigkeit von Frankreich entschieden hatten, zogen die Kolonialherren zwar ab – jedoch nicht, ohne vorher die von ihnen errichtete Infrastruktur zu zerstören. Geschädigt hatten die Kolonialmächte den Kontinent aber schon lange davor, indem sie ihn zu einem Rohstofflager und einzelne Länder zu monokulturellen Produktionsstätten für Agrargüter, wie z.b. Baumwolle oder Kakao, gemacht hatten.

Doch nicht alle Ursachen für das Leid Afrikas können der Natur, den ehemaligen Kolonialherren oder den heute regierenden afrikanischen Diktatoren zugeschrieben werden. Auch die Welt rundum trägt ihren Teil der Verantwortung für die schier hoffnungslose Lage. So subventionieren etwa die USA ihre eigenen landwirtschaftlichen Güter mit Milliarden-Dollarbeträgen. 2002 hat der damalige Präsident George W. Bush die „Farm Bill" unterschrieben, das Agrargesetz der USA. Es sah unter anderem Fördermittel in der Höhe von 180 Milliarden US-Dollar vor. US-amerikanische Baumwolle wäre ohne finanzielle Unterstützung auf dem Weltmarkt nicht konkurrenzfähig – vor allem nicht gegenüber Afrika. Die Bauern von Burkina Faso können Baumwolle dreimal billiger produzieren, als jene in Amerika. Zudem ist die menschliche Arbeitskraft billig, besonders in Afrika.

Ethik und Ökonomie

Wie lassen sich all die Ungerechtigkeiten, die sich weltweit rund um die Themen „Wirtschaft" und „Arbeit" abspielen, in den Griff bekommen und kann man sie überhaupt bezwingen? Schließen sich Wirtschaft und Ethik nicht gegenseitig aus? Der von der Ökonomie beschriebene „homo oeconomicus" scheint doch bereits von seiner Definition her nicht mit moralphilosophischen Überlegungen in Einklang gebracht werden zu können. Viel zu klar unterscheidet sich seine egoistische Zielsetzung von jener der Ethik: Möglichst viel Gewinn bei möglichst geringem Aufwand. Ist der Versuch, der Wirtschaft eine Ethik überzustülpen, daher nicht von Anfang an zum Scheitern verurteilt?

Für Aristoteles war die Ökonomie einer von drei Teilbereichen der praktischen Philosophie. Seine Reihung lautete: Ethik, Politik und Ökonomik. Die „Nikomachische Ethik" leitet über in seine „Politik", welche wiederum auch die ökonomischen Gedanken des Philosophen beinhaltet. Von den alten Griechen bis in die Moderne hinein wurde die Ökonomik stets unter ethisch-praktischem Blickwinkel betrachtet.

Der Erfinder der modernen Volkswirtschaftslehre, Adam Smith, wir haben ihn bereits kennen gelernt, war auch Moralphilosoph. Ethische Überlegungen fanden daher Eingang in seine ökonomischen Schriften, wie etwa in sein Werk über den „Wohlstand der Nationen". Seiner Ansicht nach sind es die Eigeninteressen der Individuen, deren Befriedigung in Summe das Gemeinwohl fördern. Die schon erwähnte „unsichtbare Hand" lenkt auf diese Weise die Entwicklung zum höheren Allgemeinnutzen. Eine Regelung und Kontrolle durch eine übergeordnete Instanz, wie z.B. den Staat, ist zwar im Großen und Ganzen nicht erforderlich, weil dem Menschen Eigenschaften, wie der Wunsch nach Tausch und Handel, gleichsam angeboren seien. Ein Anhänger ungezügelten Liberalismus war Smith aber dennoch nicht. Für gewisse Bereiche schien es ihm unumgänglich, gesellschaftlich erwünschte Aufgaben durch den Staat zu organisieren: die Verwirklichung der Schulpflicht etwa, die Aufrechterhaltung eines Militärs oder eines Verkehrswesens.

In Fortsetzung dieser Überlegungen arbeiteten die Vertreter der „Klassischen Ökonomie", David Ricardo (1772 bis 1823), Thomas Robert Malthus (1766 bis 1834), Jean Baptiste Say (1767 bis 1832) und John Stuart Mill, die Prinzipien einer freien Marktwirtschaft aus. Diese waren am Ergebnis orientiert und durch den Utilitarismus inspiriert, zu dem John Stuart Mill, bekanntlich zählte. Der größtmögliche Nutzen für die größte Zahl an Menschen war dessen Leitprinzip.

Mit der Weiterentwicklung zur „Neoklassik", die auf eine noch größere Unabhängigkeit der Individuen von Staatseingriffen setzte, verlor die ursprünglich vorhandene ethische Grundfärbung der Ökonomie endgültig ihre Bedeutung. Die nüchtern-analytische und wertfreie Betrachtung wirtschaftlicher Phänomene trat immer stärker in den Vordergrund und mit ihr die Ablehnung normativer Aussagen und moralischer Vorgaben. Ethik und Ökonomie fielen auseinander.

Gleichsam eine Rückerinnerung an die Bedeutung des Staates im Prozess des Wirtschaftens erfolgte erst wieder mit John Maynard Keynes (1883 bis 1946). Er befasste sich unter anderem mit dem Phänomen der Arbeitslosigkeit und entwarf eine Theorie, wie sie zu beherrschen sei. Seine Erkenntnis: Der Markt selbst bekommt dieses Problem, entgegen der Ansicht von Klassik und Neoklassik, nicht von selbst in den Griff. In konjunkturell schlechten Zeiten soll daher der Staat eingreifen und die Wirtschaft im Interesse aller durch Investitionen ankurbeln. Zwar war Keynes kein Ethiker, aber seine Ansätze können trotzdem als Gegenmodell zur Klassik und Neoklassik in der Ökonomie angesehen werden.

Aktuelle Ansätze einer Wirtschaftsethik

Der 1943 geborene deutsche Philosoph und Ökonom Karl Homann ist davon überzeugt, dass sich Sanktionen für Fehlverhalten nur in kleinen Gruppen, also gleichsam von Angesicht zu Angesicht umsetzen lassen. In größeren, anonymen Gesellschaften plädiert er mit seinem ordnungstheoretischen Ansatz für ein Anreizsystem. Die Moral, die in modernen Marktwirtschaften nicht vor den ökonomischen Erfolg gereiht werden kann, weil sonst die Unternehmung scheitert, wird nach diesem Modell zu einem Teil der Ökonomie. Ein Individuum kann nicht moralisch „gut" oder „böse" handeln, sondern nur „marktkonform" oder „nicht-marktkonform". Homann unterscheidet zwischen „Spielregeln" und „Spielzügen", wobei letztere die Handlungen von Individuen beschreiben und sich nur innerhalb des Rahmens der „Spielregeln" ereignen können. Die Spielzüge selbst sind daher, so könnte man Nietzsche zitieren, „jenseits von Gut und Böse". Die Spielregeln hingegen können unmoralisch sein, wenn sie die einzelnen Wirtschaftssubjekte zu unmoralischem Handeln zwingen. Aufgabe und Verantwortung aller am Wirtschaftsprozess Beteiligten ist es daher, in diesem Fall die Spielregeln zu ändern.

Peter Ulrich (geb. 1948) greift in seinem diskursethischen Ansatz auf die Trennung zwischen „Ethik" und „Ökonomie" zurück. Die Wirtschaftswissenschaft ist eine wertfreie Lehre, der von außen die moralischen Anforderungen entgegentreten. Da diese nicht aus dem Prozess des Marktes heraus von selbst befriedigt werden, die einzelnen Interessen sogar in Konflikt miteinander geraten können, ist es erforderlich, einen rationalen Konsens aller Betroffenen herbeizuführen. Dies soll über einen wirtschaftsethischen Diskurs stattfinden, in welchem auch vermeintliche Sachzwänge des Marktes thematisiert und kritisch auf ihre Unvermeidbarkeit hin befragt werden sollen.

Der US-amerikanische Soziologe Amitai Etzioni verfolgt einen sozioökonomischen Ansatz. Die neoklassische Grundauffassung, alles Handeln würde auf Eigennutz abzielen, weist er zurück. Nicht alles menschliche Handeln, so Etzioni, lässt sich durch Egoismus begründen, es gibt auch moralische Haltungen, die als Motive wirksam werden. Menschen würden Werte als ihr Eigenes ansehen, nicht als etwas, das von außen an sie herangetragen wird. Sind sie einmal verinnerlicht, werden sie zu einem Bestandteil der Persönlichkeit ihres Trägers. Ein Umlernen von einer moralischen zu einer unmoralischen Haltung wäre mit (zu) großem Aufwand verbunden. Als Kommunitarist, das sind jene Philosophen, welche die Bedeutung der Gemeinschaft für das Individuum betonen, setzt Etzioni auf ein System sozialer Tugenden und eine von der Gemeinschaft durchgeführte soziale Kontrolle. Gesellschaftliche Grundwerte sind zu schützen, negative Folgen, wie etwa Arbeitsplatzverlust im Zuge der Globalisierung, durch gesellschaftliche Maßnahmen abzufedern.

Der sozialethische Ansatz, wie ihn beispielsweise Oswald

v. Nell-Breuning und Michael Zöller vertreten, findet seine Ursprünge in der katholischen Soziallehre. Ihr Ziel ist es, einen Ausgleich zwischen individueller Freiheit und sozialer Verantwortung herzustellen. Aus Sicht der katholischen Soziallehre ist der Mensch mit einer wesenseigenen Personenwürde ausgestattet. In seiner Natürlichkeit ist er ein Sozialwesen, das auf die anderen angewiesen ist und zwar sowohl in biologischer, als auch in kultureller Hinsicht. Individuum und Gesellschaft haben wechselseitige Bezüge zueinander und Abhängigkeiten voneinander. Beide haben Pflichten, Verantwortungen und Rechte. Der Einzelne soll sein Eigentum zum Wohl der Allgemeinheit einsetzen, während diese wiederum ihn und sein Eigentum zu respektieren und zu schützen hat. Zum Schutz des Solidarprinzips müssen die gesellschaftlichen und ökonomischen Rahmbedingungen geschaffen werden. Beim Wirtschaftsprozess geht es nicht um das Erreichen größtmöglichen materiellen Gewinns des Einzelnen, sondern um ein gemeinsames Wohlergehen in physischer und geistiger Hinsicht, das die Schöpfung achtet und ihre Ressourcen nicht verschwendet, sondern sie nachhaltig einsetzt.

Günther Bien und Peter Koslowski sind Repräsentanten eines neoaristotelischen Ansatzes, der die Einheit von Ökonomie, Ethik und Politikwissenschaft betont. Aus dieser Sicht ist nicht nachvollziehbar, dass Ethik innerhalb der Ökonomie nichts verloren habe, wie dies die Neoklassiker behaupten. Die ökonomische Rationalität sagt nur etwas über die Wahl der effizientesten Mittel zur Erreichung bestimmter Ziele aus. Die Ziele selbst aber entspringen politischen und ethischen Überlegungen. Leben besteht nicht in der Anhäufung möglichst vieler Güter als Selbstzweck, sondern in einer Integration ästhetischer, ethischer und ökonomischer Bedürfnisse. Einem hemmungslosen Wachstum, das nur durch die äußeren Grenzen beschränkter Ressourcen gestoppt werden kann, setzen die Anhänger des neoaristotelischen Ansatzes ein „organisches Wachstum" entgegen, das sich an seinen inneren Grenzen orientiert. Gelderwerb wäre gemäß dieser Überlegungen Mittel zum Zweck, etwa der Nahrungsbeschaffung, und nicht Selbstzweck.

Joseph W. Weiss, Archie B. Caroll und Ann K. Buchholtz setzen auf den stakeholder-orientierten Ansatz einer Wirtschaftsethik. In diesem Konzept geht es darum, dass Teilnehmer im Wirtschaftsprozess sich an allen Betroffenen und deren Bedürfnissen ausrichten. Im Unterschied zur Shareholder-Orientierung, die den Aktionär in den Mittelpunkt rückt, kümmert sich dieser Ansatz also auch um Mitarbeiter, Lieferanten, Anrainer, Interessensgruppen, wie z.B. ökologische Bewegungen usw. Die Überzeugung, dass das Streben nach Profit von Fairness allen Beteiligten gegenüber begrenzt sein sollte, ist ein wesentliches Element dieses Ansatzes. Da selbst in Privatbesitz befindliche Unternehmen nicht losgelöst von ihrem Umfeld, in das sie eingebettet sind, handeln können, sind sie verpflichtet, dieses Umfeld und seine Bedürfnisse zu berücksichtigen – schon alleine aus Eigeninteresse. So ähnlich wie bei einem Ökosystem, das nur durch eine harmonische Ordnung funktioniert und ins Trudeln gerät, wenn einer seiner Teile plötzlich ausfällt oder dominiert, würde das Wirtschaftssystem schwanken, wenn einer seiner Mitspieler zu wenig berücksichtigt oder in seiner Bedeutung überbetont wird.

Der neokantianische Ansatz der Wirtschaftsethik, wie ihn z.B. Norman E. Bowie vertritt, nimmt sich die Widerspruchsfreiheit, die Kant als Kennzeichen von vernünftigen, soll heißen: moralischen Maximen definierte, zum Ausgangspunkt. Sobald Eigennutz überhand nimmt, gelogen und betrogen wird, führt sich das Gesamtsystem selbst ad absurdum. Ökonomie ist an eine gewisse Ehrlichkeit und Widerspruchsfreiheit gebunden, um zu funktionieren. Bowie will im Anschluss an Kant den Menschen im Wirtschaftsprozess nicht bloß als Mittel, sondern immer auch als Zweck verstanden und entsprechend behandelt wissen. Es würde in diesem Sinn die Personenwürde des Menschen als frei sich selbst bestimmendes Wesen missachtet werden, wenn er beispielsweise nicht respektvoll behandelt oder gar ausgebeutet würde. Das stellt zunächst einmal gewisse Anforderungen an die Arbeitgeber, aber auch an den Staat. Mitarbeiter müssen als autonome Wesen angesehen und auch so behandelt werden. Unternehmen und Politik sollen dafür sorgen, die dafür nötigen Rahmenbedingungen herzustellen. Arbeit und Geldverdienen sollen nicht nur den Zweck erfüllen, Einkommen zu erzielen und Konsum zu ermöglichen – der Mensch sollte darüber hinaus die Chance bekommen, seine Möglichkeiten und Fähigkeiten und somit sich selbst zu verwirklichen. Die Pflicht, den Anderen auch als Zweck an sich anzusehen, gilt laut Bowie übrigens auch umgekehrt: Mitarbeiter eines Betriebes dürfen diesen und ihren Arbeitgeber nicht bloß als Mittel zum Zweck der Erreichung ihrer persönlichen Ziele betrachten, sondern müssen auch dessen Interessen berücksichtigen. Das könnte etwa dadurch geschehen, dass Mitarbeiter in ihrer Arbeitszeit wirklich arbeiten und nicht im Internet surfen.

Im kontraktualistischen Ansatz von Thomas Donaldson und Thomas W. Dunfree findet sich die Überlegung wieder, dass Unternehmen einen Nutzen für die Gesellschaft erzeugen, deretwegen letztere ihnen die Zustimmung zu ihrem Handeln erteilt. Sobald die negativen Effekte für die Gemeinschaft die positiven überwiegen, kann diese den ungeschriebenen „Vertrag" zwischen ihr und dem Unternehmen gleichsam aufkündigen.

Stichworte zum Thema „Wirtschaftsethik"

In der aktuellen Debatte finden sich verschiedene Bereiche, die von Bedeutung sind – unabhängig davon, welchem Ansatz von Wirtschaftsethik man anhängen mag. Ein paar der wichtigsten seien hier kurz erwähnt.

Management- und Führungsethik

Die Manager eines Unternehmens sind von den Eigentümern mit dem Auftrag ausgestattet, Gewinne zu erzielen. Dieser Auftrag alleine beschreibt aber noch nicht den Gesamtumfang der Aufgaben von Führungskräften. Sie sind weiters für ihre Mitarbeiter verantwortlich und zwar nicht nur in ökonomischer Hinsicht, sondern auch z.B. in Bezug auf deren Gesundheit. Management- und Führungsethik analysiert diese Verantwortlichkeiten und versucht, Lösungen für eine Vermittlung der verschiedenen Interessen und Bedürfnisse anzubieten. So könnte ein verantwortungsvoller Chef dafür sorgen, dass Entscheidungen nachvollziehbar begründet werden und allen Betroffenen die gleichen Chancen und Möglichkeiten bei der Bewerbung um einen höheren Posten eingeräumt werden. Damit geht eine gewisse moralische Selbstverpflichtung der Manager einher, die ihr eigenes Handeln versteh- und argumentierbar, aber auch kritisierbar macht. Die Etablierung von Ethikkodizes bzw. Unternehmensrichtlinien, an deren Gestaltung alle beteiligt sind und die für sämtliche Mitarbeiter gleichermaßen gelten, sind eine Möglichkeit, Unternehmen an ethischen Überlegungen auszurichten.

Whistle-Blowing

Mobbing ist der gezielte Versuch mancher Mitarbeiter, aus Rache oder Eigennutz, anderen Kollegen zu schaden, indem diese offen schikaniert oder hinter ihrem Rücken kritisiert werden. Im Unterschied dazu kann das so genannte „Whistle-Blowing", das (natürlich nur bildhafte) Blasen einer (Triller-)Pfeife, also eines Warnsignals, einen moralischen Zweck erfüllen. Wenn etwa ein Unternehmen giftige Abwässer in einen Fluss leitet und ein Mitarbeiter dies erfährt, könnte er – aus moralischen Gründen – gegen sein eigenes Unternehmen handeln und diesen Missbrauch aufdecken. Dass ein solches Handeln moralisch korrekt sein kann, aber nicht muss (das Unternehmen könnte dadurch Schaden nehmen, Geschäft einbüßen, Mitarbeiter abbauen), ist allerdings keine Garantie dafür, dass der Mitarbeiter nicht anschließend gefeuert wird – vorausgesetzt, die Unternehmensleitung erfährt, wer der „Verräter" ist. Prinzipiell ist es wohl sinnvoll, vor einem Gang an die Öffentlichkeit die Kritik unternehmensintern zu formulieren. Erst wenn das zu keiner Veränderung führt oder mit dem Risiko des Gefeuertwerdens einhergeht, ist der (anonyme) Gang an die Öffentlichkeit zulässig.

Corporate Social Responsibility und Good Corporate Citizenship

Unter dem Begriff der „Corporate Social Responsibility" (CSR) versteht man die Verantwortung, die ein Unternehmen in der und für die Gesellschaft hat. Als Produzent von Waren, die benötigt werden, erfüllt es einen Zweck für die Menschen außerhalb des Unternehmens, als Arbeitgeber für jene in seinem Inneren. Das Unternehmen hat sich gemäß CSR aber auch an geltende Gesetze und moralische Standards zu halten. Darüber hinaus kann ein Unternehmen aber auch noch freiwillig Verantwortung übernehmen, wie dies etwa in Gestalt von Sponsoring-Aktivitäten immer wieder stattfindet. Hier entsteht oftmals eine „Win-win-Situation": Einerseits profitiert die Gesellschaft durch die freiwilligen Leistungen, z.B. die Errichtung eines Waisenhauses, auf der anderen Seite bekommt das Unternehmen dadurch ein besseres Image und wird von den Konsumenten durch den Kauf seiner Produkte belohnt. Das Unternehmen erweist sich durch solche Aktionen als eingebunden in ein komplexes soziales System und als guter „Mitbürger", als „Good Corporate Citizen".

Drei Spieler sind es, wie sich auf den letzten Seiten herauskristallisiert hat, die den Prozess der Wirtschaft am Laufen halten, davon profitieren (oder Schaden nehmen) und gleichzeitig dessen Strukturen gestalten: der einzelne Bürger als Arbeitnehmer und Konsument, das Unternehmen als Arbeitgeber und Produzent und der Staat als jene Institution, welche die Rahmenbedingungen und Kontrollmechanismen für eine funktionierende Wirtschaft im Interesse der Bürger definiert. Damit diese drei Spieler die richtigen Entscheidungen treffen können, benötigen sie möglichst korrekte Informationen. Hier kommen die Medien ins Spiel, die aber nicht nur für den Wirtschaftsprozess verwertbares Wissen vermitteln. Sie ermöglichen uns darüber hinaus, uns über einander und über unsere Bedürfnisse und Werte auszutauschen und unsere Rolle als Bürger einer Demokratie wahrzunehmen. Wie Medien mit ihrer Verantwortung umgehen sollen, danach fragt die Medienethik.

Ist das Medium die Moral?

1992 gründete der österreichische Medienzampano Wolfgang Fellner, derzeit Herausgeber der Tageszeitung „Österreich", das Magazin NEWS. Bereits 1968 hatte er zusammen mit seinem Bruder Helmuth den „Rennbahn-Express", später, Anfang der 80er Jahre, das Magazin „Basta" aus der Taufe gehoben. NEWS, das sich selbst als Nachrichten-Illustrierte verstand, wurde diesem Anspruch vollauf gerecht: Neben einigen wenigen größeren Storys bestand die wöchentlich erscheinende Zeitschrift von Beginn an aus einer Menge von Bildern und Graphiken. Außerdem war sie schon im Gründungsjahr gespickt mit einer Vielzahl an kurzen Artikeln, von denen gleich mehrere pro Seite Platz fanden. Aus ihnen ließen sich gerade einmal die Namen von Personen öffentlichen Interesses und das, was diese wann und wo angeblich gesagt oder getan haben sollten, entnehmen. Für detaillierte Hintergrundinformationen reichte der Platz nicht aus. Die Artikel endeten dort, wo es für seriöse Leser erst richtig interessant wird.

Die Redaktion von „profil", dem im damaligen Verständnis seiner Mitarbeiter und Herausgeber einzigen echten Nachrichtenmagazin Österreichs, spöttelte eine Zeitlang gerne über den angeblichen Nicht-Konkurrenten. Wenig später wurden im profil ebenfalls Trennseiten zwischen den einzelnen Themenblöcken eingefügt, die mit Kurz-Artikelchen im Format jener von NEWS befüllt waren. Der Anteil an Graphiken und Tabellen nahm auf einmal auch im „einzigen echten" Nachrichtenmagazin Österreichs zu. Scheinbar hatte der Markt ein Bedürfnis nach dieser leichten Art der Berichterstattung entwickelt. Wer will da schon aufs Geschäft verzichten?

Wir leben in einer Kommunikationsgesellschaft, aber eigentlich wäre es genau so richtig, von einer Medienkonsumgesellschaft zu sprechen. Wir lesen Zeitungen und Magazine, zappen durch unzählige TV-Kanäle, hören Radio im Auto oder Büro und klicken uns durch die unendlichen Weiten des Internets. Dabei finden wir Informatives, Unterhaltsames, Schockierendes und immer wieder Dinge, die uns zu denken geben oder geben sollten. Vieles von dem, was öffentlich gemacht wird, wäre wohl besser im Verborgenen geblieben. Manche Menschen offenbaren ohne jeden äußeren Zwang ihre intimsten Geheimnisse. In Selbstentblößungsformaten im Fernsehen, bei so genannten „home storys" in Magazinen, in per Handykamera selbst gedrehten Videos, die auf Plattformen im Internet geladen werden, lassen sie, im wahrsten Sinne des Wortes, die Hosen runter.

Nicht selten werden die im Umgang mit Medien ahnungslosen Durchschnittsbürger zu solchen Selbstdarstellungen verführt, sei es durch Geld, sei es durch den Reiz der heiß ersehnten „15 Minuten Berühmtheit", von denen Andy Warhol einst sprach, oder anderes. Immer öfter werden Menschen aber auch zu diesem Rundum-Striptease genötigt, etwa dann, wenn sich Reporter bis in die hintersten Winkel ihres Privatlebens schleichen, um die exklusive und unverschämt gut bezahlte Top-Story zu bekommen. Als ein aktuelles Beispiel dafür mag die Familie von Josef Fritzl dienen, der angeklagt wurde, im niederösterreichischen Amstetten seine eigene Tochter 24 Jahre lang in einem Keller gefangen gehalten, missbraucht und sieben Kinder mit ihr gezeugt zu haben. Über Monate hinweg belagerten Journalisten aus aller Welt das Haus der Fritzls und quetschten Nachbarn aus, um möglichst gruselige Geschichten über Fritzl zu erfahren. Ein anderes Beispiel ist Natascha Kampusch, die 1998 vom Nachrichtentechniker Wolfgang Priklopil in Wien entführt und über acht Jahre in dessen Haus in Strasshof gefangen gehalten worden war. Auch hier stürzten sich die Medien wie Raubtiere auf die junge Frau, um sie zu Interviews über die Details ihrer Gefangenschaft zu bewegen – teilweise sogar unter Androhung der Veröffentlichung von Fantasiegeschichten.

Dass sich aus Fällen wie jenen von Josef Fritzl und Natascha Kampusch etwas Sinnvolles für die Allgemeinheit ableiten lässt, kann gerade noch argumentiert werden: Wir möchten wissen, was alles an Grauenvollem passieren kann, damit wir es in Zukunft vielleicht verhindern können. Insofern ist das Recht der Öffentlichkeit auf Information bis zu einem gewissen Grad berechtigt. Die Grenzen zum Voyeurismus sind jedoch dünn und werden oft überschritten. Worin etwa besteht der Nutzen für die Allgemeinheit, wenn Prominente bis in ihr Privatleben hinein verfolgt werden? Von Paparazzi gejagt, finden sie manchmal sogar den Tod, wie „Lady Di", die 1997 in Paris zusammen mit ihrem Partner Dodi Al-Fayed und ihrem Chauffeur in ihrem Wagen gegen einen Betonpfeiler raste und starb. Wahrscheinlich wurde der, laut Medienberichten alkoholisierte, Chauffeur vom Blitzlicht eines Fotografen geblendet.

Dass so etwas möglich ist, liegt nicht nur an der Skrupellosigkeit der Paparazzi selbst, die mit ihren Fotos am Markt horrende Preise erzielen. Wer mit einem einzigen Schnappschuss ein ganzes Jahr seines Lebens finanzieren kann, ist auch bereit, etwas dafür zu riskieren – selbst hohe Strafen. Oft tragen aber nicht die Journalisten alleine die Verantwortung, sondern auch ihre Vorgesetzten, die sie dazu nötigen, noch näher ran zu gehen. Die Eigentümer von Massenmedien wissen, dass sie mit ihren Geschichten und Fotos reich werden können und kennen keine Skrupel. Sind sie also die echten Übeltäter? Die Wahrheit ist viel schlimmer: Nicht nur die Journalisten und Medienmogule tragen Schuld, sondern auch wir, die wir ihre Produkte kaufen, um die heißen Storys und die dazugehörigen Bilder zu bekommen.

Im Geschäft mit Informationen prallen zwei einander entgegen gesetzte Interessen auf einander. Artikel 19 der „Allgemeinen Erklärung der Menschenrechte" der Vereinten Nationen vom 10. Dezember 1948 bietet die Grundlage für die Zurschaustellung des eigenen so wie des fremden Lebens und für die Beschaffung von Informationen:

„Jeder hat das Recht auf Meinungsfreiheit und freie Meinungsäußerung; dieses Recht schließt die Freiheit ein, Meinungen ungehindert anzuhängen sowie über Medien jeder Art und ohne Rücksicht auf Grenzen Informationen und Gedankengut zu suchen, zu empfangen und zu verbreiten. "

Diesem Recht auf Meinungs- und Informationsfreiheit stehen eine Reihe von schützenswerten Rechten gegenüber, welche die Informationsfreiheit beschränken. So schützt

Artikel 12 der Menschenrechte die Privatsphäre, indem er besagt:

„Niemand darf willkürlichen Eingriffen in sein Privatleben, seine Familie, seine Wohnung und seinen Schriftverkehr oder Beeinträchtigungen seiner Ehre und seines Rufes ausgesetzt werden. Jeder hat Anspruch auf rechtlichen Schutz gegen solche Eingriffe oder Beeinträchtigungen."

Wissen ist eines der wertvollsten Güter dieser Welt. Wir benötigen es, um unser Leben so selbstbestimmt wie möglich zu gestalten. Die Erkenntnisse der verschiedenen Wissenschaften, die Nachrichten über Vorgänge in Politik, Wirtschaft, Kunst und Sport, das Wissen über andere Länder und Menschen – all das befähigt uns erst dazu, ein vielfältiges Leben als Bürger einer modernen Demokratie zu führen und unsere damit verbundenen Rechte und Pflichten wahrzunehmen. Leider sind die Informationen, die uns zur Verfügung stehen, nicht immer von hoher Qualität. Boulevard-Medien schütten uns mit Pseudowissen zu, das für den einen oder anderen Konsumenten vielleicht unterhaltsam ist, jedoch selten Informationswert besitzt und uns durch die konsumgerechte, aber gerade deshalb auch gefährliche Vereinfachung komplexer Sachverhalte meist dümmer zurücklässt als wir vorher schon waren. Der US-amerikanische Medienwissenschafter Neil Postman (1931 bis 2003) brachte dies in seinem gleichnamigen medienkritischen Buch, das sich hauptsächlich dem Fernsehen widmete, bereits 1985 auf die knackige Formel „Wir amüsieren uns zu Tode".

Schlimmer als die systematische Verdummung durch Nullmeldungen ist jedoch die bewusste Manipulation der Medienkonsumenten. Wobei nicht immer gleich gelogen werden muss, um die Wahrheit zu entstellen. Wer Teile eines bestimmten Geschehens unerwähnt lässt, erweckt dadurch den Eindruck, eine bestimmte Person oder Gruppe habe ohne ersichtlichen Grund etwas gesagt oder getan. Damit kann die Wahrheit genau so verzerrt werden, wie wenn den handelnden Akteuren Taten und Aussagen zugeschrieben werden, welche so nie getätigt worden sind. Zwar lehrt die Medienwirkungsforschung, dass keine neuen Meinungen erzeugt, sondern nur vorhandene verstärkt oder abgeschwächt werden können. Im Fall von pauschalen Ressentiments, etwa gegen „die" Ausländer, reicht das jedoch aus, um Menschen gegeneinander aufzuhetzen.

Die heute zur Verfügung stehenden audiovisuellen Technologien und globalen Verbreitungsmöglichkeiten, man denke zum Beispiel an das Internet-Videoportal YouTube, lassen simple Fotomontagen, wie sie etwa noch der sowjetische Diktatur Josef Stalin anfertigen ließ, als Kinderkram erscheinen. Während Stalin missliebige Personen wie Trotzki, Bucharin oder Gorki aus Fotos retuschieren ließ, kann heute schon fast jeder mit der richtigen Software und ein wenig Übung Filme produzieren, manipulieren und ins Internet stellen, die für Laien nicht als Fälschungen zu erkennen sind.

Die Medienethik versucht, unter Einsatz verschiedener Positionen der allgemeinen Ethik, wie z.B. der Tugendethik, des Utilitarismus, der Pflichtethik oder des Kontraktualismus Phänomene medialer Kommunikation zu analysieren und Normen für jene Bereiche zu formulieren, denen sie angehören. Einer dieser Bereiche ist die Medienordnung. Welche politischen, rechtlichen und ökonomischen Rahmenbedingungen müssen geschaffen werden, um mediale Kommunikation überhaupt und in einer bestimmten Qualität zu ermöglichen? Welchen Bedürfnissen der Staatsbürger soll damit gedient werden? So lässt sich etwa erklären, dass es im Interesse aller liegt, durch Presseförderung und die Etablierung gewisser Sicherheitsgarantien für Medien, etwa das Redaktionsgeheimnis, eine möglichst große Medien- und somit Meinungsvielfalt zu gewährleisten. Medien werden gerne, neben Legislative, Judikative und Exekutive, als die „vierte Gewalt" bezeichnet. Ihnen obliegt die Kontrolle der anderen drei Gewalten durch die Öffentlichkeit.

Auch mit der Moral der Produzenten, seien es die Eigentümer von Medien, seien es die Journalisten in ihren Diensten, setzt sich die Medienethik auseinander. Welches Berufsethos sollen etwa Journalisten verfolgen? Wo stoßen Ihre Rechte und Pflichten auf Information der Öffentlichkeit an ihre Grenzen? Welche Nachrichten haben allgemeinen Wert, welche sind zu intim und ohne Belang für die Medienkonsumenten? Das Ethos des Medienunternehmers als Übermittler von Informationen steht scheinbar im Widerspruch zu seinen wirtschaftlichen Interessen, vor allem, wenn der Markt die schlechtere, aber schöner verpackte Information lieber hat. Auch die Frage nach der moralischen Verantwortung des einzelnen Journalisten spielt hier eine Rolle. Unter pflichtethischer Perspektive ließe sich etwa argumentieren, dass sowohl der Medienunternehmer, als auch der einzelne Journalist die moralische Verpflichtung haben, stets korrekt zu informieren und nicht bewusst und vorsätzlich Falschmeldungen zu verbreiten. Der tugendethische Ansatz würde versuchen, bestimmte Eigenschaften eines guten Journalisten in Gestalt eines Redaktionskodex bzw. Berufsethos festzuschreiben. Kandidaten für solche Eigenschaften wären auf jeden Fall Unbestechlichkeit, Gewissenhaftigkeit bei der Recherche und Ehrlichkeit. Utilitaristen würden sich die Frage stellen, auf welche Art und Weise die Produktion und der Vertrieb von medialen Inhalten den größten Nutzen für die größte Zahl an Betroffenen bewirken könnten. Der Anspruch eines öffentlich-rechtlichen Senders, wie ihn der österreichische Rundfunk ORF – zumindest theoretisch – hat, bestünde laut Utilitarismus dann wahrscheinlich darin, möglichst vielen verschiedenen Gruppierungen Österreichs eine neutrale Plattform der medialen Selbstdarstellung zu bieten.

Moralische Verantwortung im medialen Kommunikationsgeschehen tragen aber nicht nur die Politiker, Medienunternehmer und Journalisten. Wir alle als Konsumenten von Medien sind gefordert, nämlich in Bezug auf unser eigenes Nutzungsverhalten und unsere Kompetenz im Umgang mit Medien. Das betrifft uns selbst, aber auch unsere Kinder. Besonders wichtig ist dieser als „Rezipientenethik" bezeichnete Teilbereich der Medienethik im Zeitalter von Web 2.0. Denn die technische Möglichkeit, Informationen nicht bloß in Echtzeit empfangen, sondern auch ebenso schnell wieder an ein Millionenpublikum auf der ganzen Welt weitergeben zu können, bringt eine gewisse Macht und daher auch eine große Verantwortung mit sich.

Dass Ethik im Umgang mit Medien von großer Bedeutung ist, liegt nicht nur daran, dass sie selbst ausreichend Angriffsfläche für die Frage „Was soll ich tun?" bieten. Als Vermittler vieler anderer Themen, über die wir uns moralphilosophisch auseinandersetzen, tragen Medien eine zusätzliche Verantwortung, die über sie hinausweist. Der Münchner Medienethiker Rüdiger Funiok führt das in seinem Buch „Medienethik" so aus:

> *„Sehr viele ethische Diskurse, z.B. zur Medizinethik, werden medial vermittelt. Die Art und Weise, wie ethische Probleme in den Medien (dar)gestellt werden, ist auch mit ethischen Kriterien zu untersuchen."*

Auch wenn es nicht zu absichtlichen oder unbeabsichtigten Verfälschungen der von uns empfangenen, benutzten und weiter verbreiteten Informationen kommt – nicht immer sind wir einer Meinung mit den Anderen. Das mag daran liegen, dass wir unterschiedlichen Kulturkreisen entstammen und deshalb verschiedene moralische Ansichten besitzen. Aber kann und darf das überhaupt sein? Gibt es nicht das eine, sämtliche Kulturen übergreifende Verständnis von Rationalität und Moral? Kann die theoretische Reflexion der Ethik tatsächlich zu verschiedenen Antworten führen, die einander sogar ausschließen? Ist damit ein „Clash of Civilizations" vorprogrammiert?

Dieser Frage möchte ich im nächsten Kapitel nachgehen.

Clash of Civilizations?

Der Delinquent wird bis unter den Gürtel bei Männern, bis unter die Brust bei Frauen, im Boden eingegraben, ein undurchsichtiges Tuch verhüllt den Körper. Die Steine dürfen nicht größer sein, als die Hand desjenigen, der sie wirft. Der Tod soll nicht zu schnell kommen, die Strafe besteht nicht nur im getötet Werden, sondern auch in den Schmerzen, die dabei erlitten werden. Zu klein sollten die Wurfgeschosse allerdings auch nicht sein, denn die Qualen dürfen nicht zu lange dauern. Das klingt unter diesen Umständen auf zynische Weise human. Dabei ist an einer Steinigung nichts, was auch nur annähernd mit dem Wort „human" in Verbindung gebracht werden könnte. Verhängt wird eine Steinigung, gemäß § 83 des iranischen Strafgesetzbuches, bei Ehebruch über Männer und Frauen. Die Scharia, das islamische Recht, soll dies verlangen. Im Koran, der Heiligen Schrift der Muslime, wird die Steinigung zwar erwähnt, aber nicht als Todesstrafe vorgeschrieben. Gerechtfertigt als Teil der Scharia, des islamischen Rechts, wird sie dennoch unter Hinweis auf den Hadith, die Überlieferungen über Mohammed, den Gründer des Islam und dessen Anweisungen. Ausgeführt darf diese grausame Prozedur nur von Moslems werden. Das können sowohl Männer als auch Frauen sein. In der Praxis sind es aber meistens Männer. Die Belastungszeugen sollen an der Steinigung teilnehmen. Familienmitglieder (!) des Opfers können sich – Stichwort „Wiederherstellung der verletzten Ehre" – beteiligen. Die letzte Steinigung im Iran fand laut Amnesty International 2007 statt.

Die Todesstrafe gibt es in rund 60 Ländern dieser Welt, auch in nicht-muslimischen wie den USA oder atheistischen, wie China. Sie wird auch in solchen Staaten angewandt, die sich selbst als modern und zivilisiert verstehen. Für Ehebruch wird sie, meines Wissens nach, jedoch nur in einigen islamischen Staaten und in manchen von ihnen in der grausamen Form der Steinigung vollzogen. Steinigungen gab es früher auch in anderen Ländern bzw. Kulturen. Die Israeliten übten sie für verschiedene Vergehen genau so aus, wie die keltischen Iberer und die Etrusker. Im

präkolumbianischen Mittelamerika fand diese Hinrichtungs-
form ebenso Anwendung wie im vorchristlichen Skandinavien
und bei den baltischen Slawen. Aber all die genannten Länder
haben sie schon lange nicht mehr in ihrem „Programm". Von
den ca. 60 Ländern, in denen die Todesstrafe auch heute legal
ist, wird sie gegenwärtig nur mehr in ca. 25 verübt.

Jede Folter, und die Steinigung darf definitiv als solche bezeichnet werden, widerspricht den Menschenrechten, konkret
dem Artikel 5:

> *„Niemand darf der Folter oder grausamer,*
> *unmenschlicher oder erniedrigender*
> *Behandlung oder Strafe unterworfen werden."*

Aber selbst die USA, immerhin einer jener Staaten, welche die
„Allgemeine Erklärung der Menschenrechte" von Beginn an
anerkannten, haben im Zuge der Anschläge des 11. September
2001 und des Irakkrieges gefoltert – bekanntermaßen zumindest im irakischen Gefängnis von Abu Ghuraib.

Wir sprechen von „Menschenrechten" und gehen davon aus,
dass sie für alle Menschen weltweit gelten sollten – dass sie dennoch nicht überall anerkannt werden, halten wir für falsch.

Gemäß der „Kairoer Erklärung der Menschenrechte im
Islam" aus dem Jahr 1990 ist die Scharia die alleinige Grundlage von Menschenrechten. Die „Allgemeine Erklärung der
Menschenrechte", welche die UNO-Vollversammlung 1948
verkündete, ist gemäß der Kairoer Erklärung den in der Scharia festgelegten Rechten und Freiheiten nachgeordnet. Im
Jahr 1994 verabschiedete der Rat der Arabischen Liga die
so genannte „Arabische Charta der Menschenrechte", 2004
wurde sie in überarbeiteter Form ratifiziert. Sie trat am 15.
März 2008 in Kraft. Die „Arabische Charta der Menschenrechte" kommt näher an den Inhalt der „Allgemeinen Erklärung der Menschenrechte" heran und hat die zahlreichen
Einschränkungen durch die Scharia, wie sie sich in der „Kairoer Erklärung" finden, vollständig aufgegeben. So lautet
etwa Artikel 26:

„Jeder hat das Recht auf Religions-,
Gedanken- und Meinungsfreiheit."

Kann es überhaupt unterschiedliche Interpretationen davon
geben, was als Menschenrecht zu gelten hat? Und falls nicht,
wieso sollte gerade unsere Betrachtungsweise die richtige sein?
Könnte es nicht sein, dass wir bloß über ein durch die Brille unserer eigenen Kultur gefärbtes Bild verfügen?

Dass wir Kinder unserer eigenen Geschichte und Kultur
sind, so wie andere Völker auch, ist offensichtlich. Wie steht es
aber um unsere Haltung in moralischen Fragen? Ist sie bloß der
Ausdruck eines „Moral-Chauvinismus"? Oder haben wir mit
dem, was wir an Grundregeln, an Rahmenbedingungen einer
Minimalmoral, vertreten, etwas gefunden, das Geltung für alle
Menschen beanspruchen darf? Viele Staaten begegneten der im
Westen seinen Ausgang genommen habenden „Allgemeinen Erklärung der Menschenrechte" mit Skepsis. Die Erfahrungen der
Kolonialzeit" waren ihnen noch allzu gut in Erinnerung. Was,
wenn die von außen an sie herangetragenen Menschenrechte
vielleicht bloß ein weiterer Versuch des Westens wäre, Kul-
turimperialismus zu betreiben?

Die Betonung des Werts des Einzelnen ist ein Erbstück der
christlichen Tradition. Der Mensch sei das Abbild Gottes und
als Individuum von besonderer Güte. In weltlicher Form weiter
entwickelt wurde dieser Gedanke von der neuzeitlichen Philosophie, in vielen islamischen Ländern und in Teilen des asiatischen
Raums wird er aber bis heute nicht bedingungslos geteilt. Grup-
peninteressen stehen dort oft höher, der Einzelne hat keine darüber hinaus gehenden Ansprüche. Das scheint uns nahezu bar-
barisch und widerspricht allem, was wir als Grundlage für eine
glück- und sinnvolle Lebensgestaltung ansehen. Wer nicht selbst
wählen kann, wie er leben will, ist in unseren Augen ein armer
Tropf.

Unsere Freiheit ist Ausdruck eines Lebensgefühls, das Fundament der Möglichkeit, mit uns selbst anzustellen, was immer
wir wollen. Was spricht dagegen, die Freiheit, auf deren Unteil-
barkeit wir pochen, dafür zu verwenden, uns in Unfreiheit zu

begeben? Aus der Perspektive des westlichen Menschen können wir, wenn uns danach ist, jeder beliebigen Religionsgemeinschaft, Vereinen sondern Zahl oder unzähligen Freundeskreisen beitreten. Niemand wird uns daran hindern. Wie aber verhält es sich umgekehrt? Wie geht es jenen, die sich bereits seit Anbeginn ihres Lebens in einer dieser Gruppen befinden, weil sie durch einen Aufnahmeritus im Kindesalter, z.B. Taufe oder Beschneidung, von ihren Eltern hineingeführt worden sind? Was ist mit jenen, die sich, etwa aus Liebe zu ihrem Lebenspartner, freiwillig dazu entschlossen haben, einer Religion beizutreten? Können sie genau so leicht wieder hinaus ins Freie? Beim Kegelverein und einer Freundesgruppe geht das ohne größere Schwierigkeiten, obwohl Freunde und Kegelbrüder vielleicht darüber enttäuscht sein könnten. Beleidigt ist fast jeder, wenn man ihm den Rücken zukehrt, das ist menschlich. Aber in Bezug auf den Austritt aus einer Glaubensgemeinschaft oder dem – in unserem Verständnis legitimen – gewaltlosen Protest gegen deren Ansichten, gelten strengere Bedingungen. Die Biografie von Mina Ahadi, der Vorsitzenden des Zentralrats der Ex-Muslime in Deutschland, mag als Beispiel dienen:

Ahadi wurde 1956 im iranischen Abhar geboren, studierte Medizin an der Universität Tabriz und engagierte sich in der linken Opposition gegen den Schah. Nach dem Scheitern der Revolution und der Machtergreifung durch die Islamisten, verordnete Khomeini einen Kopftuchzwang für Frauen. Ahadi organisierte Demonstrationen und wurde als regimekritische Aktivistin daran gehindert, weiter zu studieren. Ende 1980, Ahadi war gerade arbeiten, kam die Geheimpolizei und durchsuchte ihre Wohnung. Ihr damaliger Mann und mehrere Gäste, die sich in der Wohnung befanden, wurden festgenommen und hingerichtet. Ahadi selbst konnte fliehen.

Nun mag dieses Beispiel nicht repräsentativ für Religionsgemeinschaften und schon gar nicht für „den" Islam sein. Es ist immer gefährlich, ein bestimmtes Beispiel herauszugreifen und damit allgemeine Behauptungen zu untermauern. Selbstverständlich müssen wir zwischen einem aus politischen und einem aus religiösen Gründen Verfolgten unterscheiden, da es nicht selten vorkommt – Mina Ahadi ist dieser Meinung – dass sich die Politik bloß der Religion bedient, um ihre Machtansprüche durchzusetzen. Die kritische Frage bleibt aber bestehen: Wie liberal sind religiöse Gesellschaften? Wenn sie den Anspruch erheben, das für den Menschen Gute erreichen zu wollen, also in seinem Interesse zu handeln, warum überlassen sie es dann nicht ihm selbst, darüber zu entscheiden, was er braucht, um glücklich zu sein?

Einem Katholiken ist es heutzutage zwar möglich, aus der Kirche auszutreten, ohne mit Unterdrückung oder gar Ermordung rechnen zu müssen. Dass aber auch das nicht immer so war, darf nicht unerwähnt bleiben. Thomas von Aquin, der große Kirchenlehrer aus dem 13. Jahrhundert, trat zwar dafür ein, die Riten von Heiden und Juden zu dulden. Für Häretiker verlangte aber auch er die Todesstrafe. Die Annahme des Glaubens sah er als freiwillig an, den bereits angenommenen Glauben beizubehalten sei hingegen notwendig, wie er in seiner „Summa theologica" ausführte. Die Menschenrechte – unter ihnen jenes auf freie Religionsausübung – hat die katholische Kirche übrigens erst Mitte der 60er Jahre des 20. Jahrhunderts mit den beiden Enzykliken „Pacem in terris" (1963) und „Dignitas Humanae" (1965) anerkannt.

Im Zusammentreffen verschiedener Kulturen, deren Werte angeblich nicht mit einander versöhnt werden können, kommt es immer wieder zu Auseinandersetzungen. Ein Beispiel ist der so genannte „Kopftuchstreit". Es mag muslimische Frauen in Europa geben, für welche die religiöse Bevormundung durch Männer ein Gräuel ist und einige von ihnen werden dagegen aufbegehren – andere werden das tunlichst unterlassen. Aber nicht alle, die ein Kopftuch tragen, sind unterdrückte Vertreterinnen ihres Geschlechts. Es gibt durchaus Frauen innerhalb der muslimischen Gemeinschaften, die es als freiwilligen Akt ansehen, ein Kopftuch zu tragen, weil dies Ausdruck ihrer religiösen Überzeugungen ist. So weit, so gut und das lässt sich genau so von der einen Seite argumentieren, wie es sich von der anderen zur Kenntnis nehmen und respektieren lässt. Hätten wir damit ein Problem, wird gerne argumentiert, müssten wir auch unsere Ordensfrauen daran hindern, Schleier zu tragen. Dieser Vergleich hinkt allerdings ein wenig, denn nicht jede westliche Frau ist eine Ordensfrau, schon gar nicht von Geburt an. Insofern entscheidet sie sich freiwillig zu einem Leben mit Schleier, wenn sie ein Leben als Ordensfrau wählt.

Wenn eine einem konservativen muslimischen Kulturkreis entstammende Frau jedoch kein Kopftuch tragen will, ihr Mann, ihre Söhne, Brüder aber darauf bestehen und sie dazu zwingen wollen, wird es problematisch. Wie ist das bei minderjährigen Mädchen? Denen dürfen die Eltern – und das trifft selbstverständlich auch auf nicht-islamische Mädchen zu – sagen, was sie anzuziehen haben. Obwohl unsere Eltern wohl eher sagen würden, was sie **nicht** anziehen dürfen. Auch das ist irgendwie nachvollziehbar und, wie mir scheint, legitim. Nicht legitim wäre es hingegen, wenn ein muslimisches Mädchen sich dagegen sträubt, ein Kopftuch zu tragen und deshalb von ihrem Bruder verprügelt wird. Hier tritt zu Recht der Gesetzgeber auf und zieht den Bruder zur Verantwortung.

Der Anspruch vieler Muslime, etwa in Großbritannien, trotz der säkularen Verfasstheit des Staates, in Fällen, die Muslime betreffen, auf das islamische, anstatt auf das Recht des Wohnlandes zurückgreifen zu dürfen, scheint fragwürdig. Was ist, wenn das Verprügeln der Ehefrau, das in unserem Rechtsverständnis ein Verbrechen ist, laut Scharia aber nicht, zur Debatte steht? Tatsächlich gab es 2007 in Deutschland einen Fall, wo die Richterin (!) eine Muslima, die sich von ihrem prügelnden Mann scheiden lassen wollte, nicht scheiden wollte unter Hinweis darauf, dass laut islamischem Recht der Mann dazu befugt sei, seine Frau zu züchtigen.

Können wir uns selbst wissend und freiwillig in Unfreiheit begeben? Ja, das können wir, wenn wir es denn unbedingt wollen. Sollten wir es tun? Das hängt davon ab, was wir brauchen, um glücklich zu sein. Für viele Menschen ist ein Leben, in welchem sie die Verantwortung an ihren „Führer", an ihre Partnerin oder an den lieben Gott abgeben, leichter als eines in Eigenverantwortung. Angeblich soll es ja sogar unverheiratete, selbstständige Atheisten geben, die sich hin und wieder dem Alkohol oder anderen Teufeln unterwerfen. Unfreiheit kann manchmal sehr angenehm sein, keine Frage. In Masochistenklubs kann sie sogar zum Quell höchster Lust werden. Daran ist nichts auszusetzen, solange wir selbst die Entscheidung darüber treffen können, wann wir uns unterwerfen und wann wir wieder in die Freiheit zurückkehren möchten. Dass andere darüber befinden, wo unsere Freiheit – auch jene, uns freiwillig für die Unterwerfung zu entscheiden – endet, scheint hingegen absurd.

Der Rest ist ... Leben!

Eine, so hoffe ich, auch für Sie spannende Reise liegt hinter uns. Gemeinsam haben wir ein paar der wichtigsten Fragen gestellt, mit denen die abendländische Philosophie seit über 2000 Jahren ringt. Ich denke, wir haben die eine oder andere Antwort gefunden, mit der wir etwas anfangen können. Aber selbst wenn die Ausbeute nicht ganz so üppig ausfiel, wie manche von uns vielleicht gehofft hatten, so dürfen wir dennoch nicht unbescheiden sein. In der Philosophie verhält es sich nämlich so, dass die „großen Fragen" selten ein für allemal beantwortet werden. Das liegt nicht etwa daran, dass die Königsdisziplin des systematischen Denkens „geistige Selbstbefriedigung", bloße „Spiegelfechterei" wäre. Wer ihr das vorwirft, hat sich noch nie ernsthaft mit ihr beschäftigt. Ganz im Gegenteil! Gerade weil ihre Fragen so fundamental sind und weil das Selbstverständnis, mit dem der Philosoph an die Arbeit geht, ein kritisches und immer auch selbstkritisches ist, muss er allen Antworten mit Skepsis begegnen.

Das gilt ganz besonders für jene, die wir auf die Frage „Was soll ich tun?" zu finden glauben. Denn wer sich ein wenig mit der Geschichte auseinandersetzt, kommt bald zu der ernüchternden Erkenntnis: Wann immer Menschen sich gegenseitig die Schädel eingeschlagen haben, es waren die „großen Wahrheiten", die sie als Begründungen dafür herangezogen haben – jede Seite natürlich ihre eigenen. Zu schnell schlagen sich Menschen auf eine bestimmte Seite, sei es aus Dummheit, sei es aus Feigheit oder einfach deshalb, weil sie sich persönliche Vorteile davon versprechen. Mit beängstigender Leichtigkeit geben sie ihre Eigenverantwortung an der Pforte zu einer Religion, einer Partei oder einem Vorurteil ab. Kritisches Denken, und genau das sollte Philosophie meiner Meinung nach sein, ist keine leichte Übung. Es erfordert harte Arbeit, Schweiß und Tränen, aber vor allem den Mut, sich immer wieder selbst in Frage zu stellen.

Dürfen wir damit rechnen, dass wir irgendwann einmal für all die Strapazen belohnt werden, die wir für die Suche nach

Wahrheit auf uns nehmen? Wenn damit gemeint ist, ob es einen Endpunkt gibt, ein Ziel, welches wir erreichen und wo wir für immer Halt machen und uns ausruhen können, weil endlich die letzte Frage beantwortet ist, so muss ich Sie enttäuschen: Ich glaube, ein solches Ziel gibt es nicht. Das mag auf den ersten Blick trostlos erscheinen, aber das ist es nicht. Denn so lange es offene Fragen für uns gibt, so lange sind wir noch im Spiel.

Bibliographie

Anzenbacher, Arno: Einführung in die Ethik. Patmos, Düsseldorf 1992.

Aristoteles: Nikomachische Ethik. Reclam, Stuttgart 1992.

Bayertz, Kurt: Warum überhaupt moralisch sein? Beck, München 2006.

Bentham, Jeremy: Introduction to the Principles of Morals and Legislation. In: The Works of Jeremy Bentham: Published under the Superintendence of His Executor, John Bowring. Volume 1. BookSurge Publishing 2001.

Birnbacher, Dieter: Analytische Einführung in die Ethik. De Gruyter, Berlin 2003.

Brenner, Andreas: Ökologie-Ethik. Reclam, Leipzig 1996.

Düwell, Marcus: Bioethik. Methoden, Theorien und Bereiche. Metzler, Stuttgart 2008.

Düwell, Marcus; Hübenthal, Christoph; Werner, Micha H.: Handbuch Ethik. Metzler, Stuttgart, Weimar 2006.

Fischer, Peter: Einführung in die Ethik. Fink, München 2003.

Fischer, Peter: Politische Ethik. Wilhelm Fink Verlag, München 2006.

Frankena, William K.: Analytische Ethik. Eine Einführung. dtv, München 1994.

Funiok, Rüdiger: Medienethik. Verantwortung in der Mediengesellschaft. Kohlhammer, Stuttgart 2007.

Göbel, Elisabeth: Unternehmensethik. Lucius & Lucius, Stuttgart 2006.

Habermas, Jürgen: Erläuterungen zur Diskursethik. Suhrkamp, Frankfurt am Main 1991.

Habermas, Jürgen: Moralbewusstsein und kommunikatives Handeln. Suhrkamp, Frankfurt am Main 1991.

Habermas, Jürgen: Vorstudien und Ergänzungen zur Theorie des kommunikativen Handelns. Suhrkamp, Frankfurt am Main 2006.

Hare, R. M.: Die Sprache der Moral. Suhrkamp, Frankfurt am Main 1997,

Hippokrates: Ausgewählte Schriften. Reclam, Stuttgart 1994.

Hobbes, Thomas: Leviathan oder Stoff, Form und Gewalt eines kirchlichen und bürgerlichen Staates. Suhrkamp, Frankfurt am Main 1998.

Hoerster, Norbert: Ethik des Embryonenschutzes. Ein rechtsphilosophischer Essay. Reclam, Stuttgart 2002.

Hoerster, Norbert: Haben Tiere eine Würde? Grundfragen der Tierethik. C. H. Beck, München 2004.

Hoerster, Norbert: Sterbehilfe im säkularen Staat. Suhrkamp, Frankfurt am Main 1998

Höffe, Otfried: Lesebuch zur Ethik. Philosophische Texte von der Antike bis zur Gegenwart. Beck, München 1998.

Höffe, Otfried: Lexikon der Ethik. Beck, München 2002.

Hume, David: Eine Untersuchung über die Prinzipien der Moral. Meiner, Hamburg 2003.

Hutcheson, Francis: Über den Ursprung unserer Ideen von Schönheit und Tugend, über Gutes und Schlechtes. Meiner, Hamburg 1986.

Ingensiep, Hans Werner; Baranzke, Heike: Das Tier. Reclam, Stuttgart 2008.

Jonas, Hans: Das Prinzip Verantwortung. Versuch einer Ethik für die technologische Zivilisation. Suhrkamp, Frankfurt am Main 1984.

Juergensmeyer, Mark: Terror im Namen Gottes. Herder, Freiburg im Breisgau 2004.

Kant, Immanuel: Kritik der praktischen Vernunft & Grundlegung zur Metaphysik der Sitten. Werkausgabe Band VII. Suhrkamp, Frankfurt am Main 1993.

Kaplan, Helmut F.: Tierrechte. Die Philosophie einer Befreiungsbewegung. Echo Verlag, Göttingen 2000.

Karmasin, Matthias: Medien und Ethik. Reclam, Stuttgart 2002.

Karmasin, Matthias; Litschka, Michael: Wirtschaftsethik – Theorien, Strategien, Trends. LIT, Berlin 2008.

Kimmerle, Heinz: Interkulturelle Philosophie. Zur Einführung. Junius, Hamburg 2002.

Klöcker, Michael; Tworuschka, Udo (Hrsg.): Ethik der Weltreligionen. Ein Handbuch. WBG, Darmstadt 2005.

Koenig, Matthias: Menschenrechte. Campus, Frankfurt am Main 2005.

Kreß, Hartmut: Medizinische Ethik. Gesundheitsschutz, Selbstbestimmungsrechte, heutige Wertkonflikte. Kohlhammer, Stuttgart 2009.

Lenk, Hans; Maring, Matthias: Wirtschaft und Ethik. Reclam, Stuttgart 1992.

Lenzen, Wolfgang: Liebe, Leben, Tod. Eine moralphilosophische Studie. Reclam, Stuttgart 1999.

Locke, John: Zwei Abhandlungen über die Regierung. Suhrkamp, Frankfurt am Main 1998.

Mackie, John Leslie: Ethik. Die Erfindung des moralisch Richtigen und Falschen. Reclam, Stuttgart 2000.

Menke, Christoph; Pollmann, Arnd: Philosophie der Menschenrechte. Zur Einführung. Junius, Hamburg 2007.

Mill, John Stuart: Der Utilitarismus. Reclam, Stuttgart 1991.

Nida-Rümelin, Julian: Angewandte Ethik. Die Bereichsethiken und ihre theoretische Fundierung. Kröner, Stuttgart 2005.

Ottmann, Henning: Geschichte des politischen Denkens, 3/1, Die Neuzeit. Von Machiavelli bis zu den großen Revolutionen. Metzler, Stuttgart 2006.

Paul, Gregor: Einführung in die Interkulturelle Philosophie. WBG, Darmstadt 2008.

Peintinger, Michael: Ethische Grundfragen in der Medizin. Facultas, Wien 2008.

Pfannkuche, Walter: Wer verdient schon, was er verdient? Fünf Gespräche über Markt und Moral. Reclam, Stuttgart 2003.

Pieper, Annemarie: Einführung in die Ethik. Franke, Tübingen und Basel 2000.

Pieper, Annemarie: Geschichte der neueren Ethik. 2 Bde. Franke, Tübingen und Basel 1992.

Pieper, Annemarie; Thurnher, Urs: Angewandte Ethik. Eine Einführung. Beck, München 1998.

Pöltner, Günther: Grundkurs Medizin-Ethik. Facultas, Wien 2002.

Prüfer, Thomas; Stollorz, Volker: Bioethik. Europäische Verlagsanstalt, Hamburg 2003.

Quante, Michael: Einführung in die Allgemeine Ethik. WBG, Darmstadt 2003.

Rawls, John: Eine Theorie der Gerechtigkeit. Suhrkamp, Frankfurt am Main 1996.

Ricken, Friedo: Allgemeine Ethik. Kohlhammer, Stuttgart Berlin Köln 1998.

Rohls, Jan: Geschichte der Ethik. Mohr Siebeck, Tübingen 1999.

Rousseau, Jean-Jacques: Gesellschaftsvertrag. Reclam, Stuttgart 1991.

Schmid, Wilhelm: Ökologische Lebenskunst. Was jeder Einzelne für das Leben auf dem Planeten tun kann. Suhrkamp, Frankfurt am Main 2008.

Schopenhauer, Arthur: Die beiden Grundprobleme der Ethik. UND: Preisschrift über die Grundlage der Moral. Sämtliche Werke Band III. Suhrkamp, Frankfurt am Main 1993.

Schweitzer, Albert: Kultur und Ethik. C. H. Beck, München 1996.

Sigwick, Henry: The Methods of Ethics. Hackett Publishing, Indianapolis 1981.

Singer, Peter: Animal Liberation. Die Befreiung der Tiere. Rowohlt, Reinbek bei Hamburg 1996.

Singer, Peter: Praktische Ethik. Reclam, Stuttgart 2002.

Smith, Adam: Theorie der ethischen Gefühle. Meiner, Hamburg 2004.

Waibl, Elmar: Praktische Wirtschaftsethik. Studienverlag, Innsbruck-Wien-München-Bozen 2001.

Wetz, Franz Josef; Steenblock, Volker; Siebert, Joachim: Kolleg Praktische Philosophie. 4 Bde. Reclam, Stuttgart 2008.

Wiesing, Urban: Ethik in der Medizin. Ein Studienbuch. Reclam, Stuttgart 2004.

Wild, Markus: Tierphilosophie. Zur Einführung. Junius, Hamburg 2008.

Wimmer, Franz Martin: Interkulturelle Philosophie. WUV, Wien 2004.

Wolf Ursula: Texte zur Tierethik. Reclam, Stuttgart 2008.

Wuketits, Franz M.: Bioethik. Eine kritische Einführung. C. H. Beck, München 2006.

Über den Autor

Georg Schildhammer ist promovierter Philosoph, seine Doktorarbeit schrieb er über den Freiheitsbegriff des deutschen Philosophen Max Stirner (1806-1856).  Schon während seines Studiums befasste er sich – neben der Philosophie – mit PR und Journalismus und war als Moderator, Videojournalist und Redakteur für Radio, TV und im Online-Bereich tätig. Dabei sammelte er wertvolle Erfahrungen, die er nun als Kommunika-

Foto: Claudia Danzinger, Wien

tions- und Medientrainer weitergibt. Zudem verfasste er bereits mehrere Sachbücher. Sein philosophisches Lieblingsthema ist die Ethik, darüber hinaus interessiert er sich aber auch für politische Philosophie sowie für Erkenntnis- und Wissenschafts-theorie. In seiner Freizeit liest er gerne und viel, diskutiert mit Freunden über Politik, Wissenschaft und Kunst, geht wandern, schwimmen, Ski fahren und Langlaufen und kocht leidenschaft-lich gern und leidlich gut – am liebsten portugiesisch.

Stichwortverzeichnis

315